中国软科学研究丛书

丛书主编：张来武

"十一五"国家重点图书出版规划项目
国家软科学研究计划项目

中国经济增长可持续性

——基于增长源泉的研究

唐家龙　著

科学出版社

北京

内 容 简 介

中国经济增长的奇迹还能延续吗？本书以坚实的物质资本、人力资本数据估算为基础，运用时间序列分析和数据包络分析方法，从经济增长源泉的角度探讨了这个问题。研究发现，物质资本积累是中国 1952～2007 年经济增长最重要的源泉，人力资本对经济增长发挥着要素作用和外部效应的双重功能；改革开放以来，技术进步和技术效率共同驱动着中国经济增长，技术进步主导全要素生产率变动。本书认为，不能简单地将生产率停滞等同为技术进步停滞，并将其作为中国经济增长不可持续的证据。

本书适合宏观经济学、社会科学及相关领域的学者、高等院校师生阅读，也适合从事软科学研究、科技政策与科技管理的相关人员阅读。

图书在版编目（CIP）数据

中国经济增长可持续性：基于增长源泉的研究 / 唐家龙著 . —北京：科学出版社，2013.6

（中国软科学研究丛书）

ISBN 978-7-03-037728-9

Ⅰ.①中… Ⅱ.①唐… Ⅲ.①中国经济-经济可持续发展-研究 Ⅳ.①F124

中国版本图书馆 CIP 数据核字（2013）第 120522 号

丛书策划：林　鹏　胡升华　侯俊琳
责任编辑：郭勇斌　陈会迎 / 责任校对：钟　洋
责任印制：徐晓晨 / 封面设计：陈　敬
编辑部电话：010-64035853
E-mail：houjunlin@mail.sciencep.com

科 学 出 版 社 出版
北京东黄城根北街 16 号
邮政编码：100717
http://www.sciencep.com

北京凌奇印刷有限责任公司 印刷
科学出版社发行　各地新华书店经销

*

2013 年 7 月第 一 版　开本：B5 (720×1000)
2020 年 1 月第四次印刷　印张：16
字数：313 000

定价：128.00 元
（如有印装质量问题，我社负责调换）

总 序 ....▶

软科学是综合运用现代各学科理论、方法，研究政治、经济、科技及社会发展中的各种复杂问题，为决策科学化、民主化服务的科学。软科学研究是以实现决策科学化和管理现代化为宗旨，以推动经济、科技、社会的持续协调发展为目标，针对决策和管理实践中提出的复杂性、系统性课题，综合运用自然科学、社会科学和工程技术的多门类多学科知识，运用定性和定量相结合的系统分析和论证手段，进行的一种跨学科、多层次的科研活动。

1986年7月，全国软科学研究工作座谈会首次在北京召开，开启了我国软科学勃兴的动力阀门。从此，中国软科学积极参与到改革开放和现代化建设的大潮之中。为加强对软科学研究的指导，国家于1988年和1994年分别成立国家软科学指导委员会和中国软科学研究会。随后，国家软科学研究计划正式启动，对软科学事业的稳定发展发挥了重要的作用。

20多年来，我国软科学事业发展紧紧围绕重大决策问题，开展了多学科、多领域、多层次的研究工作，取得了一大批优秀成果。京九铁路、三峡工程、南水北调、青藏铁路乃至国家中长期科学和技术发展规划战略研究，软科学都功不可没。从总体上看，我国软科学研究已经进入各级政府的决策中，成为决策和政策制定的重要依据，发挥了战略性、前瞻性的作用，为解决经济社会发展的重大决策问题作出了重要贡献，为科学把握宏观形势、明确发展战略方向发挥了重要作用。

　　20 多年来，我国软科学事业凝聚优秀人才，形成了一支具有一定实力、知识结构较为合理、学科体系比较完整的优秀研究队伍。据不完全统计，目前我国已有软科学研究机构 2000 多家，研究人员近 4 万人，每年开展软科学研究项目 1 万多项。

　　为了进一步发挥国家软科学研究计划在我国软科学事业发展中的导向作用，促进软科学研究成果的推广应用，科学技术部决定从 2007 年起，在国家软科学研究计划框架下启动软科学优秀研究成果出版资助工作，形成"中国软科学研究丛书"。

　　"中国软科学研究丛书"因其良好的学术价值和社会价值，已被列入国家新闻出版总署"'十一五'国家重点图书出版规划项目"。我希望并相信，丛书出版对于软科学研究优秀成果的推广应用将起到很大的推动作用，对于提升软科学研究的社会影响力、促进软科学事业的蓬勃发展意义重大。

科技部副部长

2008 年 12 月

序 ⋯⋯⋯⋯⋯⋯⋯⋯⋯⋯⋯⋯⋯⋯⋯⋯▶

在 20 世纪的世界经济发展史上,曾出现过两次成功的经济追赶:一次是 50~70 年代初日本对欧美先进国家的追赶,另一次是 60~80 年代"亚洲四小龙"对发达国家的追赶。这两次成功的追赶被称为亚洲的经济奇迹。继这两次成功的追赶之后,亚洲又出现了第三次追赶,即中国改革开放以来创造的经济增长奇迹。过去 30 多年来,中国的经济增长速度甚至超过了日本和"亚洲四小龙"当时的追赶速度。2011 年,中国人均GDP 超过了 5400 美元,经济总量仅次于美国,成为世界第二大经济体。

随着各国经济增长经验的不断丰富,经济学家们对经济增长源泉和动力机制的认识也在不断深入。经济增长不仅是财富的积累,也是财富创造手段的变革,而这种变革呈现出鲜明的阶段性特征和结构性变化特征。无论世界各国的经济表现是趋同还是分殊,都体现了"新增长理论"所强调的技术进步和人力资本对于当代经济增长的核心价值。唐家龙博士在这部著作中遵循了这个认识逻辑,在系统地回顾和评价经典理论和研究文献的基础上,利用时间序列分析技术和数据包络分析方法,系统地分析了新中国成立以来尤其是改革开放以后中国经济增长的驱动因素及其阶段特征,揭示了中国经济增长源泉及其结构变化;从发展阶段性和增长适应性的角度,深入探讨了技术进步中性和有偏情况下的经济增长模式,并阐释了技术进步与组织管理、经济增长的关系。与以往同类著作不同的是,这部著作构建了一个完整的学术体系、研究体系和较完备的数据集,为读者提供了清晰的研究逻辑、理论线索与分析模型,并展现出一个完整的研究过程。这是一部学术价值很高的著作,无论是数据的完备性、方法的科学性,还是研究逻辑的严谨性,都属同类研究中的翘楚。

中国凭借改革开放所释放和激发出来的巨大发展活力、资本的迅速积累和大规模的廉价优质劳动力,实现了从低收入国家向中等收入国家的跨越。在当今全球化和世界新的经济政治关系格局下,中国未来的经济增长将面临着更为复杂的局面和更大的挑战。中国能否避免"中等收入陷阱"？能否成功实现对发达国家的经济追赶？这是目前学界、民众和政府都高度关注的问题，唐家龙博士的研究可以带给我们这样的启迪：技术进步和人力资本将成为推动中国经济可持续增长的两个轮子，也是中国经济发展方式转变的立足点。把占世界 1/5 的人口带入富裕的境地是一项艰巨的历史使命，如果中国进入了高收入国家行列，那么全世界生活在高收入国家的人口将比现在增加一倍多，这不仅是全体中国人民的愿望，也是整个世界的期待。

李建民

2012 年 8 月 20 日于南开园

中国经济发展创造了世界经济史上的一个奇迹。当前关注的焦点在于，这个奇迹能否继续下去？大多数的研究从经济增长源泉角度来回答这个问题。目前对此的探讨已经非常多了，但还存在着两个主要的问题：一是缺乏对经济发展阶段与增长理论模型的相洽性研究；二是忽略了不同研究方法之间的相洽性研究。由此引申出来的问题是，不同理论和方法下的结果往往存在矛盾，对中国经济增长源泉的解释不能给出令人满意的答案。本书希望在这两个方面作出贡献。通过引入劳动增强型新古典增长模型和人力资本增长模型，本书探讨了1952～2007年中国经济增长的源泉问题，尤其是改革开放以来生产率变动及技术进步、技术效率的变动问题，同时分析了人力资本对经济增长的内部效应和外部效应。

本书共分八章。第一章阐释了研究的背景、理论意义和现实意义。第二章进行文献综述，并提出分析的理论模型。第三章和第四章分别核算经济增长研究中最关键的物质资本、人力资本要素，并调整了劳动力指标。第五章利用全国综合数据进行计量分析，建立了全周期估计生产函数和分段联合估计生产函数。第六章利用数据包络分析方法进行各省面板数据的实证研究，探讨了改革开放以来全国及区域的生产率变动模式，以及技术进步、技术效率的演进模式。第七章对中国经济过去近60年的增长历程进行了回顾，并对未来的增长源泉进行了分析。第八章主要从方法论的角度讨论了经济增长源泉研究应该注意的一些问题。

通过构建较为完整的数据集，采用分阶段的增长模型，本书发现了更符合中国经济增长阶段性特征的结果，这一结果明显区别于当前的一些重要文献。首先，劳动增强型新古典增长模型对于中国自1952年以来的经济增长数据有着较强的解释力，但改革开放后的经济增长轨迹与卢卡斯人力资本增长模型的预期较为一致。其次，资本是1952～2007年驱动中国经济增长的最重要源泉；改革开放时期，人力资本与物质资本具有较强的互补性，人力资本外部效应的存在提升了物质资本的产出弹性，提高了综合生产率水平。再次，改革开放之前全要素生产率（total factor productivity，TFP）对经济增长的贡献为负，改革开放之后 TFP 成为驱动经济增长的重要力量。其中，改革开放的第一阶段（1978～1991 年）的 TFP 增长主要由技术效率改进推动；第二阶段（1992～2004 年）主要由技术进步推动。但自 1997 年以来，技术效率改进不足抵消了技术进步的推动作用，TFP 增长陷入了停滞并一直延续到 2007 年。最后，改革开放之后，技术进步是驱动东部地区和全国生产率增长的源泉，技术效率对中西部地区的生产率增长有显著贡献。

技术进步包括了体现型和非体现型技术进步，物质资本的贡献中蕴涵了体现型技术进步，TFP 增长测量的是非体现型技术进步。本书发现，资本积累是中国经济增长的最重要源泉，尽管无法将体现型的技术进步从要素积累的贡献中有效地分离出来，但没有理由怀疑技术进步的存在性。因此，虽然发现当前 TFP 增长陷入了停滞，但不能由此判定中国经济增长不可持续。实证分析也证明，改革开放以来技术进步并没有停滞，技术效率没有跟上生产前沿推进的速度才是当前需要考虑的重要因素。本书认为，不能简单地将生产率停滞等同为技术进步停滞，并作为经济增长不可持续的论据。

未来一段时期，中国面临着城市化、工业化、技术创新、制度创新以及外部环境复杂多变的机遇与挑战，未来经济增长的可持续性不仅取决于进一步的城市化和工业化进程中带来的资本积累和要素积累，更取决于技术和制度创新带来的新的发展业态与模式。

目 录

CONTENTS

◆ **总序**（张来武）

◆ **序**（李建民）

◆ **前言**

◆ **第一章　引论** ·· 1

　　第一节　引言 ·· 1

　　第二节　中国经济增长的事实与可持续性 ········ 3

　　第三节　中国经济长期增长决定因素及问题探索 ··· 9

◆ **第二章　文献综述与理论框架** ························ 11

　　第一节　引言 ·· 11

　　第二节　经济增长理论发展历程 ··················· 11

　　第三节　生产率增长变动研究回顾 ················ 16

　　第四节　当前研究的综合评述 ······················ 24

　　第五节　研究的理论框架 ···························· 25

◆ **第三章　物质资本测量** ································ 37

　　第一节　引言 ·· 37

　　第二节　资本投入的测量理论与方法 ············· 39

　　第三节　全国及各省物质资本投入测量 ·········· 53

　　第四节　小结 ·· 62

◆ **第四章　人力资本测量** ································ 64

　　第一节　引言 ·· 64

　　第二节　人力资本的特点与测量方法 ············· 66

　　第三节　全国及各省人力资本存量估计 ·········· 71

　　第四节　小结 ·· 96

◆　第五章　基于全国综合数据的生产率变动研究 ············· 98

　　第一节　引言 ·· 98
　　第二节　实证研究模型设定 ·································· 99
　　第三节　数据描述与模型估计 ····························· 106
　　第四节　与其他研究文献结果的比较 ······················ 136
　　第五节　小结 ··· 141

◆　第六章　基于各省数据的生产率变动研究 ··············· 143

　　第一节　引言 ··· 143
　　第二节　面板数据 DEA 方法 ······························· 145
　　第三节　数据来源和描述性分析 ························· 152
　　第四节　模型选择与实证结果报告 ······················· 155
　　第五节　与相关文献研究的比较 ························· 175
　　第六节　小结 ··· 183

◆　第七章　中国经济增长的历史、现状与未来 ············· 184

　　第一节　引言 ··· 184
　　第二节　历史与现状的再次回顾 ························· 184
　　第三节　中国经济增长的未来 ····························· 195
　　第四节　实现以人为本的发展 ····························· 204

◆　第八章　关于研究方法的一些讨论 ····················· 205

　　第一节　引言 ··· 205
　　第二节　方法论的探讨 ····································· 205
　　第三节　未来研究的方向 ··································· 210

◆　参考文献 ·· 213

◆　附录一 ·· 226

◆　附录二 ·· 230

◆　附录三 ·· 235

◆　附录四 ·· 238

◆　致谢 ·· 242

第一章 引 论

第一节 引 言

经济增长决定了一国的长期经济实力，决定了国民财富的积累水平。保持国民财富的长期增长成为国家和国民的共同期望。Koopmans（1965）认为，寻找一个最优的增长率对经济学家具有巨大的吸引力。因此，一旦开始考虑这些问题，就很难再考虑其他事情了（Lucas，1988）。由于一国公民的生活水平取决于该国生产物品与劳务的能力，而长期中这一能力取决于生产要素——资本和劳动以及把资本与劳动变为产出的技术（曼昆，2000）。因此，对把资本、劳动、技术进步（或技术变化，technical change）等因素作为增长源泉的研究成为从供给角度研究经济增长的重要内容。肯尼迪（1989）认为，中国正在实施一个宏观的、思想连贯且富有远见的战略，如果中国能够保持经济发展的持续上升，将在几十年内发生巨大的变化。中国将不再贫穷，也将拥有更高的政治地位。可见，经济发展既是财富的源泉也是政治角力的资本，对于中国这个不断崛起的发展中国家而言有着无法言喻的重要性。

哈罗德（1939年）和多马（1946年）分别独立地提出了现代经济增长理论模型（庄子银，2004）。他们的研究将凯恩斯的宏观经济理论分析从短期推向长期，同时也成为现代经济增长理论研究的起点。在哈罗德-多马模型中，储蓄率、资本-产出比、人口增长率、技术进步4个变量作为了外生给定的参数，经济增长率等于储蓄率除以资本-产出比，整个增长的决定因素独立于经济体系之外。随后的经济增长研究则主要围绕哈罗德-多马模型中4个外生参数的内生化问题展开。Solow（1956）用可替代的资本劳动关系将固定的资本-产出比这一生产函数性质取代，从而消除了哈罗德-多马模型中长期均衡增长的"刀刃"性质——自然增长率与有保证的增长率只能偶然相洽。Solow（1957）应用这一模型，假设总量生产函数像柯布-道格拉斯函数那样具有新古典性质，利用1909~1949年美国的时间序列数据，估算了美国经济全要素生产率的历史变化。

Solow的新古典增长模型成为半个多世纪以来经济增长理论模型研究的基本范式。但由于新古典经济模型将增长视为外生技术进步的结果，与一般均衡的推论——竞争均衡能够保证经济持续增长相违背，这当然不能被坚持一般均衡理论的经济学家们所接受。经济增长核算的专家丹尼森发现，第二次世界大战后美国国民产出增长的大部分都源于生产率的提高，而不是要素投入的增加

（索洛等，2003）。这一事实说明，新古典增长模型忽略了经济增长中的重要因素。在宏观经济学经历了 20 世纪 70 年代的沉寂后，经济学家展开了对经济增长外生因素的内生化历程。无论是 Romer（1986，1990）将技术进步内生化的研究，还是 Lucas（1988）将人力资本引入生产函数的研究，都致力于解释技术因素如何变化，致力于将生产率变化内生化，压缩生产率这个黑箱的作用空间。因此，经济增长理论研究的发展，主要是对增长的机制和途径进行了丰富，本质上依然没有离开探讨是要素积累还是生产率贡献促进经济增长这一主题。

当前，经济全球化的进程日益加快，中国经济能否追赶上发达经济体的经济水平，取决于中国经济增长能否继续保持当前快速增长的势头。全要素生产率变动的趋势与一个经济体所处的时代、产业构成、资本和劳动力构成及质量的变化有着密切的关系。中国正发生着经济转型和社会巨变，大规模投资、大范围的劳动力迁移、产业结构的不断升级等现象成为这个过程中可以经常观察到的事实。这对正确理解生产率对于产出的贡献提出了挑战。中国政府在《国家中长期科学和技术发展规划纲要（2006—2020 年）》中提出了建设创新型国家的目标，其中有一项重要标准，即到 2020 年科技进步贡献率[①]达到 60％以上（国务院，2006）。这一政策目标是为了大力推进自主创新，通过科学技术的进步调整经济增长的方式，从根本上增强林毅夫等人所谓的自主能力（林毅夫，2002；林毅夫等，2001，2003a，2005b）。事实上，世界上许多国家很早就提出了建设创新型国家的理念，一些国外城市还提出了创新型城市的概念。对中国而言，提出建设创新型省市的地区也很多。

因此，生产率变动趋势研究，包括理解物质资本（physical capital）、劳动力、人力资本等诸多要素在内的生产要素对于经济增长的长期贡献，不仅关系到财富积累，而且关系到经济可持续发展。这一点，对于谋求复兴的中华民族尤显重要。为什么？套用邓小平同志的一句话："发展是硬道理"。根据 Todaro（2000）的观点，对于任何社会而言，发展至少要解决以下的基本问题：增加维持基本生活的产品，如食品、居所、健康和安全；提高生活水平；扩大在经济领域和社会领域的可选择项。中国目前需要通过发展求得更多的选择，选择的前提就是具有平稳的、持续的、高质量的经济增长。生产率的持续增长是经济增长的重要内容（Zheng et al.，2006）。

---

① 学术界对科技进步贡献率的内涵及测算还存在争论。如林毅夫（2006a）、郑玉歆（1998，1999，2007）指出，生产率的贡献与经济发展所处的阶段有着密切的关系，在发展的早期，TFP 贡献率可能较低，进入成熟期后 TFP 的贡献可能会较高。这可以从美国和日本经济发展史上得到佐证。

第二节 中国经济增长的事实与可持续性

一 中国经济增长的事实

中国经济发展创造了世界经济史上的一个奇迹。以 1952 年不变价计算，1952 年中国的 GDP 仅有 692.2 亿元人民币，到 1978 年 GDP 总量达到了 3 264.7亿元人民币，是 1952 年的 4.7 倍，27 年的平均增长率约为 6.05％。到了 2007 年，GDP 总量达到了 48 942.1 亿元人民币，是 1952 年的 70.7 倍，56 年的平均增长率达到了 8.05％。其中，1978～2007 年的平均增长率为 10.97％，远远高出改革开放之前 6.05％的增长率[①]。如果以现价计算，经济总量和增长的速度更加惊人，1978 年的 GDP 总量达到 3 605.6 亿元人民币[②]，到 2007 年达到了263 242.5亿元人民币。如果从现价来看，2007 年的 GDP 总量是 1952 年的 380.3 倍。

从增长率的变化趋势看，从新中国成立初期一直到 1959 年，经济增长率基本保持在 5％以上，有的年份（1953 年、1956 年）达到 15％以上，个别年份（1958 年）甚至高达 21.3％。这是减少消费和向重工业倾斜，大量增加资本积累率的结果（Chow，1993）。"大跃进"之后，进入经济调整期，同时也遭遇了三年困难时期。这个时期经济增长率大幅下降，1961 年的增长率降低到－27.3％，成为新中国成立后的历史最大负增长年份。此后，中国经济又进入一个高速增长的时期，增长率都在 10％以上，这个阶段持续了 4 年。到"文化大革命"初期，生产力受到了较大的冲击，经济出现了负增长。1969～1975 年，经济仍然保持了较高水平的增长，如 1970 年的增长率甚至达到了 19.4％。但由于"文化大革命"对物质资本和人力资本的破坏（蔡昉等，2003），"文化大革命"时期的 GDP 平均增长率[③]在 6.5％左右，低于"文化大革命"前 6.9％左右的增长率，也低于其后 1977～1982 年 8.2％的平均增长水平。

1978 年启动改革之旅、打开开放之窗后，生产力得到了较大的释放，经济增长开始出现平稳持续快速的增长。以中央政府的五年计划为划分标准，"六五"（1981～1985 年）、"七五"（1986～1990 年）、"八五"（1991～1995 年）、

---

① 有关数据根据历年中国统计年鉴资料处理得到，具体计算方式请参见本书有关章节。如果没有特别说明，所有经济变量均以不变价计算。

② 1978 年的 GDP 以现价计算的结果低于以 1952 不变价计算的结果，这是因为在此期间物价变动不大且略有降低，造成累积的 GDP 缩减指数低于 100％。

③ 由于个别年份出现了负增长，这里使用算术平均增长率作为替代。

"九五"（1996～2000 年）、"十五"（2001～2005 年）期间的平均增长率分别达
到了 10.80％、7.92％、12.28％、8.62％、9.58％。2006 年和 2007 年的增长率
均在 11.5％以上。2008 年，全世界发生了严重的金融危机，金融监管体系的不
健全严重地影响了实体经济。尽管如此，中国经济总量仍然突破了 30 万亿元人
民币的大关，比 2007 年增长了 9.0％左右[①]。

之所以称中国经济增长是一个奇迹，主要是因为中国经济总量的快速增长
及其大大超过世界平均水平的增长速度。从总量增长来看，如果以美国历年
现价的经济总量为 100％，可以看到改革开放前中国经济总量基本维持在美国
经济总量的 3％左右，但改革开放以后，这个百分比逐渐快速增长，1978 年
为 3.22％，1990 年上升到 6.26％，12 年增长了 1 倍左右；到 2000 年上升到
11.65％，较 1978 年翻了接近两番；到 2004 年上升到 14.60％（Heston et
al.，2006）（图 1-1）。

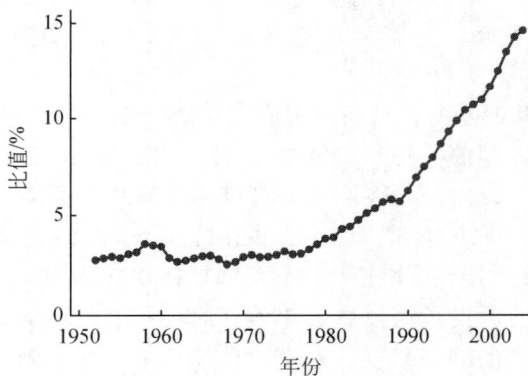

图 1-1　中国经济总量与美国经济总量的比值

资料来源：Heston et al.，2006

随着总量不断增长，中国经济占世界经济的份额日益提升。在国家统计局
公布的国际经济指标比较表中，中国在世界经济体经济总量（以美元计算）的
排名已经从 1978 年的第 10 名上升到 2006 年的第 4 名[②]，占世界经济总量的比
重达到 5.53％，成为继美国（27.36％）、日本（9.00％）、德国（6.02％）之后

---

①　资料来源于国家统计局介绍 2008 年国民经运行情况，http://www.gov.cn/wszb/zhibo301/，
2009 年 1 月 22 日查阅。

②　资料来源于国家统计局网站统计数据栏目，中国主要指标居世界的位次（2006 年），http://
www.stats.gov.cn/tjsj/qtsj/gjsj/2007/，2009 年 2 月 22 日查阅。

的第四大经济体①，如表 1-1 所示。

表 1-1　2006 年世界主要国家和地区的国内生产总值及增长速度

经济体	GDP/亿美元	占世界 GDP比重/%	人均 GDP/美元	是世界人均GDP 的倍数	GDP 增长率/%
世界	482 449	100.00	7 439	1.00	5.4
发达国家	365 830	75.83	36 487	4.90	2.9
发展中国家	116 619	24.17	2 000	0.27	8.1
美国	132 018	27.36	44 970	6.05	2.9
日本	43 401	9.00	38 410	5.16	2.2
德国	29 067	6.02	36 620	4.92	2.9
中国	26 681	5.53	2 010	0.27	11.1
英国	23 450	4.86	40 180	5.40	2.8
法国	22 307	4.62	36 550	4.91	2.0
意大利	18 447	3.82	32 020	4.30	1.9
加拿大	12 515	2.59	36 170	4.86	2.8
巴西	10 680	2.21	4 730	0.64	3.7
俄罗斯	9 869	2.05	5 780	0.78	6.7
印度	9 063	1.88	820	0.11	9.7
韩国	8 880	1.84	17 690	2.38	5.0
墨西哥	8 392	1.74	7 870	1.06	4.8
印度尼西亚	3 645	0.76	1 420	0.19	5.5
泰国	2 062	0.43	2 990	0.40	5.0
马来西亚	1 489	0.31	5 490	0.74	5.9
新加坡	1 322	0.27	29 320	3.94	7.9

资料来源：根据国家统计局网站统计数据栏目，中国主要指标居世界的位次（2006 年）整理。http：//www. stats. gov. cn/tjsj/qtsj/gjsj/2007/

　　根据 Summers 和 Heston（1991）对 133 个国家和地区的经济数据的比较分析，1960～1973 年美国的增长率为 4.0%，日本的增长率为 9.8%，而中国内地的平均增长率只有 4.6%（低于本书估计的 6% 以上水平）。同一时期，中国香港（9.6%）、中国台湾（10.5%）、韩国（9.3%）、新加坡（8.8%）都高于中国内地 4.6% 的增长率。1980～1988 年，美国经济增长率下降到 3.3%，日本增长率下降到 3.6%，同期的中国香港、中国台湾、韩国、新加坡的增长率分别为 7.6%、6.7%、8.3%、6.1%，中国的增长率则上升到 9.2%。到 2006 年，根据国家统计局数据，中国 GDP 增长率达到 11.0%，高于发展中国家 8.1% 的平

①　如果以人均国民总收入计算，中国 1978 年在 188 个经济体中排名 175 位，到 2004 年上升到 209 个经济体中的 129 位。

均水平和世界平均水平 5.4%，更是远高于发达国家的 2.9%（日本甚至低于发达国家的平均水平）。

中国经济总量增长迅速，但人均 GDP 的水平在全世界来看并不占据优势。例如，2006 年世界人均 GDP 达到了 7 439 美元，中国只有 2 010 美元，是世界平均水平的 27%，如果与美国、英国、日本、德国等相比悬殊更大。如果要达到发达国家的人均收入水平，中国还有很长的路要走。

二 中国经济增长的可持续性

Grossman 和 Helpman（1994）指出，在长期，经济能否持续增长，什么决定经济的长期增长率，谁增长最快，政府应当采用什么政策来加快提高生活水平等问题是 20 世纪五六十年代以来经济增长研究的中心问题。中国在这些方面取得了巨大的成功，成为举世关注的奇迹。越来越多的学者也开始对中国经济增长的模式感兴趣，开始从各个角度来解读中国经济增长的源泉问题。例如，Qian 和 Xu（1993）从制度的角度探讨了中国 1979～1991 年增长率高达 8.6% 的原因，认为持续地引入并不断扩大非国有经济是中国经济增长成绩斐然的原因。但更多的学者从生产投入要素与经济增长关系的角度来分析中国的经济增长问题，如英文文献中 Chow（1993）、Young（2000）、Chow 和 Lin（2002）、Wang 和 Yao（2003）、Zheng 和 Hu（2004）、Fleisher 等（2007）等的研究，中文文献中沈坤荣（1997）、王小鲁和樊纲（2000）、王金营（2001）、邓翔（2001）、张军和施少华（2003）、樊瑛和张鹏（2004）、龚六堂和谢丹阳（2004）、徐现祥和舒元（2004）、张焕明（2004）、孙超和谭伟（2004）、郑京海和胡鞍钢（2005）、华萍（2005）、彭国华（2005）、王宇和焦建玲（2005）、李静等（2006）、王兵和颜鹏飞（2006）、李京文等（2007a）、李京文和钟学义（2007b）、陆云航和张德荣（2007）、谭永生（2007）、涂正革（2007）、徐家杰（2007）等的研究。当然，其中一些研究关注增长理论在中国适应性的检验问题，或关注区域增长的差距与趋同问题，但本质上都是基于投入要素与产出关系的研究，只不过在控制引入模型的变量方面各有不同。

总体上，这些研究沿袭了 Solow（1956）的新古典模型的基本思想和 Solow（1957）的研究路径。Solow（1957）提出了全要素生产率的分析方法，并将这一方法应用于美国经济。虽然存在较大的争议和质疑，Solow 的模型与方法仍然被经济学家们普遍采用，并扩展出许多的模型变种。比较知名的主要是跨国比较研究，如 Barro（1989，1991，1996）、Benhabib 和 Spiegel（1994）、Hall 和 Jones（1999）、Mankiw 等（1992）、Young（1995）等的研究。Mankiw 等（1992）的研究强调了要素积累的重要性，指出物质资本和人力资本能够解释跨国收入差异的 78%。但引起广大研究者兴趣和争论的还是 Young（1995）对 "亚洲四小龙" 的研究。Young 的研究认为，"亚洲四小龙" 的增长奇迹源于要素积累的增加，投资增长、劳动参与率、教育水平等要素是增长的基础。2008年诺贝尔经济学奖得主 Krugman 在 1994 年也提出了 "纸老虎"（paper tigers）的概念，指出东亚增长和苏联高速增长的时代一样，是由劳动和资本等投入的快速增长驱动的，而不是源自效率的提升（Krugman，1994）。

Young 和 Krugman 对这些新兴工业化国家增长的持续性提出了质疑，认为这些经济体经济总量的提升缺乏生产率的有效贡献。这种对东亚奇迹的质疑还延伸到了日益崛起的中国。面对这样的质疑，学术界展开了大量的讨论，这里面既有赞同的声音，也有质疑的声音。Hu 和 Khan（1997）对 "中国增长如此之快，为什么" 做了回答。他们发现 1953～1978 年 TFP 年均增长率只有 1.1% 左右，1978～1994 年生产率年均增长则达到了 3.9% 左右，但总体上高于 "亚洲四小龙" 1966～1991 年平均 2% 的水平。20 世纪 90 年代早期，生产率对中国经济增长的贡献超过了 50%，资本的贡献则只有大约 33%。他们认为中国经济存在效率提升，并将经济效率的提高归因于对农村集体企业、小商业、家庭经济、外国投资者和贸易者引入了以市场原则为导向的利益驱动机制。沈坤荣（1997）发现，1953～1994 年经济增长 73% 的贡献源自生产要素投入，综合要素生产率贡献仅为 26.97%，资本投入的贡献占主导地位，达到了 51%。他认为在整个分析区间内生产率贡献份额有限，但改革开放后的贡献达到了 44%。张军和施少华（2003）的研究发现，1953～1998 年 TFP 对产出的贡献为 13.9%，其中改革开放之前的贡献为 -3.9%，改革开放之后的贡献为 28.9%。王兵和颜鹏飞（2006）利用 Lynde 和 Richmond（1999）建立的时间序列数据包络分析（data envelopment analysis，DEA）模型，发现改革开放前效率为负，改革开放之后效率为正。数据和估计区间的不同、分析方法的不同，使得这些估计结果出现了一些差异，但基本上都发现改革开放明显地提高了生产率。陆云航和张德荣（2007）利用水平分解和方差分解发现，虽然物质资本和人力资本等投入要素的积累差异是 1978～2004 年各省份经济发展差距的主要原因，但 TFP 能够解释地区间 60% 以上的差距。他们认为 TFP 的巨大差异是造成我国各省份经济发展差距的更为重要的原因。彭国华（2005）也认为 TFP 是造成省际差距的主要因素。

由于关注的焦点不同，早期的研究往往忽略了生产率的逐年变化，或者研究仅仅列出了生产率变动的年度数据，而没有予以较为细致的分析。如张军和施少华（2003）的研究表明，1992 年 TFP 增长率为 7.73%，但随后一直下降，到 1998 年 TFP 下降到较低的水平（0.83%）。这意味着 TFP 对经济增长的贡献在逐年下降。Zheng 和 Hu（2004）的工作论文，即他们后来在《经济研究》杂志上发表的文章（郑京海等，2005）对此予以了关注。他们利用各省数据进行的研究发现，中国经济增长在1978～1995年经历了一个TFP高增长期，平均的TFP增长率达到了4.6%，但在1996～2001年出现低增长期，平均增长率下降到0.6%。联合国工业发展组织2005年利用普适前沿模型的研究发现，中国的TFP在改革开放初期的1979～2002年总体呈上升趋势，年均增长率约为1.7%，自1993年以后，TFP出现持续下降趋势，这种趋势延续到了2000年；从TFP对经济增长的贡献看，其在改革开放初期的贡献为20.5%，但在20世纪90年代中后期则明显下降（郑玉歆，2007）。经济合作与发展组织（Organization for Economic Co-operation and Development，OECD）2005年的研究也发现了1993年以后TFP持续下降的趋势（郑玉歆，2007）。这些研究一致地指向一个答案：中国越来越依靠投入实现增长，高增长与高质量并非相伴而生，似乎中国将成为Young（1995）和Krugman（1994）笔下的另一个纸老虎。基于生产率研究的成果，Zheng等（2006）就中国经济增长模式的粗放性（extensive）提出了"中国的增长还能继续下去吗"这样的问题，指出中国应当寻求持续的生产率增长。

然而，这些研究对全要素生产率或者索洛余值的认识存在着偏差。在索洛的新古典增长模型下，TFP是基于希克斯中性的技术进步，是一种外生化的进步模式。索洛余值指的是不能直接观察的所有因素所带来的增长，即对我们所不知道的因素的度量——"无知的度量"。很多研究忽略了这一点，一系列文献对此进行了论述。如Chen（1997）指出，利用全要素生产率代表技术进步实际上是一个误解。技术进步包括了与资本融合在一起的技术进步和不包括资本投入的技术进步，即所谓的体现型（embodied）和非体现型（disembodied）的技术进步。通常的研究往往忽视了体现型的技术进步而只关注非体现型的技术进步。Chen认为Krugman（1994）的言论可能是一种误导。因为Krugman采用的技术进步概念仅仅是实证研究中测量的非体现型技术进步，忽视了与资本共生的技术进步。Acemoglu（2007）认为，尽管一般都同意技术进步对于经济增长很重要，但技术变化的方向和偏差的决定因素还没有得到很好的理解。他指出，如果技术变化是资本体现型的，那么资本的份额会相对增加，资本的存量也会增加。这意味着，如果技术变化是劳动增强型的，那么劳动的份额会相对增加，劳动的供给也会增加。但实证上无从确定这种结果。

国内学者郑玉歆（1999）对此做了进一步分析，认为人力资本增长（与劳动力质量提高相对应）和其他不可观测的因素的贡献都是技术进步的形式。因此，当前的研究对于广义的全要素生产率而言存在着低估。其中一个重要原因就在于，体现型的技术进步被忽略了。郑玉歆（2007）指出，全要素生产率对经济增长的高贡献率只有在经济进入低速增长的成熟阶段才会出现，简单地根据对经济增长的贡献的大小不能判断经济增长的质量，特别是不应对处于不同发展阶段的国家进行简单比较。在追求经济增长时，无论是通过要素扩张，还是通过技术进步，其决定因素都是投资，因而投资的质量及积累的有效性才是发展过程中最应该关注的。林毅夫和任若恩（2006c）指出，如果采用同样的方式来研究一个国家在不同发展阶段的 TFP，那么会发现早期的 TFP 将会较低，而进入发达阶段后，TFP 将会较高。并指出，美国和日本的经济史验证了这一命题。所以 TFP 分析的重点不在于发现生产率的绝对值变化，而是探求其在不同时期、不同国家或地区之间相对变化的程度（阿吉翁等，2004）。

与前面研究直接针对生产率变动与否及技术进步概念的争论不同，易纲等（2002）认为中国经济在 1997～1998 年亚洲金融风暴后不存在 Krugman 所谓的增长的不可持续性问题。他们指出，中国在制度变迁、技术进步、人力资本，以及人民币汇率和官方储备方面取得了显著的变化，是中国经济存在着效率提升的明显证据。

第三节 中国经济长期增长决定因素及问题探索

自哈罗德-多马以来，增长理论的研究从实质上来说还是从供给角度来分析经济增长的长期决定因素，探讨生产技术与生产率的变动问题。上述对要素投入和生产率变动趋势的研究表明，若要理解生产率与经济增长可持续性的关系需要正确理解生产率概念，尤其是要深刻地认识到 TFP 概念的局限性、测量方法和测量数据上的敏感性、经济体发展的阶段性特征。对于中国这样一个发展中国家，更需要注意这些问题。然而，当前的研究还没能很好地解决这些问题，它们割裂了基础数据与研究方法之间的有机联系，对研究区间与经济增长阶段的关系缺乏全盘思考。

基于这些考虑，本书希望在一定程度上对正确理解经济增长与生产率、要素积累的关系做出贡献，尤其是对增长的阶段性特征做出解释。同时，在正确地理解生产率概念的基础上探讨技术进步对中国经济增长的作用，从生产率和技术进步的角度来探讨中国经济增长的可持续性问题。

本书将回答：中国经济长期增长的决定因素是什么，是要素积累还是生产率增长？这是一个学界探讨已久的问题，同时也是当前中国政府非常关注的问题。一些学者认为，中国的经济增长是一种粗放型的增长，缺少效率的提升。因此，中国的经济增长难以维系。这种观点与 Krugman（1994）和 Young（2000）对东亚和中国经济增长的分析有类似之处。中国政府也日益关注长期经济增长的模式问题。例如，《中华人民共和国国民经济和社会发展第十一个五年规划纲要》中提出，要"促使经济增长由主要依靠资金和物质要素投入带动向主要依靠科技进步和人力资本带动转变"，其实质就是要依靠生产率增长来带动经济增长。中国经济增长的源泉是什么，本书认为还有再讨论的余地，具体体现为以下四个问题。

（1）增长理论在中国情境下的适用性问题。一方面，增长理论有着较为明确的理论假设，对制度和行为都提出了明确的约束条件。中国是一个转型中的发展中国家，存在着明显的指令经济和价格扭曲的事实，资源配置的方式并不完全符合经济增长理论的假设。另一方面，中国的生产要素投入发生了较大的变化，要素的功能和作用在不同的阶段可能存在着较大的差别，对于整个发展时期利用相同的理论模型来探讨要素积累和生产率贡献可能并不适宜。通常的研究很难区分经济增长过程中的这种阶段性特征。本书将更多地从新古典理论与新增长理论相结合的角度来探讨中国的增长事实与增长理论的适应性问题，即用数据来说明中国的增长符合什么样的理论。例如，中国在改革开放后的教育体系尤其是高等教育体系迅速扩张，人力资本得到了快速增长，其对于经济增长是否体现了所谓的要素功能和效率功能（李建民，1999a），是否真正成为了 Lucas（1988）所谓的经济增长的引擎，本书将对此进行分析。

（2）生产率变动的长期趋势问题。当前的研究存在两个主要的问题，要么是主要探讨生产率的大小问题，忽略了对生产率变动的长期趋势研究，忽略了生产率变动的模式问题；要么是分析的时段较短，对中国生产率变动的阶段性特征把握不准确，或者没能提供最新的变动方向，忽略了林毅夫和任若恩（2006c）、郑玉歆（1998，1999，2007）提出的经济发展阶段不同对生产率测量的影响问题。因此，本书将关注生产率变动的长期趋势和阶段性特征，而不是仅仅探讨生产率的大小和贡献问题。

（3）生产率增长变动的源泉问题。一方面，传统的生产率测量的仅仅是非体现型的技术进步，多数研究中忽视了技术进步的有偏性问题，将非体现型的技术进步视为技术进步的全部，导致对真实技术进步水平的估计偏差，从而对经济增长趋势做出错误的判断。另一方面，产出的增加既可能是生产前沿（production frontier）移动（技术进步）带来的结果，也可能是技术效率（technical efficiency，TE）提升的结果，将生产率进一步分解为技术进步和技术效率来理解中国经济增长的源泉有助于理解中国经济发展的总体模式，有助于理解中国作为一个不平衡发展的经济体内部的结构变化。

（4）生产率增长变动的区域模式问题。中国作为一个地域辽阔、人口众多、区域经济增长差异极大的发展中国家，生产率的差异可能是导致区域差异的重要因素。根据《全球竞争力报告 2005～2006》，中国经济正处于从要素驱动向效率驱动转变的阶段（陈伟等，2005）。中国经济在东中西部地区有着巨大的差异，省份之间差异也相当明显。例如，东部地区个别省份已经走向创新驱动的高级阶段，而中西部地区还处于以要素驱动为主，同时向效率驱动过渡的阶段。明晰区域的生产率变动模式和要素积累对经济增长的贡献有着重要的意义。本书将对生产率变动的区域模式加以分析。

第二章 文献综述与理论框架

第一节 引 言

　　Solow（1988）认为，增长理论并非始于他在 1956 年和 1957 年的研究，至少也要追溯到《国富论》。事实确实如此，从亚当·斯密于 1776 年出版《国富论》以来，经济学家们就一直在思考财富的增长问题，这种思考在当代被更加突出地表现出来。例如，Todaro（2000）在《经济发展》一书中指出，经济增长的源泉是什么、为什么一些国家取得了巨大的经济发展而另一些国家仍然陷于贫穷等问题是发展经济学面临的核心问题。穷国何时才能挣脱贫穷的束缚加入到富裕国家的行列，成为当代宏观经济学家关注的重要内容（Mankiw et al.，1995）。对于中国这样一个发展中国家而言，新中国成立后保持了平均 8％以上的增长率，2012 年 GDP 已经跃升至世界第二，这艘中国航母是否还能继续高速航行，成为全世界关注的焦点。例如，对下一年中国经济增长率的预测，是世界银行等国际机构每年关注的重要内容。中国奇迹是否可以持续下去？中国经济长期增长的决定因素是什么？为什么中国在快速发展的同时出现了巨大的区域差距？从要素积累和生产率增长中能够得到什么样的解答呢？一系列的学界研究已经尝试对此给予回答。对于任何国家而言，都希望持续地实现经济增长，增进国民福利。中国政府提出建设创新型国家的战略，致力于大力提升自主创新能力和转变经济增长方式。因此，从学界和政府的角度来看，回答这些问题颇具现实意义。

　　本章结构安排如下：第二节简要地回顾增长理论的发展历程；第三节介绍关于生产率变动研究的理论基础和实证研究回顾；第四节对当前研究加以评述；第五节提出本书的研究框架；第六节进行简要小结。

第二节 经济增长理论发展历程

　　经济增长理论的成长与经济理论和思想分析史的发展同步，可以划分为古典增长理论、新古典增长理论和新增长理论三个发展阶段。在古典经济学时期的代表人物主要有斯密、李嘉图、马尔萨斯等（巴克豪斯，1992）。也有人将马尔萨斯排除在主要代表人物外。例如，罗尔（1981）、埃克伦德和赫伯特

（2001）在经济思想史中将马尔萨斯作为一个次要的代表。从增长论的角度及对当代的影响看，这三人对经济增长均有着重要的思想贡献，这些思想一直是现代增长理论的思想源泉。

巴克豪斯（1992）指出，斯密在《国富论》中的增长论与劳动论是紧密相关的。斯密认为，增长取决于生产性劳动的生产率，以及生产劳动与非生产劳动的比例。从现代意义来说，这意味着劳动参与率的提高将促进经济增长，而技术进步和机器的使用具有同样的功能。斯密更加强调后者，但其关于资本的概念是含糊的（左大培等，2007）。同时，斯密也注重资本积累对经济增长的影响。他认为，资本积累可以使资本存量扩大，与之相联系的劳动数量增加，从而直接促进经济增长。而且，资本积累往往与专业化和分工相联系，从而借助于分工间接地促进经济增长。与斯密全力强调增进劳动分工和资本积累促进增长的论点相反，李嘉图注重的是经济增长停滞问题，他将经济分析的重心转向了收入分配理论。李嘉图用边际生产递减原理来论证经济增长会由于收益递减而趋于停止（左大培等，2007）。也就是说，李嘉图看到了土地质量下降带来的边际收益递减，因而他更加关注有限产出下的收入分配问题。马尔萨斯（1798）将经济增长与人口原理紧密联系起来，他认为当不加限制的时候，人口将以几何级数增长，而生存资料在最好的情况下也不可能以快于算术级数的速度增加。因此，人口的增长经常有超过生活资料增长的趋势，从而以人均产出表示的经济增长会受到人口增长的限制（埃克伦德等，2001）。

19世纪后半叶，以边际分析为特征的新古典经济学得以兴起，标志着西方经济学进入了一个新的成长阶段。这一时期经济增长研究近乎绝迹，但马歇尔对规模收益递增的分析及熊彼特对创新的分析是一个例外（左大培等，2007）。马歇尔以外部经济和内部经济为基础，区分了厂商的收益递减与行业的收益递增，试图在收益递增和竞争均衡之间找到一个调和点。在长期均衡过程中，导致产量增加的内部经济源于厂商内部劳动分工和机械使用改良的经济效果，但这种内部经济在长期平均下降到一定水平时，由于管理的效率和产品营销困难，收益将会递减。此外，由于更好的信息和技能、熟练劳动的可利用性、机械专业化，主导行业及处于附属地位的产业的增长能够为行业产出的扩大创造外部经济，使得厂商出现规模收益递增（埃克伦德等，2001）。这便成了后来经济增长理论中"外溢"模型的思想渊源。例如，Romer（1986）、Lucas（1988）、Grossman和Helpman（1991）等分别用外部经济分析法构建了他们的增长模型。

熊彼特对于经济增长与经济周期波动的研究颇具特色，他从使用要素的创新组合角度来解释资本主义社会的经济发展，认为完全竞争与创新是不相容的。创新是企业家特有的职能，其目的是为了获取超额利润，因此经济中的静态均衡可能由于超额利润诱发的创新而被破坏。企业通过创新获取垄断地位，得到超额利润，这便打破了原有的均衡状态，于是经济中的总收入增加，经济出现增长。但在超额利润的诱使下，一些厂商为了分享这种收益开始模仿创新厂商。因此，创新、模仿和适应推进着经济增长（埃克伦德等，2001；高东明，2006；许治，2007）。创新过程不继演进，均衡被打破再回到均衡的过程就体现为经济的周期波动。因此，熊彼特的创造性破坏的思想为新增长理论提供了重要的思想来源。Aghion 和 Howitt（1992，1999，2004）的研究将创造性破坏推向了一个理论的顶峰。本书认为，如果这种创新性破坏过于频繁，或者说技术进步太快，一个潜在的问题就是经济规模由于生产转换问题始终不能有效地向最优规模逼近。这意味着技术效率可能会较低，这对于中国这样的存在着大量投资的转型经济体而言有着比较现实的意义。

现代经济学的增长理论是建立在哈罗德-多马模型的基础上。哈罗德通过《论动态理论》一书开创了现代经济增长理论的新阶段（罗尔，1981），成为资本决定论的代表和核心（王金营，2001）。哈罗德-多马模型认为，在凯恩斯的收入决定论之下，决定一个国家的经济增长水平的最主要因素有两个：①决定全社会投资水平的储蓄率；②反映生产效率的资本-产出比。哈罗德采用了里昂惕夫生产函数，假设劳动力投入与资本同比例增长（阿吉翁等，2004）。由于假设前提的局限性，在他们的模型中实现充分就业的稳定状态近乎不可能，被认为"充其量只能是刃锋上的均衡增长"，因为"经济的自然增长率外生地决定于劳动力供给的增加，而有保证的经济增长率取决于家庭和厂商的储蓄和投资习惯"（Solow，1956）。事实上，哈罗德-多马模型是用短期工具来分析长期问题，方法论上的局限导致了 Solow 指出的增长的不稳定性。

因此，Solow（1956）放宽了资本-产出比固定的假设，认为所有的资本和劳动都能够被完全有效地使用，建立了新古典的加总生产函数和新古典经济增长模型。加总生产函数的重要特点就是资本积累回报递减（阿吉翁，2004）。由于新古典生产函数的投入要素的边际收益递减这一特征，长期的经济增长只能借助于外生的技术进步。同时，新古典经济增长模型没有对储蓄率进行内生化。因此，新古典增长模型并没有解决长期经济增长的外生性问题，成为内生增长理论诟病和拓展的关键之处。Solow 模型的另一个严重问题突显于他在 1957 年应用扩展（即引入技术进步后）的新古典增长模型时发现的索洛余值。Solow（1957）引入希克斯中性技术进步的总量生产函数，并分析了美国经济中要素积累和生产率变化对经济增长的贡献（Solow，1957）。他发现，资本和劳动的投入只能大致解释 12.5％的产出，另外 87.5％的产出被认为是技术进步（即新古典生产函数中的 A）外生带来的余值。经验事实估计的余值如此之大使得新古典模型的理论的有效性问题受到质疑，同时经济学者认为新古典模型用外生的技术进步来解释经济增长是差强人意的，由此也产生了一系列关于增长核算和全要素生产率变动的研究。

然而，解释 Solow（1956，1957）提出的外生技术进步或生产率变动的研究进程由于数学工具的缺乏而进展缓慢。直到 20 世纪 60 年代，最优控制理论中的最大值定理（Pontryagin 等阐明）才导致了经济增长内生化进程的厚积薄发，尤其是 80 年代才取得了突破性进展。从 70 年代到 Romer（1986）这个时期，经济增长理论由于历史阶段和数理经济学发展的滞后出现了长期的沉寂，转而对静态的资源配置特别关心，成为经济增长理论过程中"静态的插曲"（左大培等，2007）。虽然这一时期，Cass（1965）、Koopmans（1965）将 Ramsey（1928）的最优储蓄理论引入到经济增长分析中，建立了将储蓄率内生化的最优增长模型，但关于技术进步如何产生，以及如何在经济增长模型中体现出来的理论问题，仍然困扰着经济学界。

在 20 世纪 80 年代后期兴起的内生增长理论以索洛-斯旺模型为基础，为这一困扰性问题给出了有持久影响力的解决方案。围绕长期增长率决定因素的内生化问题，除引入上述 Cass-Koopmans 内生化储蓄率的方法外，内生增长理论主要有两大发展方向（左大培等，2007）。一是生产率变动的内生化，设计专门的模型来解释新古典增长模型中的索洛余值的变化问题。例如，Romer（1986）和 Lucas（1988）在内生增长研究上的开创性文章。生产率变动的内生化是目前内生增长理论研究的主要议题。例如，Grossman 和 Helpman（1991）提出了一个产品质量不断改进和种类不断增加的模型，增长率与研发部门对利润的激励相对应，可以保持固定不变。现实世界表明，最终服务和中间产品的生产不断改进、创新提高了制造业最终产品的全要素生产率。二是人口增长率的内生化，说明人口的增长率是如何决定的，如 Becker 等（1990）的研究。本书将集中对增长理论中将生产率内生化的问题进行研究。

Solow（1994）认为新增长理论最初并不是一种分析技术进步的经济学。它是直接放弃了资本收益递减的思想。事实确实如此，内生增长理论与新古典增长理论的显著区别就在于假定生产函数具有非规模报酬递减的特性，希望将长期经济增长的决定因素内生化。Turnovsky（2001）认为，内生增长模型主要分为两类。一类是 AK 模型，其与新古典增长模型最接近，强调私人资本的积累是经济增长的根本源泉。在最简单的单一部门 AK 模型中，将储蓄率外生决定的行为通过跨期优化而内生化了。如果将私人资本分解为人力资本和非人力资本，就可以衍生出 Lucas（1988）的两资本模型。另一类强调知识或者研究与开发（R&D）是增长的引擎，如 Romer（1990）建立的封闭条件下的两部门模型。一个部门生产新知识，另一个部门将知识作为投入进行最终的生产。对知识部门的扩展形成了一系列新的内生增长模型，如 Aghion 和 Howitt（1992）。另一些相关的模型关注创新和知识在国别间的扩散，如 Barro 和 Sala-i-Martin（1999）。

Cameron（1998）认为传统的内生增长理论研究主要从五个角度来将长期增长因素进行内生化：一是干中学和物质资本（Romer，1986；Jones et al.，1999；Rebelo，1991）；二是人力资本积累（Lucas，1988）；三是公共基础设施投资（Barro，1990）；四是生育率（Becker et al.，1990）；五是追求 R&D 投入利润最大化（Aghion et al.，1992）。这些研究的共同特征是，要么扩大了资本的概念，要么引入报酬不变或递增（Cameron，1998）。当然，这些分析还离不开不完全竞争这一重要假设，这在以知识或 R&D 为基础的增长模型（Romer，1990；Aghion et al.，1992，1999，2004）中尤为明显。

但是，无论是 AK 模型还是强调知识或 R&D 的模型，都预测拥有大量人力资本或经济规模较大的国家会取得较高的经济增长率，这就是所谓的规模效应。然而，经验事实证明这种规模效应在现实中并不存在（Eicher et al.，1999；Jones，1995；Young，1998a）。因此，一些学者对内生增长理论提出了批评，这直接导致了非规模效应的增长模型（non-scale growth model）的出现（Turnovsky，2001）。在非规模效应的增长模型中，转型动态比内生增长模型更加灵活。但从结构上来看，与传统的新古典模型相近，在结论上将长期增长归因于外生的人口增长，这一点是对新古典增长模型的直接回归。也因为如此，Jones（1995）将自己提出的非规模效应模型称为半内生增长模型（Jones，1995）。Turnovsky（2003）认为，非规模效应模型是新古典增长模型与内生增长模型的"杂交"（Turnovsky，2003）。规模效应和非规模效应两类模型在政策含义上有着明显的区别，规模效应的存在意味着政策的冲击（对研发进行补贴）可以导致增长率的持久改变，但在非规模效应模型中这种政策仅仅在短期提高增长率（Mark，2003）。

如果进行严格的区分，内生增长理论应当不包括非规模效应模型，因为后者在结论上将长期增长归因于外生的人口增长，这一点是对新古典增长模型的直接回归。但它在建模思想和过程上确实有独特的地方，如对转型动态中 R&D 作用和人力资本积累的深入分析。因此，如果将内生增长理论与半内生增长模型合称为新增长理论，从而区别于新古典增长模型，也可以区别于简单的理论概括。

总体来看，不同角度的新增长理论在解释经济增长的源泉方面都强调技术进步的影响。新增长理论认为，由于技术进步在国家之间存在差异性，各国经济增长可能出现发散现象，因而发达国家和发展中国家之间在经济增长上的差异是可以理解的。

第三节　生产率增长变动研究回顾

一　生产率的概念

经济增长是基于输入与输出的系统过程，生产率是输出与输入之间的数量关系，这一系统过程可以概略地以图 2-1 进行示意。测量生产率有很多指标，这与数据的可得性有关系。一般而言，生产率指标可以分为单要素生产率指标和多要素生产率指标。当经济系统只有一种投入和一种产出时，生产率的计算是很简单的。但通常情况下，会面临多种投入对应一种产出的问题或者多种投入对应多种产出的问题。这在一个有系列产品的企业中将是一种经常遇见的现象。因此，生产率的研究在微观上更多的是一个管理学上的概念，与企业或机构的绩效表现有着密切的关系。例如，Oster 和 Antioc（1995）、Grigorian 和 Manole（2002）对银行生产率的研究，涂正革和肖耿（2006）对大中型企业劳动生产率的研究。但对于宏观经济研究而言，GDP 概念的存在避免了多产出的情况。因此，更多的时候面对的是多种投入与 GDP 对应的情况。这时候的生产率就是一个有偏的生产率。例如，平时经常使用的劳动生产率概念其实是一种局部的生产率度量指数，或者称有偏的生产率。

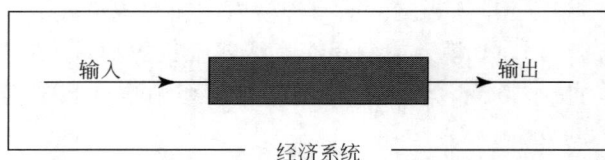

图 2-1　基于输入输出的经济系统

指标选择与研究目的有关。根据 OECD（2001），引入生产率度量可能的目的有五个。一是探求技术变化的趋势。在 Griliches 1987 年的研究文献中看来，技术被描述为"经济运行中将资源转换为产出的当前所知道的方式"（OECD，2001）。技术变化可能表现为非体现型技术进步，如新的组织技术等；也可能表现为体现型技术进步，如通过资本品和中间投入在设计和质量上取得进步而推出的新产品。OECD 报告认为，尽管人们经常明确或隐含地将生产率指标与技术进步关联起来，但这种联系并不是一目了然的。二是探寻效率变化的趋势。从工程意义上说，完全有效率意味着在当前的技术水平下将固定数量的投入最大限度地转化成产出（OECD，2001）。因此，技术效率提高意味着产出向"最佳实践"靠近，或者是消除了技术和组织的无效率。三是将生产率作为实际成本节约的一种测量指标。由于生产率通常以余值的方式计算，它不仅包括了前面提到的技术变化和效率提升，也包括了容量开发的变化、干中学和各种测量误差。因此，Harberger 认为生产率是对实际成本的一种节约（OECD，2001）。四是作为对生产过程加以比较的标准。在商业中，比较特定的生产过程中的生产率水平有助于识别无效率行为。这些指标包括了日均生产车辆数、人均里程数等，非常具体。这些指标有助于工厂与工厂之间的比较，但这些指标之间很难综合。五是将生产率作为评价生活水平的标准。一个简单的例子就是人均收入，这可能是最常用的生活标准指标。不同经济体中人均收入的差异直接与劳动生产率相关。从这个意义上说，测量劳动生产率有助于理解生活水平的改善。另一个例子是长期趋势指标——多要素综合生产率（multifactor productivity，MFP），这是增长可能性的重要测量指标。

研究增长的文献通常基于第一类、第二类和第五类的目的来使用生产率的概念。一般地，宏观经济研究中的生产率有两种正式的测量指标（Sargent et al.，2000）。一个是前面提到的劳动生产率，它是指每单位劳动力对应的产出。另一个就是全要素生产率。这两种指标都是 OECD 报告中提及的与生活水平相关的生产率指标。当然，资本生产率也是一个常用指标。

事实上，即使是只有这两种正式的测量指标，也给选择带来了理论和操作上的困惑。在讨论生产率时应当使用哪一种生产率呢？对此，学术上和政策操作上都存在着争论。有人认为劳动生产率太粗略；有人则认为 TFP 太依赖武断的假设，劳动生产率由于与当前生活水平紧密相关而更具分析意义。Sargent 和 Rogriguez（2000）指出，两种测量在生产率分析中都有用武之地，任意一种都不能告诉我们故事的全部。他们认为，当分析时期小于 10 年时，使用劳动生产率比较合适；如果从长期来看，TFP 是一个更好的测量工具。在资本存量数据质量得不到保证的情况下，采用劳动生产率较好。尤其是跨国比较研究时，因为各国的折旧率和加总办法可能相当不同。在新增长理论框架下，分析增长过程中资本积累过程更有意义，因为他们决定了 TFP 的增长。

明确研究的目的是选择生产率指标的基础。本书致力于探讨中国经济增长的长期趋势，对于人均生活水平的提高，其意义是不言而喻的。结合 Sargent 和 Rogriguez（2000）的分析，本书选择具有综合性的 TFP 指标作为研究的基础。当然，这个指标还可用于前述技术进步、技术效率、实际成本节约等方面的讨论。因此，凡是不特别说明的，书中所谓的生产率都是指 TFP。

生产率指标的确定，意味着可供选择的方法也基本确定下来。Coelli 等（2005）指出，研究生产率的方法主要有四种：最小二乘计量模型、全要素生产率指数法、DEA 方法，以及随机前沿方法。前两种方法主要用于加总的时间序列数据，并假定所有的研究对象在技术上是有效的。后两种方法主要用于截面数据，分析相对效率。因此，不需要假定所有的研究对象在技术上有效。另外，第一种和第四种方法需要用计量方法估计参数，而第二种和第三种方法不估计参数。因此，又可以将这四种方法区分为参数方法和非参数方法。参数方法通过估计生产函数的参数，直接得到生产率增长指标。非参数方法主要利用生产函数和生产的经济理论的性质来求得生产率指数。

二 生产率变动的国外文献回顾

Solow（1957）是最早将生产率研究引入经济增长研究的文献之一，是影响世界各国 TFP 研究最经典的分析模板。大多数的研究都基于 Solow 引入总量生产函数估计增长的余值的办法，来探讨各国或地区生产率增长变动的问题。因此，Solow（1957）对美国经济 1909～1949 年的增长的核算开创了研究经济增长源泉的标准化时代。通过引入希克斯中性技术进步的总量生产函数，Solow 成功地将经济增长的源泉划分为来自资本的贡献、来自劳动的贡献和来自技术进步的贡献，其中技术进步对经济增长的贡献率达到了 87.5%。因此，Solow 得出了美国经济增长主要来自技术进步的贡献的结论。这里的技术进步的贡献就是指 TFP 的贡献。

姑且不论由此引发的增长因素分析热潮及其中对 Solow 方法的批评，Solow 方法至今还在全世界被广泛地引用。世界银行、OECD 纷纷采用这一方法探讨世界各国要素积累和生产率增长对经济增长的贡献问题，试图寻找国别差异在投入产出比上的根源。这些研究中，普遍地引入了总量生产函数作为计算生产率的基础，尽管生产函数的形式可能存在着差异。物质资本和劳动是最基础的生产投入要素，个别研究则纳入了更多的因素。如 OECD 的报告中使用了多要素综合生产率概念。MFP 与 TFP 在测算方法上是一致的，它指的是产出的变化不能由多种要素投入解释时的余值（OECD，2001）。

Solow（1957）具有代表性的参数估计集中在两个方面：一是跨国的经济增长分析，二是单一国家或地区的时间序列数据分析。Barro（1989，1991，1996）的研究是这方面的优秀代表。例如，Barro（1996）对百余个国家 1960～1990 年的面板数据进行了分析，发现其他条件不变的情况下，增长率与初始的人均 GDP 水平负相关。de Long 和 Summers（1991）分析了 1960～1985 年投资的构成与各国经济增长的关系，发现企业的机器和设备投资与增长有着较强的关联，设备投资每增加 1 百分点，GDP 增长率会提高 1/3。这说明资本积累对于经济增长具有重要意义。

Mankiw 等（1992）对 1960～1985 年 98 个国家的研究表明，劳动增强型的新古典增长对于解释跨国经济增长差异具有较好属性。实证分析表明，资本、劳动、人力资本的产出弹性均为 1/3。引入人力资本后，他们发现这些要素能够解释跨国人均收入 80％以上的差异。资本的产出弹性与资本占收入的实际份额基本一致，他们认为这符合 Romer 关于资本得到了其相应社会回报的提法，这表明资本的积累不存在外部性。但同时，他们认为较高的储蓄率提高了 TFP 对经济增长的贡献。

Young（1995）对东亚新兴工业经济体的 TFP 增长率进行了测算。他发现，东亚新兴工业经济体，如中国香港、新加坡、中国台湾、韩国，虽然经济高速增长，但生产率的贡献非常低。Young 将增长的源泉归结为大量的资本积累、迅速提高的劳动参与率和人均教育水平提高等因素。Young（1998b）进一步强调了要素积累对于"亚洲四小龙"快速增长的重要性。

Jones（1995）对 Romer（1990）、Grossman 和 Helpman（1991）、Aghion 和 Howitt（1992）等人研究中关于 R&D 的推论进行了讨论。通过改变知识生产函数，发现第二次世界大战后 OECD 国家 R&D 开支的急剧提高并没有提高生产率，同时对新增长理论关于规模效应的推论提出了挑战。从这个意义上看，也许将 R&D 作为影响生产率的因素是一个正确的选择。

Temple（1999）对增长分析中的核算方法、时间序列回归分析方法和面板数据回归分析方法之间的利弊关系进行了研究。他指出，目前的实证研究还没有超脱于新古典增长理论的框架。或者说，新增长理论的发展并没有得到经验证据的有力支持。大多数内生增长理论的研究，依然以 Solow（1957）提出的 TFP 分析框架为基础（Fine，2000）。

三 生产率变动的实证研究回顾

如 Fine（2000）指出的那样，对中国经济的实证研究大都基于 TFP 分析框架。为了分析的脉络更加清晰，基于研究方法的不同，本书分别对有关文献进行回顾。

很多研究中国经济增长的文献采用了参数估计方法，如 Chow（1993）利用 Cobb-Douglas（C-D）生产函数对 1952～1985 年中国经济增长的研究；王小鲁和樊纲（2000）对中国 1953～1999 年的经济增长的计量分析；王金营（2001）对中国从改革开放以来到 1998 年人力资本与经济增长关系的研究；黄勇峰和任若恩（2002a）利用超越对数生产函数对中国 1985～1994 年制造业全要素生产率与美国进行比较的研究；张军和施少华（2003）对 1952～1998 年中国经济全要素生产率变动的研究；彭国华（2005）在引入人力资本因素后，对 1982～2002 年中国省区 TFP 变化的研究；徐家杰（2007）利用 1978～2006 年时间序列数据对中国全要素生产率的估计；等等。

　　由于参数估计方法通常利用时间序列数据，在具体分析时存在潜在的风险。因此，国内利用非参数估计方法的研究越来越多。这些研究可以分为两类：一是增长核算方法，二是以数据包络分析方法为主体的生产率指数方法。增长核算方法通过设定资本和劳动对于产出的份额来确定要素积累和生产率增长对经济增长的贡献。OECD（2001）认为，增长核算方法是测量生产率的指标中最广泛使用的非参数方法。国内这方面的研究颇多，如沈坤荣（1997）对中国1953～1994年全要素生产率的分析，其分别设定资本的产出弹性为0.4，劳动的产出弹性为0.6；李京文等（2007a）利用统计资料中资本和劳动占收入的份额确定资本和产出弹性，计算了1952～1995年中国的生产率；Wang和Yao（2003）利用各省的劳动力收入占全国份额的方式，设资本产出弹性为0.5，并进行了弹性赋值的敏感性分析；陆云航和张德荣（2007）在分析省际差异时，首先设定资本产出弹性为1/3，然后再用0.4做了稳健性检验。

　　利用DEA方法分析中国生产率增长变动的研究近年来颇为盛行，并取得了较为深入的分析成果。这类研究采用面板数据来研究中国生产率的变动问题。代表性研究有：徐现祥和舒元（2004）以DEA方法为基础分析了中国省区经济增长的演进机制；Zheng和Hu（2004）即郑京海和胡鞍钢（2005）、颜鹏飞和王兵（2004）对中国1979～2001年省际生产率增长变化进行了分析；华萍（2005）在面板DEA分析的基础上，探讨了不同教育水平对TFP的影响；岳书敬和刘朝明（2006）引入了人力资本来探讨区域TFP的增长变化；杨向阳和徐翔（2006）对服务业全要素生产率增长进行了研究。由于DEA方法的特殊性，采用时间序列DEA方法的分析较少。Lynde和Richmond（1999）提出了时间序列DEA分析方法，并将之应用到英国制造业的生产率分析之中。Sueyoshi和Goto（2001）提出了可进行松弛变量调整的时间序列DEA方法，然后分析了1984～1993年的日本电力行业的绩效表现。国内目前只有王兵和颜鹏飞（2006）采用Lynde和Richmond（1999）的方法对中国1952～2000年生产率和效率的波动进行了实证分析。

　　综上可见，生产率研究的方法和文献都比较多。因此，这里选择一些在方法和研究区间方面有代表性的文献，以及与本书希望探讨的问题联系更紧密的文献予以回顾。从参数估计研究来看，王小鲁和樊纲（2000）的研究覆盖了1953～1999年；王金营（2001）的研究覆盖了1978～1998年，但引入了人力资本变量，并探讨了人力资本的内部效应（internal effect）和外部效应（external effect）；张军和施少华（2003）则关注了1952～1998年全要素生产率变动问题；徐家杰（2007）的研究区间覆盖了1978～2006年。他们的研究组合起来覆盖了1952～2006年的整个区间，作为研究回顾的对象具有较好的适宜性。

　　王小鲁和樊纲（2000）的研究重点关注各个生产要素对经济增长的贡献。

他们使用了规模收益不变（constant return to scale，CRS）的 C-D 生产函数，引入资本、劳动力、人力资本等时间序列数据对中国 1953～1999 年的国内生产总值进行了计量分析。他们的计量模型采用的是增长率形式，在模型中同时还引入了经济结构变动的变量（如城市化率等）、时间虚拟变量（区分了改革开放前 1953～1978 年、改革开放早期 1979～1990 年和改革开放近期 1991～1999 年）。分析结果表明，资本的产出弹性为 0.50，劳动力的产出弹性为 0.49，人力资本的产出弹性非常低，只有 0.01。他们的研究没有关注生产率变动的长期趋势问题。

王金营（2001）与王小鲁和樊纲（2000）的研究有相似之处，采用 C-D 生产函数对中国经济增长进行了分析。但王金营将人力资本对经济增长的作用作为了分析的焦点。在未引入人力资本的外部效应前，在所谓的有效劳动模型下，资本的产出弹性为 0.79，有效劳动的产出弹性为 0.21，1978～1998 年资本产出贡献率为 66.54%，人力资本贡献率为 7.80%，TFP 贡献率为 25.67%。对于 1996～1998 年，资本的贡献率甚至高达 94.78%，人力资本和 TFP 的贡献非常微小。造成人力资本贡献率低的原因在于，估计结果中资本产出弹性较高，同时资本的年增长率远远高于人力资本的年增长率。在引入人力资本的外部效应后，在所谓的人力资本外部性增长模型下，资本的产出弹性下降为 0.694。1978～1998 年资本的产出贡献下降到 58.16%，人力资本存量的贡献率上升为 11.36%，TFP 的贡献基本维持原水平。同样，王金营的研究对生产率的变动趋势缺乏关注。

张军和施少华（2003）的文献重点关注了中国 TFP 在 1952～1998 年的变动情况。他们也使用 C-D 生产函数，但引入了两个时间虚拟变量（1961～1963 年三年困难时期、1984 年经济改革之后），估计得到资本产出弹性为 0.609，劳动产出弹性为 0.391，并据此估算了 TFP 的水平和增长率。他们发现，整体上 TFP 增长率在改革开放前波动较大，在改革开放后有了明显的提升。1953～1998 年 TFP 的平均增长率为 1.1% 左右，同期经济增长率为 7.7%，TFP 对产出增长的贡献大致为 13.9%。其中，1953～1978 年 TFP 出现了负增长，下降了 0.24 百分点，产出增长率为 6.1%，TFP 对产出增长的贡献为 -3.9%；1979～1998 年 TFP 平均增长率达到了 2.8%，产出增长率为 9.7%，TFP 对产出增长的贡献率达为 28.9%。这说明改革开放显著地提高了中国经济的生产率水平。

徐家杰（2007）的研究延续了王小鲁和樊纲（2000）及张军和施少华（2003）引入虚拟变量的作法。采用传统的 OLS 方法，但他还引入了时间趋势因素，得到规模报酬不变下，1978～2006 年平均的资本产出弹性为 0.49，劳动力的产出弹性为 0.51，据此得到 1979～2006 年的 TFP 增长率。他发现，研究年份内平均的 TFP 增长率为 3.25%，对经济增长的贡献达到了 34%，有的年份的 TFP 增长率甚至超过了 5%；其中，只有 1989 年、1990 年 TFP 增长率为负。

他列出了 1979～2006 年的 TFP 和 TFP 增长率，但对 TFP 增长率的变动趋势缺乏进一步分析。从表格数据看，TFP 增长率在改革开放初期开始上升但有波动，在 1989 年、1990 年下降到最低点，然后又恢复了较高的增长率；进入 1997 年以后，TFP 增长率基本在 3％上下波动，没有出现负增长的现象。对比相应的研究年份，张军和施少华（2003）的研究与徐家杰的结果基本一致。

对于非参数估计中使用增长核算办法的研究，沈坤荣（1997），李京文等（2007a），Wang 和 Yao（2003）的研究之间具有较强的可比性。李京文等（2007a）利用国民核算体系中增加值 GDP 与资本报酬、劳动报酬之间的关系，求得资本的产出弹性和劳动的产出弹性，从而回避了回归分析确定参数的方法。遗憾的是，他们的文献中没有给出所估计弹性的具体数值。根据有关数据反向推算，可以得到 1953 年资本产出弹性为 0.52、劳动产出弹性为 0.48，1978 年相应弹性为 0.57、0.43，1995 年分别为 0.50、0.50。据此可知，一些研究中将资本产出弹性设定为 0.50 有一定的合理性。在此基础上，他们得到了劳动生产率的变化情况，即 1953～1995 年平均的生产率增长为 1.006％，对产出的贡献份额为 13.27％。其中，1953～1977 年平均的生产率增长为 -1.19％，贡献份额为 - 20.32％；改革开放后平均的生产率增长为 3.623％，贡献份额为 36.23％。这种生产率变化模式与张军、施少华（2003）发现的模式一致。他们的研究也发现 1989 年、1990 年生产率出现了负增长，与徐家杰（2007）的研究一致。

沈坤荣（1997）采用了资本产出弹性为 0.4、劳动产出弹性为 0.6 的规模报酬不变的模型假设。他的研究结果发现 1953～1994 年平均的生产率增长为 1.91％，贡献份额为 26.97％，资本的贡献份额为 50.78％，劳动的贡献份额为 22.25％。其中，1953～1978 年平均生产率增长为 0.61％，贡献份额为 10.60％，资本的贡献份额为 62.55％，劳动的贡献份额为 26.84％；1979～1994 年平均生产率增长率为 4.05％，贡献份额为 43.81％，资本贡献份额为 38.68％，劳动贡献份额为 17.50％。从生产率的变动趋势来看，沈坤荣（1997）的研究发现，改革开放以来各个时期的生产率增长相对都比较高。这一结果区别于张军和施少华（2003），李京文等（2007a）的是资本产出弹性较低，从而估计得到的生产率增长率较高。

Wang 和 Yao（2003）的研究中引入了以平均受教育年限为代理变量的人力资本概念。他们分析发现 1978～1999 年劳动报酬在增加值中的份额在 0.50 左右。因此，采用 0.50 作为劳动产出弹性和资本的产出弹性。奇怪的是，他们将人力资本的产出弹性也直接设定为 0.50，却没有给出具体的理由。他们发现 1953～1999 年平均的 TFP 增长率为 0.02％，贡献份额为 0.2％，资本贡献份额为 50.9％，劳动贡献份额为 19.0％，人力资本贡献份额为 29.8％。其中，改革开放之前的 1953～1977 年，TFP 为－1.39％，贡献份额为－26.4％，资本贡献份额为 55.0％，劳动贡献份额为 25.1％，人力资本的贡献份额为 46.3％；改革开放之后的 1978～1999 年，TFP 为 2.41％，贡献份额为 25.4％，资本贡献份额为 47.7％，劳动贡献份额为 15.9％，人力资本的贡献份额为 11.0％。

在利用 DEA 方法的分析中，使用各省面板数据的 Malmquist 指数方法较为流行也颇具代表性。这一方法也较好地揭示了中国整体经济和各省的区域差异性。郑京海和胡鞍钢（2005）采用该方法对各省面板数据进行了分析。他们发现，中国在 1978～1995 年平均的 TFP 增长率高达 4.6％，但 1996～2001 年的平均增长率仅为 0.6％，出现了明显的下降。生产率下降的特征表现为技术进步速度减慢、技术效率有所下降。这里的技术进步和技术效率分别指前沿生产函数的移动，以及给定投入下产出向生产前沿的靠近，分别对应于 OECD 报告中的技术变化和效率变化概念（OECD，2001）。从各省来看，1978～2001 年的 TFP 增长、技术进步和效率变化也有着明显的差异。

颜鹏飞和王兵（2004）发现全要素生产率总体上是增长的，但主要源于技术效率的提高。他们观察到中国经济在 1992 年以前出现了效率趋同，但 1992 年以后追赶效应消失，技术进步成为各个地区生产率差异的主要原因。上海和广东是主要的创新者，推动生产可能性边界向外移动。同时发现，1997 年之后全要素生产率的增长出现了递减，主要原因是技术进步减慢。人力资本和制度因素对全要素生产率、效率提高及技术进步均有重要的影响。虽然总体的趋势与郑京海和胡鞍钢（2005）的结果一致，但技术进步与技术效率的变动模式则与之完全相反。这是值得关注的现象，也是本书将要详细探讨的一个问题。

华萍（2005）利用同样的方法发现：1993～2001 年各省份的全要素生产率平均增长达到 2.2％；TFP 虽然在不断增长，但增长速度有下降趋势。例如，增长率在 1993 年达到了 5％，但 1998 年下降为 1％，并一直延续到了 2001 年；其间，技术进步率为 2.5％，技术效率下降了 0.3％。生产率的变化模式与郑京海和胡鞍钢（2005）相应年份的结果基本一致。从分地区来看，1993～2001 年东部、中部和西部地区的 TFP 年均增长率分别为 3％、2％、1％，东部地区的年均技术进步最快，达到了 4％，但在技术效率方面并没有优势。对于各个省份而言，TFP 增长率也各不相同。

区别于上述文献，岳书敬和刘朝明（2006）直接在 DEA 分析中引入了人力资本概念。人力资本指标为平均受教育年限与从业劳动力的乘积。他们发现，1996～2003 年 TFP 平均增长率为 1.35％，技术进步率为 1.22％，技术效率为 0.16％。TFP 增长率从 1997 年的 1.93％下降为 2003 年的 0.30％，似乎显示出 TFP 增长率有下降的趋势。通过模型对比，发现不考虑人力资本存量时测算的 TFP 增长率偏高，同时低估了技术效率的提高程度，高估了技术进步率。因此，他们认为 TFP 增长主要是由技术进步决定，而不是来自效率提高。但他们的研究区间较短，难以对生产率变动趋势加以分析。

第四节　当前研究的综合评述

分析表明，在前面文献回顾中介绍的模型里面，TFP 概念是存在差异的。这个差异与以下几个方面有关。

首先是在模型选择上存在差异。例如，有的基本保持了新古典增长模型的假定，如沈坤荣（1997）、徐家杰（2007）；有的引入了人力资本变量，如王小鲁和樊纲（2000）、王金营（2001）、岳书敬和刘朝明（2006）、彭国华（2005）；有的引入了劳动增强型新古典增长模型，如 Mankiw 等（1992）、王金营（2001）；有的引入了时间趋势变量，如 Mankiw 等（1992）、徐家杰（2007）等。生产函数或增长理论的差异，导致在解释生产率，以及要素积累和生产率对经济增长的贡献时，不同文献之间难以相洽。

其次是使用的数据上存在差异。在不同的研究中对于资本的估计存在着较大的差异，这将在下一章测量资本存量时详细讨论。关于人力资本是否引入生产函数还存在着争论，如 Nelson 和 Phelps（1966）、Benhabib 和 Spiegel（1994）的文献就认为人力资本进入生产函数可能导致模型设定错误。从估计结果来看，人力资本引入与否显然会造成生产率测量上的差异。导致差异的另一个原因还在于人力资本变量所具有的复杂属性：它依附于人体，具有教育、在职培训、健康等多种形式，在研究中很难得到一个最能代表人力资本的变量。谭永生（2007）对此做了有益的尝试，但其中各类人力资本的代理变量的选择依然值得进一步探讨。人力资本作为经济增长的引擎，无论是基于理论的考虑还是基于现实的需求，将其纳入分析框架是一种值得尝试的选择。

最后是使用的方法上存在差异。国外经济学大家及其比较有代表性的经济增长研究基本以计量分析为基础进行，注重利用生产函数开展参数估计。国内的研究文献出于不同的考虑选择了参数、非参数估计方法。使用增长核算方法时，由于中国当前的资本存量不高，如果设定较高的资本产出弹性，将导致资本的贡献份额较高，生产率的贡献份额会比较低。这是因为，中国的资本增长率大大高于劳动的增长率，这也是为什么沈坤荣（1997）的估计结果高于其他估计的原因。目前的一个困难在于，当引入资本、劳动以外的变量进行研究时，增长核算方法失去了用武之地，因为其他变量缺乏与之对应的收入份额，在通常的规模收益不变假设下面临着如何进入生产函数的困难。例如，前面已经指出 Wang 和 Yao（2003）选择人力资本的产出弹性系数为 0.50，却没有任何的理论依据。此时，多数研究选择计量工具或 DEA 方法，但 DEA 方法对人力资本作用的分析不如计量分析来得直接。

　　尽管存在这些差异，学者对中国经济增长的阶段性特征的认识是基本一致的，即改革开放前 TFP 的贡献率较低或者为负，改革开放后直至 1994 年、1995 年前后 TFP 保持较高的增长率，随后（1998 年前后），TFP 的增长率开始停滞。但利用不同的模型、数据和方法得到的结果之间还是有差异，当前的研究则较少对这些差异进行详细的比较分析，并且不同的研究往往专注于自身分析结果的介绍而忽略了不同研究之间的比较。同时，前述研究尤其是对国内经济增长的实证研究，还较少关注到生产率的长期变动问题，也缺乏对引入人力资本后增长理论模型适宜性的考虑。例如，Mankiw 等（1992）认为引入人力资本的新古典增长模型有效地解释了各国经济增长的差异问题，但对中国而言，到底是新古典增长模型还是新增长理论模型能够更好地解释中国经济增长呢？当前还没有研究对此做出回答，目前的工作还主要基于新古典增长理论模型。

　　相关的另一个问题则直接涉及新古典生产函数与新增长模型的生产函数二者之间的关系。在当前的文献研究中，存在新古典增长模型、劳动增强型新古典增长模型，以及引入人力资本因素的新增长理论模型。在概念的划分上，有的文献将引入人力资本的劳动增强型新古典增长模型视为了新增长模型。从函数形式上看，劳动增强型模型是一种非希克斯中性技术进步的生产函数模型，这种函数形式将使 TFP 的估计出现偏差。引入人力资本的新增长理论模型存在着类似的情况。如果人力资本作为生产要素进入生产函数，就会改变原有要素之间的关系，出现有偏的 TFP 估计，或者说技术进步是有偏的。因此，将 TFP 作为非体现型技术进步可能会低估生产率增长对于经济增长的贡献。同时，人力资本作为经济增长的引擎在实证研究中很少得到有效的支撑，Lucas（1988）提出了人力资本具有的内部效应和外部效应，但目前对此的实证分析还比较少，从中国的研究来看，王金营（2001）、魏立萍（2005）对此有所论及。

　　有鉴于此，本书希望对中国经济增长的事实与增长理论模型的相洽性展开研究，同时引入人力资本因素探讨新古典增长模型、新增长理论模型与技术中性、技术有偏情况下的生产率增长和要素积累问题，以弥补当前研究中的一些缺失或不足之处。

第五节　研究的理论框架

　　学界公认 Romer（1986）和 Lucas（1988）引领了增长理论研究的新一轮复兴与热潮，但谈到增长理论却不得不从 Solow（1956）和 Swan（1956）各自独立创建的新古典增长理论模型谈起。新古典增长模型建立了现代增长理论研究的基本准则，开创了经济增长理论模型研究的传统，他们首次将长期增长引入到传统的宏观经济模型中（Turnovsky，2003）。大多数的理论研究与实证研究都是建立在新古典增长模型的基础上。

本书将主要致力于分析生产率变动的长期趋势。当前对生产率变动的研究基本采用了新古典增长模型和引入人力资本后的新增长理论模型框架[①]。因此，本书将主要基于新古典增长模型及 Lucas（1988）提出的人力资本积累模型进行，以便于与其他文献进行比较分析，探讨分析结果的共同点和差异之处。

一 新古典增长模型

通过对哈罗德经济增长模型的常资本系数假定的修正，Solow（1956）提出了新古典经济增长理论的增长模型。同年，澳大利亚经济学家 Swan 也独立地提出了相似的增长模型。二者合称为索洛-斯旺模型。对于新古典增长模型，相当多的文献予以了总结和概括，笔者在这里主要采用庄子银（2004）的著述来介绍新古典增长模型的一些性质，更具通俗性的介绍还可以参见宏观经济学方面的经典教材，如曼昆（2000）、多恩布什等（2000）的《宏观经济学》，以及韦尔（2007）的《经济增长》。

（一）新古典增长模型介绍

所有的新古典经济增长模型都采用了相同的一般均衡结构，由家庭、厂商及他们组成的市场形成一个生产、分配、消费、投资的循环。首先，家庭拥有经济中的投入和资产，并选择收入中用于消费和储蓄的份额及生育决策。其次，厂商雇用资本和劳动，并用这些投入生产产品以销售给家庭或其他厂商。最后，在市场中，一方面厂商向家庭和其他厂商销售产品；另一方面，家庭向厂商供给投入，需求量和供给量的均衡决定了各种投入品和生产的产品的相对价格（庄子银，2004）。

从模型的简略性出发，新古典模型提出了一系列基本假定：

（1）假定经济是封闭的，家庭不能购买外国产品或资产，也不能向国外出售产品或资产。

（2）假定家庭和厂商具有类似罗宾逊·克鲁索经济的性质。经济中只存在两种投入即物质资本 K_t 和劳动 L_t。在不考虑技术进步的情况下，生产函数的形式为

$$Y_t = F(K_t，L_t)$$

---

① 很多学者扩展了新古典增长理论模型，通过引入其他的变量如外商直接投资、产业结构变量、R&D 等，重点分析影响生产率变动的相关因素。

（3）假定只生产一种同质产品，生产函数采用 $Y_t = F(K_t, L_t)$ 的形式，且函数被假定为对资本 K_t 和劳动 L_t 是凹的，对 K_t 和 L_t 两种投入具有一次齐次性，即规模收益不变。

（4）假定储蓄率 $s(\cdot)$ 是外生给定的。

（5）假定资本折旧率 $\delta > 0$ 是常数。

（6）假定经济关于时间是连续的，初始的资本和劳动水平给定为 K_0、L_0，且人口（或劳动）以外生增长率 $n \geqslant 0$ 增长，t 时刻的人口（或劳动）为 $L_t = L_0 e^{nt}$。

索洛-斯旺模型的核心是新古典生产函数[①]。假设产出在消费 C 和投资 K 之间分配，在不变的资本折旧率 δ 下，可以得到资本积累的动态方程：

$$\dot{K} = I - \delta K = sY - \delta K$$

其中，s 为储蓄率。

假定人均资本（资本-劳动比，其实是劳均资本）为 $k = K/L$，对人均资本求导，有

$$\dot{k} = \left(\frac{\dot{K}}{L} \right) = \frac{\dot{K}L - \dot{L}K}{L^2} = \frac{\dot{K}}{L} - nk$$

其中，n 为人口（劳动力）增长率。结合资本积累的动态方程，可得

$$\frac{\dot{K}}{L} - nk = sY/L - \delta K/L = sf(k) - \delta k$$

其中，$f(\cdot)$ 为人均的产出函数。因此，可以得到新古典模型的基本方程式：

$$\dot{k} = sf(k) - (n + \delta)k$$

这一非线性方程只依赖于 k。它意味着，资本-劳动比的变化率是由每个工人的储蓄（和投资）量与劳动力增长时为了保持资本-劳动比不变所要求的投资量的差值决定的。分析表明，当每个工人的储蓄恰好等于人口增长和折旧对资本的摊薄量时，资本-劳动比的变化率将等于 0。此时，经济处于稳定状态之中（曼昆，2000；多恩布什等，2000）。而且，不管 k 的初值是多少，它总收敛于资本-劳动比的变化率为 0 时的资本水平。也就是说，新古典增长模型的平衡增长条件为

$$\dot{k} = sf(k) - (n + \delta)k = 0$$

---

① 新古典生产函数的性质：每种投入有正的递减的边际产品；生产函数呈现出规模收益不变；生产函数满足稻田条件（保证增长的路径不发散）（左大培等，2007：88）。庄子银认为，新古典生产函数还要满足另外三个性质：生产函数是一个拟凹函数；没有免费的午餐（即每一种投入都是重要的），一种投入为 0，则总产出也为 0；生产函数可写为人均形式，这是规模收益不变假设的推论（庄子银，2004：14）。不具备这种性质的生产函数不能称为新古典生产函数。

或者

$$sf(k) = (n + \delta)k$$

由于 k 作为一个可变量而存在，突破了哈罗德-多马模型中资本-产出比固定不变的"刀刃均衡"特征，平衡增长得以实现。在新古典模型的稳定状态下，人均产出、人均资本、人均消费都成为常数。这意味着稳定状态的 Y、C、K 以不变的、外生的人口（或劳动）增长率 n 增长。

上述的分析中缺乏技术进步因素，这是 Solow（1956）模型的一大缺陷。因此，Solow（1957）在《技术变化与总量生产函数》一文中考虑了技术变化的影响，以克服收益递减的约束，使经济能够长期增长下去。在给定资本-产出比的情况下，技术进步进入生产函数有三种方式，分别是希克斯中性技术进步（边际产出的比率保持不变，技术进步使总量生产函数向上移动）、哈罗德中性技术进步（资本和劳动的相对投入份额保持不变，属于节约劳动或劳动增强型技术进步）、索洛中性技术进步（节约资本或资本扩张型）。Solow（1957）引入了希克斯中性技术进步的生产函数，用 A_t 代表 t 时期的生产率，有

$$Y_t = A_t F(K_t, L_t)$$

Solow（1957）指出，中性技术进步意味着要素的边际替代率没有受到技术进步的影响。这其实就是希克斯中性技术进步的内涵。如果假设生产函数的形式为 C-D 生产函数形式，在规模收益不变的假设下，可以得到

$$Y = AK^\alpha L^{1-\alpha}$$

其中，$0 < \alpha < 1$。从而，人均产出为

$$y = Ak^\alpha$$

根据资本的动态方程：

$$\dot{k} = sAk^\alpha - (n + \delta)k$$

同理可得到新古典增长模型下的平衡增长条件：

$$sAk^\alpha = (n + \delta)k$$

如果有实体经济中的资本、劳动和产出数据，就可以估计希克斯中性技术进步率。

（二）新古典增长模型与技术进步

从现代的观点来看，索洛-斯旺模型的贡献无疑是巨大的，它为其后的经济增长模型研究确立了基本的准则。例如，总量生产函数的使用，对供求均衡的假定，对劳动生产率的内生化，确定可变的资本-产出比，引入外生的技术进步来解释长期经济增长。Solow（1957）的技术变化从数学形式看是生产函数的移动，是一种纯粹的尺度变化，为研究技术进步提供了一个简便的方法。Solow（1957）利用美国数据，得出技术进步对 1909～1949 年美国经济增长的贡献达

到了 87.5% 的结论。很多参照 Solow 方法开展的研究有相同的发现。例如，Abramovitz（1993）指出，资本对经济增长的贡献份额不足，为 10%～20%，而 TFP 的重要性无与伦比，这让他感到很惊讶。对大多数经济学家来说，这也是令人惊讶的，因为资本积累是经济学的重要部分，许多经济学家认为它能解释增长的很大一部分，而不仅仅是一个辅助角色。郑玉歆（1998，1999，2007）多次强调投资对中国经济增长的重要性。遗憾的是，一些研究认为当前资本扩张、大规模投资并不可取。这些观点忽略了中国经济增长的阶段性问题，这也可能是增长理论应用于中国情境应当反思的问题。当然，投资的结构和方向也是资本形成过程中需要重点关注的问题。

对于经济增长的余值问题，Abramovitz（1993）认为，技术进步理所当然是余值的一部分，这也是劳动生产率增长的原因。但余值的来源不仅是总量生产函数的移动，还包括了除技术进步以外的很多会促进增长的因素。也就是说，余值其实是一个大筐，什么都能装。这样说有几大原因：其一，对要素投入的测量是不完全的。总资本中的非物质资本积累，如教育、在职培训、R&D 被忽略了。Abramovitz（1993）认为教育、R&D 等事实上是资本积累，只不过是以非实物资本形式出现的。还有其他的支出和放弃的收入在分析中也被忽略了。其二，资源配置方式改进和经济规模的提升在生产函数中没有得到体现。没有指标可以对这些因素进行度量，而且也难以度量，但这些因素都包含在余值中。因此，余值事实上是对我们测量上的无知进行界定（Abramovitz，1993）。换句话说，对增长的核算只能是一种大致的核算，所得到的索洛余值是我们所忽略的东西的一个较低的边界。Abramovitz（1993）的分析为正确理解技术进步——Solow 模型下的增长余值——奠定了一个良好的基础。

Solow（1957）引入的技术进步是希克斯中性的技术进步。但如前所述，技术进步有三种形式，既可能是中性的技术进步，也可能是劳动增强型的技术进步，还可能是资本扩张型的技术进步。不同的阶段，可能存在着不同的技术进步形式，但更多的时候应当是有偏的技术进步。Acemoglu（2007）指出，如果技术可能性集仅仅适宜于某种要素增加，那么，这一要素供给的增加会导致技术变化相对于这一要素有偏，这意味着引致的技术变化会提高这种更加充裕的要素的相对边际产品。而且，这种引致的偏差可能很大，以至于作为对这种要素供给增加的响应，会提高要素的相对需要曲线。但是，当存在多种技术可能性时，这种偏差不具有一般性。简单地说，在大多数情况下，技术变化不是中性的，它一方面会对生产中的某些要素有利，另一方面会直接或间接地减少其他要素的作用。

二 人力资本增长模型

最早的人力资本增长模型是由 Uzawa（1965）提出来的。Lucas（1988）继承了 Uzawa 的建模思想，通过引入 Schultz（1961，1962）和 Becker（1962）提出的人力资本概念，将人力资本理论从微观推向宏观，建立了一个专业化的人力资本积累增长模型，其核心是人力资本的外部效应。Lucas（1988）与 Romer（1986）的文献是并列的开创性研究，他们一起引发了内生增长理论研究热潮。在模型假设中，Lucas 指出人力资本具有内部效应和外部效应。人力资本可以通过两种途径形成，一种是 Schultz 提出的学校正规教育，另一种是 Arrow 的"边干边学"或在职培训（Arrow，1962）。正规教育可以提高劳动者的生产技能和收入水平，这就是所谓内部效应。"边干边学"可以为他人提供生产积累，从一个人扩散到另一个人，从而产生外部效应。人力资本的外部性在 Lucas（1988）的生产函数设定中有明确的体现，即单个劳动者的边际产出会由于所有劳动者具有的平均人力资本水平而提高。Lucas 模型强调，人力资本的外部效应会带来递增收益，从而使人力资本成为增长的引擎，成为经济长期增长的源泉。

（一）人力资本增长模型介绍

Lucas（1988）假设在一个竞争性的市场的封闭经济中，存在许多相同的理性的经济主体。参阅 Lucas（1988）原文及李建民（1999b）、王金营（2001）、庄子银（2004）的著述，卢卡斯模型包括以下基本假设。

（1）假设人力资本是一个人所具有的一般或通用能力。所以，生产效率与每个人的人力资本存量水平成正比。

（2）假设有 N 个劳动力，他们各自的人力资本存量水平 h 的范围是从 0 到无穷大，整体经济中的劳动力总量为 N，劳动力的增长率为 λ。对于 N，有

$$N = \int_0^\infty N(h)\mathrm{d}h$$

（3）假设 $u(h)$ 是一个人用于市场活动或者生产的时间，那么投入生产的实际劳动力（effective workforce）即能力加权的人时总和为 N^e，有

$$N^e = \int_0^\infty u(h)N(h)h\mathrm{d}h$$

（4）如果产出是总资本 K 和 N^e 的函数，即生产函数为 $F(K, N^e)$，具有人力资本存量水平 h 的人的工资率（小时工资）为 $F_N(K, N^e)h$，他的总收入为 $F_N(K, N^e)hu(h)$。Lucas（1988）称人力资本可以提高人力资本拥有者生产率的这种效应为人力资本的内部效应。

（5）人力资本不仅具有内部效应，还具有外部效应。假设人力资本的平均

存量水平为 h_a，并定义如下：

$$h_a = \frac{\int_0^\infty hN(h)\,\mathrm{d}h}{\int_0^\infty N(h)\,\mathrm{d}h}$$

人力资本存量的平均水平可以影响所有生产要素的生产效率。Lucas（1988）称这种效应为人力资本的外部效应。之所以称之为外部效应，是因为个体人力资本决策带来了个体之外的效率改变，但个人在决策时并没有考虑这种外部效应。

（6）假设经济是封闭的，并且人口增长率保持不变。

（7）满足完全市场竞争的条件。

假设在时刻 t，有 $N(t)$ 的劳动力或人口在从事市场活动，且以常数率 λ 增长。令 $c(t)$ 为单个商品的实际人均消费，且 $t \geq 0$，则对人均消费的偏好公式为

$$\int_0^\infty \mathrm{e}^{-\rho t}\frac{1}{1-\sigma}[c(t)^{1-\sigma}-1]N(t)\,\mathrm{d}t$$

其中，ρ 为贴现率或时间偏好率；σ 为相对风险厌恶系数，也等于跨时期替代弹性的倒数。二者均为正值。

如果将产出分为消费 $c(t)$ 和资本积累 $\dot{K}(t)$ 两个部分，那么，在新古典模型下，保持规模收益不变的假定，可以得到下述的产出的平衡式：

$$Y_t = N(t)c(t)+\dot{K}(t)=A(t)K(t)^\beta N(t)^{1-\beta}$$

其中，$0<\beta<1$。

Lucas 的人力资本积累模型改变了新古典生产函数的形式。Lucas 认为 Solow 模型在解释各国经济增长率的差异上存在着缺陷，Solow 的理论与现实世界存在着差异，其原因就在于忽略了人力资本的作用。因此，他引入了人力资本因素，提出了新的生产函数形式：

$$N(t)c(t)+\dot{K}(t)=A(t)K(t)^\beta[u(t)h(t)N(t)]^{1-\beta}h_a(t)^\gamma$$

其中，$h_a(t)^\gamma$ 为人力资本的外部效应；$u(t)$ 为用于实际生产的时间。模型同时假定 $A(t)$ 保持不变。从而可以得到 Lucas 模型下的资本积累方程：

$$\dot{K}_t = Y_t - N(t)c(t)$$

对于人力资本存量而言，它取决于人力资本投资水平，与非闲暇时间中用于生产或非生产的时间有关。如果假定除用于生产之外的时间都用于人力资本投资，那么，人力资本的存量变化可以表示为

$$\dot{h}_t = h_t^\zeta G(1-u(t))$$

假定 G 是增函数，且 $G(0)=0$。如果 $\zeta<1$，则人力资本投资的边际收益递减。由于 $u(t)\geq0$，因此上述的人力资本增长函数意味着：

$$\frac{\dot{h_t}}{h_t} \leqslant h_t^{\zeta-1} G(1)$$

因此，无论用于人力资本投资的努力有多大，随着 $h(t)$ 的增加，$\dot{h_t}/h_t$ 最终将趋于 0。如果 $\zeta = 1$，同时假定 G 为线性函数，即假定 $G(1 - u(t)) = \delta(1 - u(t))$，那么人力资本增长函数可以简化为

$$\dot{h_t} = h_t \delta(1 - u(t))$$

这意味着：如果没有人力资本投资，即 $u(t) = 1$，那么人力资本就不会增加。如果一个人把全部时间都用于人力资本投资，即 $u(t) = 0$，那么人力资本增长率将达到最大值 δ。但通常而言，这只是两种极端的情况。

为了确定均衡路径，Lucas（1988）参照 Romer（1986）的处理技术，分别求出最优和均衡路径。在均衡路径分析中，假定所有工人同质，那么，平均的人力资本存量等于个人的人力资本水平，即 $h_a = h$。从而利用资本积累方程和人力资本增长函数这两个约束条件，要实现人均消费的效用最大化，引入现值哈密顿函数 H，记为

$$H = \frac{1}{1-\sigma}(c^{1-\sigma} - 1)N + \theta_1 [AK^\beta (uNh)^{1-\beta} h_a^\gamma - Nc] + \theta_2 \delta(1-u)h$$

其中，θ_1、θ_2 分别为 K 和 h 的伴随状态变量 [王金营（2001）参考 Lucas（1988）的文献，称 θ_1、θ_2 分别是物质资本和人力资本的影子价格]；c、u 为控制变量；K 和 h 为状态变量。

由一阶条件可得

$$c^{-\sigma} = \theta_1$$

$$\theta_1 (1-\beta) AK^\beta (uNh)^{-\beta} Nh^{1+\gamma} = \theta_2 \delta h$$

$$\dot{\theta_1} = \theta_1 \rho - \theta_1 \beta AK^{\beta-1} (uNh)^{1-\beta} h^\gamma$$

$$\dot{\theta_2} = \theta_2 \rho - \theta_1 (1-\beta) AK^\beta (uN)^{1-\beta} h^{-\beta+\gamma} - \theta_2 \delta(1-u)$$

$$\dot{K} = AK^\beta (uNh)^{1-\beta} h^\gamma - Nc$$

$$\dot{h} = h\delta(1-u)$$

边界条件为 $K(0) = 0$，$h(0) = h_0$。

横截性条件（trans versality condition，TVC）为

$$\lim_{t \to \infty} \theta_1 K e^{-\rho t} = 0, \qquad \lim_{t \to \infty} \theta_2 h e^{-\rho t} = 0$$

在上述条件的限定下，Lucas（1988）提出的两种资本（物质资本 K 和人力资本 h）就实现了消费效用最大化下的竞争性均衡。因此，Lucas 模型也被称为两资本模型。为了便利起见，下文中有时也将 Lucas（1988）的模型称为两资本模型，或人力资本增长模型。

由于假定了 $h_a = h$ ，对于人力资本存量水平的状态变量 θ_2 有

$$\dot{\theta_2} = \theta_2 \rho - \theta_1 (1 - \beta + \gamma) A K^\beta (uN)^{1-\beta} h^{-\beta+\gamma} - \theta_2 \delta (1-u)$$

利用上述条件可以得到消费和人均资本的共同增长率：

$$\frac{\dot{c}}{c} = \left(\frac{1-\beta+\gamma}{1-\beta} \right) \frac{\dot{h}}{h}$$

对于人力资本的均衡增长率 g ，可以得到

$$g = \frac{(1-\beta)[\delta - (\rho - \gamma)]}{\sigma(1-\beta+\gamma) - \gamma}$$

最优的人力资本增长率 g^* 为

$$g^* = \sigma^{-1} \left[\delta - \frac{(1-\beta)(\rho - \gamma)}{1-\beta+\gamma} \right]$$

均衡增长率和最优增长率的差异在于外部效应 γ ，如果 $\gamma = 0$ ，即外部效应不存在，那么均衡增长率等于最优增长率。

总体上看，Lucas（1988）两资本模型中的人力资本增长率随人力资本投资的有效程度 δ 增加而增加，随贴现率 ρ 的增加而减少。与新古典增长模型相比，Lucas 模型即使不依赖于劳动力增长率或人口增长率 n 也可以实现经济的长期增长，从而避免陷入经济增长依赖于外生的人口增长的新古典推论。

（二）人力资本增长模型与新古典增长模型的比较

从生产函数的演变，可以直观地感受到 Lucas（1988）两资本模型是对 Solow（1956，1957）为代表的新古典增长模型的继承和发展。二者在生产函数形式上的显著区别在于：第一，两资本模型中将劳动力所携带的人力资本水平（及实际生产劳动时间）引入形成了有效劳动力的概念；第二，更重要的区别在于将劳动力人口的平均人力资本存量水平引入生产函数，从而使产出的规模收益递增成为可能。从理论推断上看，二者的根本区别就在于新古典模型实现长期增长外在地决定于人口的增长，两资本模型由于引入人力资本的外部效应实现了增长的内生化。这是 Lucas（1988）的杰出贡献，Lucas 模型不仅在理论上有助于解释经济的持续增长，还对实证研究中解释跨国的人均收入和增长率差异提供了重要的思想工具和实证分析路径。

Lucas（1988）认为，人力资本的外部效应带来的递增收益使人力资本成为经济增长的发动机。事实上，观察身边的一些现象就可以认识并理解到这种外部效应。例如，人力资本的外部效应可以通过任何一个工作组织和团队中的集体表现而得以体现。员工或团队成员之间的相互交流会使一个人所具有的人力资本在组织中扩散，从而产生个体人力资本对全体生产要素的生产率做出贡献，进而出现规模收益递增现象。

Lucas（1988）模型的另一个功用在于解释劳动力跨国流动及发展中国家中的智力外流现象。由于外部效应的存在，给定技能水平的工资增长率取决于一国人力资本的平均存量水平，或存量水平带来的外部效应。富国由于平均的人力资本存量水平较高，人力资本的外部效应明显，因而具有较高的工资率。因此，人力资本外部效应产生的工资差异会导致劳动力从穷国流向富国，这种流动具有正的选择性（Borjas，1987），会进一步削弱穷国相对于富国的工资竞争力，使这种工资差距进一步扩大，智力流动现象也会加剧。对于中国而言，这种现象体现为区域之间人力资本的价值回报差异和区域的人力资本存量水平差异。东部地区总体来看具有更密集的人力资本和更高的平均人力资本存量，从而导致东部地区智力密集，一方面提高东部地区的经济增长率，另一方面也拉开了东部地区和中西部地区的收入差距。新古典增长模型中关于劳动力增长外生地决定经济增长的推论对于东部地区而言可能是不适宜的，因为对于中国整体来说，假设存在封闭经济具有一定的合理性，但对于各个省份而言，劳动力迁移是对经济增长的一种贡献。

在人力资本的正向选择性（positive selectivity）导致智力外流的同时，物质资本则可能出现反向流动。新古典模型和贸易理论预期，各国人均投资收益率、人均产出增长与人均资本负相关。由于穷国的资本稀缺性高于富国，资本会向租金更高的穷国流动，直到资本–劳动比达到一个使租金和工资的收益相等的均衡值。但 Lucas（1990）指出，这种理论分析与客观事实并不相符。从 20 世纪 80 年代的资本由穷国流向富国的反向流动事实出发，Lucas 认为新古典模型关于资本流动的预期经不住检验。Lucas 从人力资本的外部效应的角度解释了这个问题。由于人力资本外部效应的存在，穷国和富国的资本的边际产品的差异缩小了，资本趋利的本能受到了打击。因此，当资本市场不健全时，资本反而会从穷国流向富国。从中国发展的环境来看，区域之间的差异可能是多种因素作用的结果，人力资本投资上的差异、资本存量上的差异及人力资本和资本的流动性可能会加剧区域发展的不平衡。从这个角度来说，促进中国经济的发展，既需要强调资本积累（郑玉歆，1999），也需要强调人力资本投资（蔡昉等，2000）。

Lucas（1988）的理论为其 1993 年提出的《创造奇迹》一文的分析奠定了理论基础。针对"亚洲四小龙"经济的迅速增长，Lucas（1993）指出，这些国家和地区将劳动力从低技术产品部门向高技术产品部门转移，通过在生产过程中的经济活动实现了经验积累，提高了人力资本的存量水平，增加了人力资本的外部效应。干中学的在职培训过程是积累和提升人力资本水平的重要手段。从而，人力资本的外部效应成为解释增长奇迹的一个重要因素。因此，人力资本积累上的差异是跨国人均收入水平差异的重要源泉。

（三）人力资本增长模型与有偏的技术进步

上述分析忽略了另一个视角，就是 Lucas 模型与技术进步的有偏性的关系问题。纯粹从生产函数角度来看两资本模型，会发现 Lucas 从两个方面改变了新古典生产函数，这两个方面就是内部效应和外部效应。

外部效应给新古典生产函数带来的影响是综合性的。对比新古典生产函数，两资本模型下的外部效应提升了所有投入要素的生产率，或者说人力资本的外部效应使得资本和劳动的边际产品增加。如果换一种形式来考察两资本模型，可以更清晰地观察到这种外部效应。对两资本模型的生产函数 $Y(t) = A(t)K(t)^{\beta} \times [u(t)h(t)N(t)]^{1-\beta}h_a(t)^{\gamma}$ 进行变换，可以得到

$$Y(t) = [A(t)h_a(t)^{\gamma}]K(t)^{\beta}[u(t)h(t)N(t)]^{1-\beta}$$

对照新古典增长模型，人力资本的外部效应 $h_a(t)^{\gamma}$ 提升了希克斯中性技术进步假设下的生产率水平，提升的结果是生产率由最初的 $A(t)$ 变为了 $A(t)h_a \times (t)^{\gamma}$。本书中将其界定为人力资本的外部效应的具体函数形式。这种处理的结果将导致非体现型的技术进步空间被压缩为 $1/h_a(t)^{\gamma}$。

因此，新古典增长模型得到的全要素生产率的大小要低于两资本模型下的生产率水平。当然，其前提是人力资本平均存量水平要大于 1，从而 $h_a(t)^{\gamma}$ 至少会大于 1（当 $\gamma = 0$ 时，外部效应等于 1）。

这意味着，比较不同增长模型下估计的生产率的大小可能没有意义，应当更多地关注其他的指标，如生产率的变动模式。在第一章中已经指出了这一点。

如果 Lucas（1988）对 Solow（1957）新古典增长模型的改造放缓一些，如仅仅将人力资本的内部效应引入到生产函数中，那么结果会是什么样呢？如果仅从理论上思考，可以认为这本质上是对技术进步属性的考察。目前，学界还很少从这个角度来进行分析。假设希克斯中性技术进步的生产函数形式为

$$Y(t) = A(t)K(t)^{\beta}N(t)^{1-\beta}$$

如果技术进步是有偏的，那么就可能出现哈罗德中性技术进步和索洛中性技术进步，一种是劳动增强型，另一种是资本增强型。从国内外目前的研究来看，主要还是从劳动增强型技术进步的角度来分析。这是因为人力资本作为与劳动力不可分离的资本形式，总是与劳动力共生而发挥作用的。当然，正如 Lucas（1993）的分析，人力资本和物质资本事实上是互补的。选择哪一种技术进步属性必须以放弃另一技术进步属性为代价。本书认为，人力资本作为一种劳动增强型因素的重要性大于其资本增强效应。因此，可以借用 Lucas（1988）的分析框架进一步对技术偏向性加以讨论。对于 Lucas（1988）生产函数，如果去掉人力资本外部效应的影响，函数形式可以进一步简化为

$$Y(t) = A(t)K(t)^{\beta}[u(t)h(t)N(t)]^{1-\beta}$$

变形可得

$$Y(t) = A(t)[u(t)h\ (t)^{1-\beta}]K\ (t)^{\beta}N\ (t)^{1-\beta}$$

对比新古典生产函数与上式可知，如果对资本产出弹性的估计维持不变，那么只要个体人力资本带来的内部效应小于 1，对全要素生产率的估计也会降低。将上述模型称为有偏的技术进步模型，据此可以判断：仅仅将全要素生产率作为技术进步的源泉是不适宜的。因为，如果技术进步包括了资本体现型的进步，那么传统的 TFP 估计只揭示了非体现型技术进步（Sargent et al.，2000）。在研究中有必要将技术进步有偏考虑进去，但目前的生产率分析则忽略了这一特性。TFP 是对非体现型技术进步的测量。引入有效劳动概念使得技术进步非中性的情况在理论模型中得到了纠正。因此，可以将人力资本的内部效应与技术进步结合起来加以分析。

Lucas（1988，1990，1993）的分析表明，区域差异发生的重要原因在于人力资本外部效应的存在导致人力资本投资行为和物质资本投资行为发生变化，逐利的本性可能会使区域的差异累积性放大。中国当前的发展即面临这样的问题。中国改革开放是一种不平衡的发展战略，"让一部分人先富起来"成为影响资源配置的重要主导思想。东部沿海省市成为不平衡增长战略的受益者，在物质资本积累方面和吸引优质人力资本方面占尽利市。由于东中西部地区在物质资本积累、人力资本积累上的分异，不平衡的区域经济增长似乎是不可避免的。东部地区的发展既是新古典增长模型下投资增长的结果，也是物质资本和人力资本共同贡献的结果，更与人力资本的外部效应关系密切。从而，东部地区的富和中西部地区的穷是一种不平衡发展战略的必然产物。东部地区物质资本和人力资本存量水平均高于中西部地区，如何开发西部成为政府面临的一个战略问题。一些学者（李建民，2000；蔡昉等，2000）提出要加大西部地区的人力资本开发，这无疑是正确的。但同时还需要看到物质资本匮乏对西部地区发展的制约作用。如果考虑到物质资本和人力资本的互补性，同时大力加强人力资本和物质资本的投资是更好的选择。

总体上，中国并非一个完全分割的区域经济系统，国内还存在着技术转移、技术追赶和技术超越的发展路径。知识产权制度的不健全，也为区域之间的产业发展和技术模仿提供了基础。事实上，随着市场化过程的推进，中国经济存在着明显的产业同构现象（蒋金荷，2005；周国富等，2005；刘瑞明，2007）。在这种竞争与模仿、区域保护的战略下，区域差距可能会有所弥合。但资本积累和人力资本积累差异带来的总体效应能否通过技术追赶效应完全弥补，还需要实证数据的支撑。从物质资本积累和人力资本积累的水平差异看，东中西部地区的这种差距恐怕在短时期内难以弥合。

第三章　物质资本测量

第一节　引　言

长期以来，资本（物质资本）与劳动一起被视为一国生产的基本要素投入。从古典经济学发展到今天，资本的重要性依然为经济学家和普罗大众津津乐道。在网络经济盛行的 21 世纪，资本门槛需求已经下降到最低的程度，但资本的不可或缺性依然为世人共识。即使是人力资本理论的开创者 Schultz（1961，1962），也只是将人力资本在经济增长中的重要作用突出出来，而不是否认"non-human capital"在经济增长和收入分配中的重要作用。因此，作为重要的宏观经济变量，在很多的经济问题研究中都将资本作为研究的基础。由于世界上大多数国家的历史资料中都没有资本存量和资本投入的总量数据，估算资本投入量成为经济研究的重要内容。研究经济增长、全要素生产率、投资需求，都离不开对资本存量的估算。经济学的历史发展表明，对宏观经济中资本的测量从来没有达成一致的观点，资本投入的测量成为经济学研究中的一个难题（孙琳琳等，2005），或许一致的认同就是资本的"测不准原理"。Schultz（1961，1962）将人力资本概念引入经济理论体系后，加剧了资本的这种测不准性质，但通常提及的资本还是指与人力资本（human capital）对应的物质资本（non-human capital）。

尽管物质资本投入量测算存在测不准的难题，学者对此依然孜孜以求，一大批人在基础工作方面做出了巨大的贡献。Goldsmith（1951）运用永续盘存法（perpetual inventory method，PIM）估计了美国的资本存量，由此引领了资本存量估计的规范化工作。自 Solow（1956）建立总量生产函数与全要素生产率概念之间的联系之后，关于资本测量与增长因素的分析在 20 世纪六七十年代引发了极大的争论。这种争论包括对生产率概念的争论和测量内容的讨论，极大地丰富了这方面的文献，包括剔除一些错误（索洛等，2003）。乔根森、丹尼森是在剔除这些错误方面建树最受关注的贡献者，他们对增长因素的分析为后续研究中的产出测度、资本测度奠定了基础（索洛等，2003）。例如，乔根森和格瑞里彻斯的《关于生产率变化的解释》、丹尼森的《关于生产率分析中的一些主要争论》及乔根森和格瑞里彻斯回复丹尼森争论的文章，这三篇文章以美国相对完善的统计数据为基础，对资本服务测量及存在的主要问题进行了极为细致的讨论。到 20 世纪末，资本测量的研究成为国际组织关注的焦点，OECD 甚至分别于 1993 年和 1999 年发表了两个资本测量手册，详细地介绍资本测量的步骤，用以指导各国的资本测量研究。

也正是自这个时期开始，中国（包括各省）资本投入测量工作进入学者的研究视野，出现了一大批研究国家层次的资本测量研究，如贺菊煌（1992）、Chow（1993）、谢千里等（1995）、王小鲁和樊纲（2000）、张军（2002）、Wang 和 Yao（2003）、张军和章元（2003）、何枫等（2003）、李治国和唐国兴（2003）的研究；一系列研究中构建了各省层次的资本存量，如张军等（2004）、郑京海和胡鞍钢（2005）；还有一些研究进入了产业或行业层面的资本测量研究，如吴方卫（1999）、黄勇峰等（2002b）估计了制造业 13 个行业的资本存量，王益煊和吴优（2003）估计了 16 个行业的资本存量，王玲（2004）估计了工业各个行业的资本存量，薛俊波和王铮（2007）估计了 17 个部门的资本存量，孙琳琳和任若恩（2008）估计了 33 个行业的资本存量，徐现祥等（2007）对中国省区三次产业资本存量估计进行了估算，王金田等（2007）对全国及各省份 1978～2005 年的农业资本存量做了估算。但鉴于数据的可得性，目前还较少有对企业层面的资本存量分析，也许这是将来更深刻地理解中国经济发展微观过程的研究方向。本章关注全国及各省层面的物质资本投入的估计，国内外学者对此已经做出了颇有建树的工作，而且在估算的结果和方法上已经取得了很大的成就。例如，在综述方面，孙琳琳和任若恩（2005）、李京文和钟学义（2007b）、黄宗远和宫汝凯（2008）的文献做出了较为系统的回顾；在估计方法和结果上，张军带领他的学生对全国和各省的资本存量进行了估计，尤其在各省资本存量的估计方面做出了杰出的贡献（张军，章元，2003b；张军等，2004）。单豪杰（2008）的研究将全国和各省的资本存量估计推向了覆盖期间最长的 1952～2006 年。

目前看来，还很少有学者将不同的实证方法和估计结果系统地结合起来，这成为本书看似重复地开展物质资本存量估计的一个重要原因。在内容方面，关于资本存量估计中基年的选择、基年资本存量的估计、折旧率的选择是本书讨论的重要内容。本章将在承袭前述相关工作的基础上，重点对资本（物质资本）的测量原理、全国及各省物质资本的测算进行说明和演算，并阐明本书与前人的主要差异，为实证研究奠定数据基础。本章结构安排如下：首先简要介绍资本投入的测量理论与方法，其次结合有关文献介绍资本投入测量的步骤和难点，再次结合理论对全国及各省物质资本投入测量的方法予以阐释，最后对本书中的测量结果与前期研究进行比较和敏感性分析。

第二节　资本投入的测量理论与方法

一　资本的概念

经济学中，物质资本是投入的一部分，通常是指由人类制造出来用于生产的长期资产，如机器、设备、厂房、建筑物、交通运输设施等。在一些武断的场合，人们经常将基础设施与自然资源通通列入物质资本的行列。通常，物质资本以物的形式存在，如 Goldsmith（1951）称物质资本为 reproducible tangible capital，这意味着物质资本是可触摸的资本——有形资本，而且这种资本具有能够再生产出来的性质。由于物质资本的"物"性，通常人们将物质资本区分为耐用性物质资本（或称固定资本）与易耗性物质资本。这在生产性企业中比较常见，如厂房、机器是耐用性的物质资本，而耗材、原材料通常属于一次性使用的易耗性物质资本，然而是否将这类资本纳入核算存在着较大的分歧。在宏观经济研究中，通常将耐用性物质资本称为固定资本，以资本的货币价值表示。固定资本是物质资本投入的最重要的表现形式。

但凡物就有一个寿命问题，这是对"reproductive"这一定义的体现。对物质资本而言，随着时间的推移会发生有形和无形的磨损，最终使得物质资本只能在一定的时期存续并发挥作用。从会计角度来看，有形磨损是指机器、设备等在力的作用下，零部件产生摩擦、振动、疲劳、生锈等现象，致使设备的实体产生磨损。不仅如此，由于技术进步而不断出现性能更加完善、生产效率更高的设备，会使得既有的物质资本在价值上发生贬损，导致无形磨损，或称经济磨损。例如，市场上的手机升级换代非常频繁，其在价格、功能上已经大大超出了 20 世纪 90 年代的水准，手机的无形磨损非常明显，而有形磨损通常体现为手机外壳失真或电池的损耗。技术进步速度越快，资本的生命周期可能会越短，会计折旧的年限也会缩短。如果采用与折旧相关的资本估算方法，如采用永续盘存法，这就涉及折旧率的选择问题。

资本测量理论的困难就在于资本的存量与资本实际使用是两码事。资本投入要估算的是用于生产服务的资本，在乔根森、丹尼森等人的研究中，这被称为资本服务量，即资本是用于生产的产出。与劳动力要素不同，资本并非是一种"主动"的生产要素，它完全被动地与其他要素配合来完成生产任务。当资本闲置时就不能创造价值，此时的资本并不是真实的生产要素投入。由于不存在一个完全的资本租赁市场，一般不能得到使用中的资本服务量的数据。通常的测量理论假定资本服务量与资本存量成正比，通过估算资本存量而得到使用量（孙琳琳等，2005），甚至于许多研究中直接使用资本存量代替资本使用量，忽略了这二者的差别。尽管资本存量不能等同于资本服务量，在测算条件不具备的情况下，绝大多数的研究都选择用资本投入存量作为生产性资本存量的代理变量。本书也不例外，如果不特别指明，资本、物质资本、资本投入都直接地与资本存量概念相联系。

二 资本测量的方法和步骤

资本存量是经济研究过程中的关键变量，对中国资本存量的估算及相关研究一直是经济学界研究的热点。郑玉歆和许波（1992a）指出，资本度量所遇到的问题主要是加总问题。黄宗远和宫汝凯（2008）的文献指出，现有的资本测量方法大致可分为三类：一是基于 Jorgenson 的方法，较严格地运用扩展的永续盘存法，但受到数据约束的影响，此类方法在国内几乎没有应用。事实上，如果基于 Jorgenson 方法来测算，这项工作的细致程度要求非常高。因此，在国内的研究中通常加以变通，采用国家统计局公布的相关资本指标来替代这么多具有异质性的资本品。例如，张军等（2004）在估算各省的物质资本投入量时，假定各省全部建筑和设备的平均寿命分别是 45 年和 20 年，其他类型的投资假定为 25 年，从而计算出三类不同类别资本的折旧率分别为 6.9%、14.9% 和 12.1%。二是基于 Solow-Goldsmith 方法，用资本存量代替资本投入，在实际应用中对标准的永续盘存法进行变通，可操作性强，应用最广。前面提到的张军、单豪杰等人的研究均是以此为基础开展。三是基于特定的分析目的，使用永续盘存法之外的方法，此类研究较少。

本书将主要遵从永续盘存法的测算原理，以资本存量代替资本投入来测量全国及各省的物质资本存量。Goldsmith（1951）认为资本测算需要重点体现在三个方面：一是现价计算的资本投入系列；二是折旧额；三是对投入系列和折旧进行转换，转换为以 1929 年为基年的可比系列。他认为资本投入系列应当回答两个问题，即什么样的资本可计入物质资本和如何对这些资本进行价值测算，如资本的价值与资本的使用期限需要考虑。对于年度的折旧额，包括了折旧方法的选择和期末残值的设定。从会计理论上看，折旧方法包括了直线折旧、加速折旧等。对于计入物质资本的不同资本品，存在着使用年限上的差异、折旧率的差异、价值上的差异。

国内对永续盘存法的介绍很多，代表性文献有孙琳琳和任若恩（2005）、李京文和钟学义（2007b）。从测算操作步骤的完整性和清晰性看，以张军等（2004）的过程最为明确。下面主要以这三篇文献为基础来介绍永续盘存法。

在官方发布的统计数据中，通常都有每年的投资数据，但没有发布任何的年度资本存量的数据。永续盘存法以年度的投资数据为基础来估算资本存量。永续盘存法计算的生产性资本存量是以不变价格计算的过去投资的加权和。在理论上，资本存量是历年投资的资本流量以不变价格计算的扣除资本效率损失后的加权和，权重就是具有不同使用年限的资本品的相对效率。用公式表示为

$$K_t = \sum_{\tau=0}^{\infty} d_\tau I_{t-\tau}$$

其中，K_t 为第 τ 年的资本存量；d_τ 为使用了 τ 年的某类资本品的相对效率；$I_{t-\tau}$ 为 τ 年前的投资量。d_τ 表示旧资本品相对于新资本品的边际产出，通常假设新资本品的相对效率为 1，退役后资本品的相对效率为 0。在一系列的假定下，可以得到永续盘存法下估算每年资本存量的公式为

$$K_t = K_{t-1} + I_t - R_t = K_{t-1} + I_t - \phi_t K_{t-1}$$

其中，R_t 为为了保持资本存量不变必须重置的资本品数量；ϕ_t 为资本品重置比率（replacement rate）。

上式可进一步简化为

$$K_t = K_{t-1}(1 - \phi_t) + I_t$$

如果将上式中的 ϕ_t 换为折旧率 δ_t，上式就会变为大家都很熟悉的形式，即

$$K_t = K_{t-1}(1 - \delta_t) + I_t$$

只是符号上的改变，但经济含义却有显著差别。理论上，利用永续盘存法估算资本存量时，应该使用重置率（孙琳琳等，2005；张军等，2004）。概念上，折旧反映的是资本品未来效率递减的当前估值，而重置是过去购买的资本品相对效率在当期的递减。孙琳琳和任若恩（2005）指出，只有在相对效率呈几何下降模式时，折旧率和重置率才相同。在其他相对效率模式中，折旧率和重置率都是不同的。目前大多数研究都没有区分重置率和折旧率，在操作上也直接地使用了折旧率概念。虽然存在这样的区别，但本书认为直接以折旧率的方式对资本投入存量予以估算更易于理解和操作。

资本存量估算最关键之处有四个方面，即确定与永续盘存法公式相关的四个关键变量：一是确定研究基年的资本存量；二是确定当年投资量；三是确定当年投资的价格折算指数；四是确定资本的折旧率。另外，鉴于部分数据并不可得，还需要关注存在缺失数据的情况。事实上，国内的研究对于四个关键问题的第二项和第三项工作都有比较明确的选择，或争议不大，但在基年资本存量估算和折旧率选择上还存在着较大的差异。本书将重点对这两个方面加以分析并提出有关的估算方法，但为了保持内容的完整性，将对各个方面均详加说明。

（一）当年投资量

不同的文献对当年投资量有不同的选择。目前来看，主要使用的投资数据

包括积累数据、固定资产投资数据、资本形成数据、新增固定资产数据。其中，资本形成数据又细分为固定资本形成和存货两个子类。相关数据基本源自历年的中国统计年鉴，下面首先介绍一下有关概念。

积累额的定义是：在一年之内，国民收入使用额中用于社会扩大再生产和非生产性建设，以及增加社会生产性和非生产性储备的总额。其物质形态为一年内物质生产部门和非物质生产部门新增加的固定资产（扣除固定资产磨损价值）与流动资产。积累按照用途可以分为生产性积累和非生产性积累；按照性能可分为固定资产积累和流动资产积累。其中，生产性积累是指由社会产品中的生产资料组成，包括物质生产部门新增加的生产用固定资产（扣除固定资产磨损），以及各生产企业的原材料、燃料、半成品和属于生产资料的产成品库存、商品库存、物资储备库存等流动资产的增加额（单豪杰，2008）。

全社会固定资产投资是以货币形式表现的在一定时期内全社会建造和购置固定资产的工作量及与此有关的费用的总称。该指标是反映固定资产投资规模、结构和发展速度的综合性指标，又是观察工程进度和考核投资效果的重要依据。全社会固定资产投资按登记注册类型可分为国有、集体、个体、联营、股份制、外商、港澳台商、其他等。固定资产投资活动按其工作内容和实现方式分为建筑安装工程，设备、工具、器具购置，其他费用三个部分（国家统计局，2009）。

新增固定资产指报告期内已经完成建造和购置过程，并已交付生产或使用单位的固定资产价值。该指标是表示固定资产投资成果的价值指标，也是反映建设进度，计算固定资产投资效果的重要指标（国家统计局，2009）。

资本形成总额指常住单位在一定时期内获得减去处置的固定资产和存货的净额，包括固定资本形成总额和存货增加两部分。固定资本形成总额指常住单位在一定时期内获得的固定资产减处置的固定资产的价值总额。固定资产是通过生产活动生产出来的，且其使用年限在一年以上、单位价值在规定标准以上的资产，不包括自然资产。可分为有形固定资本形成总额和无形固定资本形成总额。有形固定资本形成总额包括一定时期内完成的建筑工程、安装工程和设备工器具购置（减处置）价值，以及土地改良、新增役、种、奶、毛、娱乐用牲畜和新增经济林木价值。无形固定资本形成总额包括矿藏的勘探、计算机软件等获得减处置。存货增加指常住单位在一定时期内存货实物量变动的市场价值，即期末价值减期初价值的差额，再扣除当期由于价格变动而产生的持有收益。存货增加可以是正值，也可以是负值，正值表示存货上升，负值表示存货下降。存货包括生产单位购进的原材料、燃料和储备物资等存货，以及生产单位生产的产成品、在制品和半成品等存货（国家统计局，2009）。

固定资产交付使用率指一定时期新增固定资产与同期完成投资额的比率。该指标是反映固定资产动用速度，衡量建设过程中宏观投资效果的综合指标。

由于新增固定资产是较长时期内形成的结果，而投资额则是当年完成的。因此，该指标一般适宜于反映较长时期内固定资产的动用情况（国家统计局，2009）。

当前研究中最常用的投资量指标是资本形成总额或固定资本形成总额指标，如张军等（2004）及一系列文献沿袭了这一做法，最新的就是单豪杰（2008）的研究。在更早期的研究中，有学者采用积累指标，如贺菊煌（1992）、Chow（1993），有学者采用全社会固定资产投资指标，如王小鲁和樊纲（2000）。

从数据的关系上看，固定资产积累额＝固定资产形成数据－折旧，固定资产形成＝固定资产投资－退役的资本品价值－土地改良投资。孙琳琳和任若恩（2005）认为，如果采用永续盘存法，就不应该考虑退役资本品或折旧的固定资产投资数据。贺菊煌（1992）采用了积累额指标进行研究，这一研究的优点在于无需考虑折旧。张军和章元（2003）沿用了这种生产性积累数据方法。由于固定资产积累扣除了折旧，所以数值相对较小。因此，使用积累额指标时可能会低估资本存量（孙琳琳等，2005）。而且，由于国民经济核算体系的调整[①]，积累额数据的延续性存在问题。在引入国民经济核算体系（SNA）后，作为物质产品平衡表体系（MPS）下的生产性和非生产性积累指标就逐步取消了，从1993年起就不可得了。所以，当前以积累数据为基础的研究已经基本从文献中消失。

全社会固定资产投资额在官方统计中一直出现，而且对于投资额的构成也有相应的数据。然而，全社会固定资产投资额与SNA的统计体系并不相容，只是中国投资统计中特有的指标（张军等，2004）。主要的缺陷在于它不能很好地测算中国资本存量的变动，因为它包括了购买土地和购买旧机器、房屋的支出，而这些支出并不能增加中国的可再生资本，同时这个指标还存在着低估总投资的现象（单豪杰，2008）。

对于新增固定资产而言，由于只考虑建成后的投资，是对建设进度的一个反映，相对数值较小。从永续盘存法的原理上看，新增固定资产投资在概念上与当年投资量的概念比较接近，但由于新增固定资产的形成往往需要一个周期，在价值核算和价格指数换算等方面都存在着问题。这也是一些学者的共识（单豪杰，2008；孙琳琳等，2005）。因此，在研究中往往只是将其作为一个参考数据，而不作为核算的核心指标。

对于资本形成数据，它包括了固定资本形成和存货两个部分。固定资本形

[①]　新中国成立以来直到改革开放初期，我国国民经济核算的核心指标采用的是物质产品平衡表体系（system of materal product balance，MPS）的国民收入。这个体系的缺陷在于不能反映非物质服务业的生产活动成果。随着我国服务业的发展以及更多地与西方经济的融合，源自于前苏联的MPS体系逐渐不适应于发展的需求。到1985年，中国引入了联合国国民经济核算体系（system of national account，SNA）的国内生产总值指标，建立了国家和省两级国内生产总值核算制度（许宪春，2002）。

成总额数据的编制是以全社会固定资产投资额为基础，通过一定的调整计算而得到的。许宪春（2002）指出，它的基础资料主要来源于国家统计局固定资产投资统计资料、财政部财政决算资料、建设部房地产业会计决算资料和统计资料、国土资源部开垦荒地面积和成本资料、地质勘察费用资料等。其计算公式如下：固定资本形成总额＝资产投资完成额－土地购置费－旧建筑物和旧设备购置费＋50万元以下零星固定资产投资完成额＋商品房销售增值＋商品房所有权转移费用＋生产性无形固定资产增加＋土地改良支出。

对于存货而言，基础数据来自于国家统计局各专业统计报表、财政部汇总国有企业会计决算报表、交通部等部委局的会计决策报表。在计算上分经济类型计算或推算期初期末的存货差额，然后相加得到（许宪春，2002）。

虽然目前以资本形成总额作为当年投资量在较大范围内得到了认同，但对于存货是否纳入当年投资量还存在争议。王金营（2001）认为，流动资金（表现为存货）也是资本投入的重要组成部分，应当纳入分析。这是因为，忽略这一部分可能会严重低估资本的投入量，从而对总量生产函数分析产生不利的影响。沈坤荣（2003）也认为存货是资本形成的一部分。谭永生（2007）沿袭了王金营的考虑，将存货纳入了资本核算中。持反对意见的观点认为，存货从定义上说，要作为物质资本存在显见的困难。存货指的是厂商为便于生产衔接和销售供货所必需的储备，这种储备很难说具有生产性资本的性质，与永续盘存法的初衷有悖。Young（2000）在分析中国改革开放后的生产率波动时，从存货的核算和估计两个角度出发，认为存货不应当列为投资内容。

从核算角度看，存货被认为是为平衡产出和支出两边账户的巨大差异而人为捏造的一个残余项。本书从中国历年存货系列数据的角度来考察这个问题，发现：不同年份间存货数额的变动幅度较大，1962年存货数量达到最低点3亿元；到20世纪80年代初期，随着计划经济逐渐转型，整体经济的生产能力不断上升，在发展过程中伴随着整体经济的波动，存货的数量也出现了较大的波动，尤其在2000年前后当年存货量达到了低谷（图3-1）。而从各个省市的存货波动情况来看，这种波动也相当明显。从个别情况来看，有的省份的存货数量甚至出现负值，如贵州在2002～2004年的存货分别为－19.25亿元、－15.10亿元、－8.12亿元。

从估计角度看，如图3-1所示，全国的存货变动波动极大，年度间差距极大，与物质资本的耐久性内涵存在明显的差别。同时，存货种类非常繁杂，价格指数的构建很困难。尤其是部分省市的存货居然出现负值，这对于物质资本的估计来说显然是不恰当的。因此，本书认为存货"确实"是一种残值，本身不具备生产性资本的特征，不应当计算在当年的投资量中。

从资本服务量的角度看，不是所有的资本投入都切实地应用于生产之中而

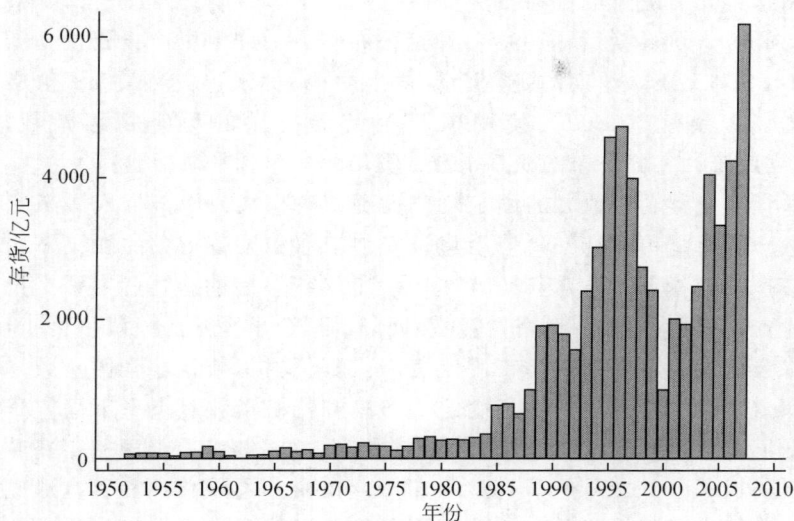

图 3-1 中国历年存货增加变动（1952～2007 年）
资料来源：《新中国五十五年统计资料汇编》及历年中国统计年鉴

形成资本服务流。因此，资本闲置的情况也引起了学者的注意。例如，王小鲁和樊纲（2000）曾用当年全社会固定资产投资乘以固定资产投资交付使用率来计算当年的固定资本形成。谭永生（2007）也认为应当考虑资本的利用率和浪费现象，并在研究中引入了固定资产交付使用率。然而，根据国家统计局对固定资产交付使用率的定义，它反映的是固定资产的动用速度，是新增固定资产与同期完成投资额的比率。如果以固定资产交付使用率来测量利用不足和资产浪费带来的影响，存在着大幅压缩实际资本利用额的问题。利用这种方法的估计结果将使得资本存量的估计明显偏低。因此，这种处理仍然值得商榷。

固定资本形成总额比较充分地反映了物质资本的生产性资产的特征。它既包括直接生产、提供各种物质产品和劳务的各种有形资产和无形资产，也包括为生活过程服务的各种服务及福利设施的资产（单豪杰，2008）。因此，本书将采用固定资本形成额作为当年投资量。这与张军等（2004）、单豪杰（2008）的观点一致。从国际上看，OECD 资本测量手册也推荐使用固定资本形成总额（黄宗远等，2008）。同时，本书还主张，在条件不充分的情况下不应轻易对资本利用率不足和资产闲置进行抵扣。

（二）当年投资价格指数

固定资产当年价格指数的构建与当年投资量的选取有着较为直接的关系，不同的选择将面临着不同的指数。从目前来看，主要采用的指数有两类：一是积累价格指数，二是固定资产投资价格指数。我国的国民经济核算体系发生了由 MPS 向 SNA 的转换后，1992 年开始公布官方的固定资产投资价格指数。因此，在 MPS 体系下，早期的研究通常采用替代指标来解决当年投资价格指数问题。例如，贺菊煌（1992）使用国家统计局提供的历年积累指数，Chow（1993）利用统计年鉴公布的积累指数计算出积累隐含平减指数。

一些学者直接利用地方的固定资产投资价格指数或回归合成法来代替投资价格指数。谢千里等（1995）使用建筑安装指数和设备指数的加权平均值来构造固定资产价格指数。吴方卫（1999）将 1992 年以后的全国固定资产投资价格指数对生产资料出厂价格指数进行线性回归，拟合出全国的投资价格指数序列。张军和章元（2003）使用上海市固定资产投资价格指数代替全国指数。李治国和唐国兴（2003）将各年的全国固定资产投资价格指数对上海市固定资产投资价格指数回归，得到二者数量关系，以此推算 1991 年以前全国固定资产投资价格指数。何枫等（2003）根据 1952～1995 年的资本形成总额和资本形成总额指数计算出隐含投资价格指数，再根据投资价格指数和商品零售价格指数的回归关系估计 1996～2001 年的投资价格指数。张军等（2004）直接利用 1952～2000年的资本形成总额和资本形成总额指数来计算隐含投资价格指数，并以此替代当年的投资价格指数，单豪杰（2008）承袭了这种做法。黄勇峰等（2002）使用了相同的建筑投资价格指数和设备投资价格指数序列，1992 年以后使用官方投资价格指数，之前用零售价格指数、工业价格指数、建筑价格指数来代替。孙琳琳和任若恩（2005）认为，利用回归方法估计投资价格指数，由于样本期太短，估计结果并不可信。因此，不推荐使用这种办法。

此外，有的研究直接利用 GDP 缩减指数或居民消费价格指数来替代当年投资价格指数。例如，王小鲁和樊纲（2000）直接用 GDP 缩减指数替代资本投入缩减指数。黄宗远和宫汝凯（2008）直接采用固定资本形成总额指数来平减各期的固定资产投资额。

可见，在价格指数的选择上存在较大的差别。在不同的阶段和研究条件下，这些选择有着相对的合理性。但随着最新的国民核算资料的丰富，尤其是《中国国内生产总值核算历史资料（1952～1995）》的出版，带动了国内资本存量研究的繁荣和测量方法上的进步，越来越多的研究趋向于利用固定资本形成总额及其指数来计算当年的投资价格指数，尽管《中国国内生产总值核算历史资料（1952～1995）》一书中对于固定资本形成总额及其指数之间的关系没有明确的说明。王金营（2001）、何枫等（2003）、Wang 和 Yao（2003）、张军等（2004）、单豪杰（2008）在这些方面做了很好的示例。但只有王金营（2001），张军等（2004）提供了较为细致的操作办法。同时，他们的核算结果可以在较大程度上得到既有研究结果的验证。因此，本书将直接套用其文献中的价格指数估算办法。

王金营（2001）指出，由于不同年代的资本品都是以投资成本的价值量数据为基础的，所以不同年代的投资所形成的资本必须换算成某一种不变价才能进行加总。这就需要对不同年代的资本品用价格指数进行平减。以郑玉歆和许波（1992b）的分析为基础，王金营介绍了价格变动的 4 种情况：①价格变动由通货膨胀引起；②价格变动由资本质量变动引起；③没有引起价格上涨的质量提高；④价格变动既包含通货膨胀因素，也包含质量变动的因素，这是前面三种情况的混合。王金营指出，对于第一种情况，1952～1995 年的资本价格指数可以利用《中国国内生产总值核算历史资料（1952～1995）》中提供的资本增长指数资料换算得到，1995～1998 年的指数可从各年的中国统计年鉴直接得到。第二种情况价格的变动反映了质量的变动，没有办法分离，也就不能平减。第三种和第四种情况不易计量，不便于在研究中考虑。

王金营的操作步骤如下：

已知各年当年价格的资本形成额 F_t 和扣除价格因素的资本形成额增长指数 FG_t（1952 年＝100）（即不变价资本形成额增长指数），将以 1952 年为 100 的增长指数换算成以 1978 年为 100 的增长指数，即

$$FG_t(1978\ 年＝100)=100 \cdot FG_t(1952\ 年＝100)/FG_{1978}(1952\ 年＝100)$$

用 1978 年的资本形成额乘以上面得到的增长指数 FG_t（1978 年＝100），可得到以 1978 年为 100 的不变价资本形成额 f_t，即

$$f_t=FG_t(1978\ 年＝100) \cdot F_{1978}$$

用当年价格的资本形成额 F_t 除以 1978 年为 100 的不变价资本形成额 f_t，可得到以 1978 年为 100 的各年价格指数 $fp_{\text{inx}}(t)$。由于它并不能完全反映总资本的价格变动。因此，这个价格指数只能认为是资本的近似价格指数或替代指数。

$$fp_{\text{inx}}(t)=F_t/f_t$$

张军等（2004）的算法与王金营的算法是一致的，但他们没有指明是否参考了王金营的文献。他们的表述更加简洁：

$$1985\ 年的固定资本形成总额指数（1952\ 年＝100）=$$
$$\frac{1985\ 年的固定资本形成总额（当年价格）/1985\ 年的投资隐含平减指数（1952\ 年＝100）}{1952\ 年的固定资本形成总额（当年价格）}$$

或者，

$$1985\ 年的固定资本形成总额指数（上年＝100）=$$
$$\frac{1985\ 年的固定资本形成总额（当年价格）/1985\ 年的投资隐含平减指数（上年＝100）}{1952\ 年的固定资本形成总额（当年价格）}$$

张军等（2004）在文章中对公式没有说明，但在张军（2005）的论文汇编《资本形成、投资效率与中国的经济增长——实证研究》一书中，对这两个公式进行了详细的推导，参见张军（2005）。从更简单且易理解的角度，本书认为可

以从固定资本形成总额发展速度和价格变化的角度来思考这个问题。对统计资料的分析发现，固定资本形成总额指数也叫固定资本形成总额发展速度。投资隐含平减指数考虑的是价格变化问题，资本形成总额发展速度考虑的是物量变化问题，即王金营所谓资本的增长问题。也就是说，1985 年的固定资本形成总额（当年价格）与 1952 年的固定资本形成总额（当年价格）的对价关系（相除），包括了一个实际的增长因素和物价因素，即发展速度和平减指数因素，是二者的乘积。事实上，王金营的解释和张军的推导基本上也体现了这个对价关系。在这一点上，固定资本形成总额和固定资本形成总额指数的关系与 GDP 和 GDP 指数的关系类似，在第五章中将看到这一点。

利用这种方法，张军等（2004）对各省的数据进行了隐含投资价格指数的测算，将各省 1991~1995 年的估算结果与中国统计年鉴上公布的这一时期的各省固定资本投资价格指数进行对比，发现二者基本一致。本书在将这方法应用到全国的隐含投资价格指数估算时发现，1991~2004 年的估算结果与中国统计年鉴上公布的同一时期结果惊人地相似，部分年份甚至完全相同。因此，采用这种方法估算当年投资价格指数具有较强的可信性。所以，本书对于已经公布的固定资产投资价格指数将直接采用，对于统计年鉴中没有公布的部分将利用王金营等的办法进行测算。

（三）折旧率

正如在介绍永续盘存法时指出的那样，折旧率和重置率是两个不同的概念。在理论上对此予以区分是必要的，但从操作上，目前大多数研究都忽略了这种区别，专注于如何设定折旧和折旧率的问题。张军和章元（2003）、张军等（2004）、孙琳琳和任若恩（2005）、李京文和钟学义（2007b）、黄宗远和宫汝凯（2008）等人对折旧和折旧率的相关文献进行了比较有代表性的回顾，基本上涵盖了现有文献中的重要成果。因此，本书将主要利用他们的成果进行讨论。

第一类情况是直接计算折旧。Chow（1993）利用"折旧额＝GDP－国民收入＋补贴－间接税"这个公式计算了 1978~1993 年全国的折旧额。李治国和唐国兴（2003）直接借用了这个结果，1994 年以后则将各省的折旧额加总得到全国折旧总额。这种方法回避了折旧率的选择问题。

第二类情况采用折旧率。资本存量估算对于折旧率的选择较为敏感，但如何确定折旧率在学界尚无定论。

单豪杰（2008）的研究指出，现在大多数的折旧计算主要是为了方便而采取了基于企业会计的核算方法，是基于经验而来的。历史地看，我国企业计提固定资产折旧一般采用直线折旧法，在 1951 年进行全国性的清产核资时确定的固定资产分项折旧率沿用了 30 多年，这些年来除了个别行业折旧率有较大幅度提高外，多数行业的综合折旧率只有轻微变化，通过计算得出全国工业企业综合折旧率（含机器设备和房屋建筑物）的情况是，1953 年为 3.7%，1970 年为 4%，1977 年为 4.1%，1980 年为 4.2%，其中机器设备为 5.55%（单豪杰，2008：21~22）。通过统计年鉴的数据发现，在 20 世纪 80 年代折旧率基本介于 4.0%~5.5%，90 年代后也没有超过 7%（单豪杰，2008）。

从理论上看，折旧率的计算模型有三种（乔根森，2001）：一是单驾马车式，假设资本品相对效率在寿命期内不变；二是相对效率直线下降模式，假设资本品相对效率在寿命期内直线下降；三是相对效率几何下降模式，假设资本品的相对效率在寿命期内几何下降。李京文和钟学义（2007b）、孙琳琳和任若恩（2005）对此也做了详细介绍，有兴趣的读者可以参阅有关文献。

然而目前并没有一个官方正式公布的综合性的固定资产折旧率，因此在研究中莫衷一是，众说纷纭。从实践来看，学者依据不同的资料或假定做出了自己的选择。王小鲁和樊纲（2000）、沈坤荣（2003）在固定资本形成的基础上采用了 5% 的折旧率。Wang 和 Yao（2003）的选择与前两者一样，但他们分别以 5%、10%、15% 的折旧率对资本存量估计结果的敏感性进行了检验，发现资本存量增长率比较稳健。Young（2000）假定了 6% 的折旧率，与 Hall 和 Jones（1999）研究 127 个国家资本存量时采用的折旧率一致。龚六堂和谢丹阳（2004）对全国各省都假定了 10% 的折旧率。李善同等（2002）则在尝试了 4%、7% 和 10% 三种可能后确定了 7% 的折旧率。

王金营（2001）根据不同的发展阶段及发展特点设定了固定资产的折旧率，设 1952~1977 年的折旧率为 3%，1978~1989 年为 5%，1990~1998 年为 5.5%。宋海岩等（2003）假设资本的物理折旧程度与经济增长率成正比，在官方公布的名义折旧率 3.6% 的基础上加上经济增长率作为实际折旧率。

还有一部分研究利用不同类别固定资产的使用年限来估计分类折旧率，再求得总资产的平均折旧率。张军等（2004）在参考了黄勇峰等（2002b）方法的基础上，假定建筑和设备的平均寿命期分别是 45 年和 20 年，其他类型的投资为 25 年，从而得出三者折旧率分别为 6.9%、14.9% 和 12.1%，并计算了 1952~2000 年三类资本品在总固定资产中的平均比重，采用建筑安装工程占 63%、设备工器具购置占 29%、其他费用占 8%，在这个权重基础上得出了固定资本形成总额的经济折旧率为 9.6%。这个折旧率在很多引用张军等人文献的后续研究中使用较多。

白重恩等（2007）采用了与之类似的做法，在设定建筑安装投资寿命为 38 年、机器设备寿命为 12 年的基础上，估计得到建筑安装投资品的折旧率为 24%，机器设备折旧率为 8%，年度折旧率则根据每年的建筑和机器设备的比重变化进行调整，其中 1978~2005 年折旧率为 10.47%~12.06%。

在资本存量估算的最新研究中，单豪杰（2008）认为20世纪80年代以来我国的固定资产投资构成结构有渐进变化。从建筑安装工程、设备工器具购置和其他费用来看，其他费用部分在投资总额中所占比重呈现较快的上升趋势。例如，在1981年其他费用所占的比重不过为4.9%，此后一直上升到1993年的11.99%，2006年更是达到17.02%。经过分析，单豪杰认为，其他费用是依附在建筑和机器设备上的，这一部分无需再单独设定寿命年限和折旧率了。他在确定建筑和设备折旧率后，根据年鉴提供的二者之间的结构比重对折旧率进行加权得出每年的平均折旧率，最终设定各省的折旧率统一取10.96%。

可见，通过计算折旧回避折旧率的选择已经基本淡出当前的工具包，但对于折旧率的选择还没有形成统一意见。本书认为，折旧率的选择至少要考虑四个方面：固定资产的结构构成；不同时间段的折旧水平变化；资本存量对折旧率的敏感性；资本存量估计结果对实证分析的影响。

本书认为张军等（2004）、白重恩等（2007）在考虑固定资产结构方面做出了贡献，采用的方法比较可取。单豪杰（2008）对其他费用的忽略可能需要进一步的讨论。例如，其他费用是更多地与建筑安装工程有关还是与设备工器具购置有关，在二者间的分布如何，就值得更多地讨论。当然，由于其他费用的总额较小，这种影响可能不大。

即使是相同的固定资产结构，其折旧的年限在不同的时期是存在差别的。因此，应当考虑到这种差别，尤其是我国改革开放之前与之后折旧率的差别。王金营（2001）、单豪杰（2008）及Wang和Yao（2003）考虑了这些因素，对于改革开放前的计划经济时代及改革开放后经济模式和结构的变化进行了适当的分析。因此，至少要对这两个阶段的折旧率变化有所考虑。

资本存量估算对折旧率的敏感性及资本存量估算结果对实证分析的影响是基于前述两点做出选择后要做出适当响应的程序性工作。当比较武断地选择一个折旧率时更需要开展这些工作。Wang和Yao（2003）、黄宗远和宫汝凯（2008）对敏感性做了分析，但当前的文献大都忽略了后一项工作。整体来看，目前国内对这两方面的考虑还不是很多，在未来研究中需要关注这一问题。

（四）基年资本存量

由于数据的可得性和发展的阶段性，一般的研究都选择将1952年或1978年作为研究基年。正如很多研究里指出的那样，永续盘存法下基年选择越早，资本存量估计误差对后续年份的影响就会越小。本书对于国家层面资本存量的构建，将选择1952年作为基年。各省层面的资本存量构建将选择1978年作为基年，放弃更长的时期选择主要基于两点：第一，1978年是公认的改革开放的元年，选择以1978年开始测算具有划分阶段的意义；第二，本书将引入人力资本因素，但改革开放之前各省人力资本存量构建存在较大的困难，在第四章中将对此有所阐述。

估算基年资本存量有多种方法。下面参考张军和章元（2003）、张军等（2004）、孙琳琳和任若恩（2005）、单豪杰（2008）等的研究对基年资本存量估算方法做一个简要的回顾。

方法一：利用资本 - 产出比推算。何枫等（2003）按照帕金斯对中国 1953 年资本 - 产出比为 3 的假设，利用 1953 年中国的国民收入倒推 1952 年的资本存量为 2 000 亿元左右（1952 年价格）。王金营（2001）采用与有关学者相同的假定，认为我国初始固定资本存量在 1952 年全部形成，而且 1952 年固定资本存量相当于当年 GDP 的 3 倍，从而求得 1952 年的资本存量约为 2 309.7 亿元（1978 年价格）。

方法二：利用部门别加总推算。Chow（1993）按部门别的方式，分别估计了 1952 年非农业部门的资本存量、农业资本存量和土地的价值，最后估算出中国 1952 年的资本存量为 1 750 亿元（1952 年价格），比何枫等的估计低 250 亿元。Wang 和 Yao（2003）、李治国和唐国兴（2003）沿袭了这一做法，但他们分析的时限延长到 1999 年和 2000 年。

方法三：利用比例法推算。贺菊煌（1992）假设生产性资本在 1964~1971 年的平均增长率等于它在 1971~1978 年的平均增长率，用迭代法推导全国 1964 年的资本存量。再假定生产性资本和非生产性资本间存在着固定的比例关系，估算了中国 1952 年的资本存量。但他选择以 1990 年不变价作为估计的结果，发现 1952 年资本存量大致为 946 亿元。这种选择对于实证分析的影响如何，值得后续研究深入考察。

方法四：利用增长率和折旧率推算。Hall 和 Jones（1999）利用 1960 年的投资量比上 1960~1970 年各国投资增长的几何平均数加上折旧率后的比值，得到各国 1960 年的资本存量。Young（2000）用这个方法估计得到 1952 年中国的固定资本存量约为 815 亿元（1952 年价格）。这种方法用公式表示如下：

$$K_0 = I_0 / (\eta + \delta)$$

其中，K_0 为基年的资本存量；I_0 为年投资流；δ 为折旧率（原文称缩减率）；η 为投资的年均几何增长率。这是一种在国际上比较通行的做法（黄宗远等，2008；张军等，2004）。

由于这种方法的便捷性，不少研究在估算基年的 R&D 经费存量时采纳了这种方法，如李明智和王娅莉（2005，2006）、黄宗远和宫汝凯（2008）的研究。但他们的方法与 Hall 和 Jones（1999）和 Young（2000）有所不同。他们在估算基年资本存量或 R&D 存量时，采用了如下公式：

$$R = r(1+\eta)/(\eta+\delta)$$

其中，R 为最初 R&D 经费存量；r 为基年 R&D 经费支出；δ 为折旧率；η 为现有 R&D 经费投入的年均增长率。这种估算方法将现有经费投入的年均增长率纳入考虑，其实质是认为以 r 为分子会低估基年的经费投入存量。因此，以年均增长率为标准作一个向上调整。

从公式本身来看，确定 r 和 η 比较容易，但折旧率的选择是一个较大的困难。张军等（2004）根据数据推算，认为 Young（2000）[①] 的估计采用的是 10% 的分母，从而隐含地规定了增长率与折旧率之和为 10%。但是单豪杰（2008）指出，Young 所用的折旧率是 6%，如果 Young（2000）采用的 10% 中包括了折旧率和增长率，增长率就是 4%。但事实上我国 1952~1957 年的投资增长率高达 23%，这显然是矛盾的。因此，本书同意黄宗远和宫汝凯（2008）的观点：Young 的方法只是整体地以 10% 作为一个推算基年资本存量的数据，并未声明这是增长率和折旧率之和。可见折旧率选择需要一定的技巧。

其他方法：张帆（2000）使用国家统计局公布的物质资本每年形成额，剔除价格影响，减去折旧累加形成资本存量，认为 1953 年的资本存量为 6 222.7 亿元，1978 年为 3.0 万亿元，1995 年为 13.1 万亿元，其估计值均采用 1995 年不变价。王小鲁和樊纲（2000）在对中国经济增长的可持续性研究中给出了对 1952 年资本存量的一个估计，为 1 600 亿元（1952 年不变价）；郑京海和胡鞍钢（2005）认为 1978 年的全国资本存量为 5 500 亿元（1978 年价格）。但他们的估计都没有给出明确的步骤，对于核算变量的选择也没有加以详细阐释。Hu 和 Khan（1997）估计中国 1958 年的资本存量为 2 352 亿元（1978 年价格）。张军等（2004）利用全国固定资本形成总额指数和固定资产投资价格指数，推算出 Hu 和 Khan 的估计结果换算成 1952 年不变价资本存量时大致为 509 亿元。行业或产业部门资本存量估计原理与上述方法类似，不再赘述。

张军等（2004）、单豪杰（2008）对各省初始资本存量估算做出了较大的贡献。张军等直接借鉴了 Young（2000）的做法，用各省 1952 年的固定资本形成总额除以 10% 作为各省的初始资本存量。单豪杰（2008）根据中国 1952 年的经济状况和产业结构形态，用 1953 年的固定资本形成总额比上折旧率与 1953~1957 年固定资产投资形成平均增长率之和来估算全国和各省的 1952 年的资本存量，他们的估算中不包括土地和存货投资等。另外，郑京海和胡鞍钢（2005）对各省基年资本存量估计提供了一种方法：先估计出 1978 年全国的初始资本存量，再按照 1978 年各省 GDP 占全国 GDP 的比重等比例地分配给各个省份。他们没有说明 1978 年全国初始资本存量的估算方法，但他们给出的数据为 5 500

[①] 该文已经发表在 2003 年的 *Journal of Political Economy* 杂志上。

亿元，比其他人的估计要低一些①。

综上，资本存量估算方法可以有多种选择，而且各种选择会造成基年资本存量出现较大的差异。其中，单豪杰（2008）、黄宗远和宫汝凯（2008）的选择简单易行。如果沿用 Hall 和 Jones（1999）采用增长率和折旧率来推算基年的资本存量，需要考虑三个相关问题：一是折旧率选择问题，这直接与上一小节的问题关联；二是采用哪个时段的几何平均增长率问题；三是增长率是否进入估算公式的分子式。从公式推导过程来看，应当将增长率纳入分子式。本书的估算将考虑这三个方面。

第三节　全国及各省物质资本投入测量

估算资本投入需要得到 4 个关键变量：一是确定当年投资量；二是确定当年投资的价格折算指数；三是确定资本的折旧率；四是确定研究基年的资本存量。在当年投资量的选择上，本书将遵循当前的主流模式，以固定资本形成总额作为当年的投资量；在当年投资价格指数上，将以王金营（2001）和张军等（2004）的文献为基础，利用最新的统计年鉴和国民经济核算历史资料进行处理；在折旧率选择、基年的资本存量估算上，在前面的介绍中为了保持文献回顾与评述的行文模式还没有做出选择。因此，本节的重点内容是确定全国和各省的折旧率、基年资本存量估算方法，然后利用全国和各省的固定资本形成总额及指数求得隐含的固定资本投资价格指数，最后采用永续盘存法求得历年的资本存量。在估算开展之前，首先介绍数据的来源及处理方法，包括对缺失值的处理办法。

一　数据的来源及处理方法

本书的资本投入测量相关数据主要来源于《中国国内生产总值核算历史资料（1952～1995）》《中国国内生产总值核算历史资料（1952～2004）》《新中国五十年统计资料汇编》《新中国五十五年统计资料汇编》和 2006～2008 年历年的各国统计年鉴及 2006～2008 年历年的各省统计年鉴。由于新出版的年鉴资料会对全国及各省份年鉴以前年份的统计数据有所调整，存在同一年份数据在不同年度的资料中不一致之处，本书在处理上统一以最新公布的数据为准。从统计资料中可得的数据主要是当年投资量和投资价格指数，来源分述如下。

---

① 例如，单豪杰（2008）认为白重恩估计的 1978 年按现价计算的全国资本存量（5 067 亿元左右）偏低。

（1）当年投资量。全国固定资本形成总额数据来自于《中国统计年鉴2008》中的支出法国内生产总值表中的当年价格计算的1978～2007年的资本形成总额，以及《中国国内生产总值核算历史资料（1952～2004）》中1952～1977年的资本形成总额。各省固定资本形成总额数据来自于《新中国五十五年统计资料汇编》地区篇中各地区支出法生产总值表中的当年价格计算的1978～2004年的资本形成总额，以及《中国统计年鉴2008》《中国统计年鉴2007》和2007～2008年的各省统计年鉴中相应年份的资本形成总额。

（2）当年投资价格指数。全国的固定资产投资价格指数来自于《新中国五十五年统计资料汇编》全国篇中的1992～2004年的数据，2005～2007年数据来自相应年份的全国统计年鉴，1952～1991年数据将利用《中国国内生产总值核算历史资料（1952～2004）》中提供的全国资本形成总额发展速度1952～2004年数据估算获得。各省的固定资产投资价格指数来自于《新中国五十五年资料汇编》各省资料中的固定资产价格指数，2005～2007年数据来自相应年份的中国统计年鉴及各省统计年鉴，1978～1992年数据来自《中国国内生产总值核算历史资料（1952～1995）》，1993～2004年数据将利用《中国国内生产总值核算历史资料（1952～2004）》地区篇中1993～2004年各省固定资本形成总额发展速度数据。其中，《中国国内生产总值核算历史资料（1952～2004）》对《中国国内生产总值核算历史资料（1952～1995）》中各省份的1994年固定资本形成总额发展速度指数做了修正。

尽管全国的综合数据都可以从有关年鉴中得到，但各省[①]的历史数据在上述提及的各类统计资料中都有一些缺失，有的省市尤其严重。依各省在统计年鉴中的编码和排序，对缺失情况及处理办法分述如下。

（1）当年投资量数据。西藏自治区只有1992～2007年数据，借鉴张军等（2004）的做法，1978～1991年直接采用西藏自治区的全社会固定资产投资，因为这列数据在此后年份中与同年的固定资本形成总额非常接近，数据来自《西藏统计年鉴2008》。重庆市只有1996～2007年数据，在既有文献中还没有研究将重庆市加入分析中，通常是根据历史渊源将重庆市与四川省合并分析。本书认为，重庆市作为一个相对独立的直辖市，在未来的研究中必将扮演重要的角色，有必要独立出来加以分析。因此，对缺失年份，参照有关做法，直接采用1978～1995年的全社会固定资产投资总额，分析表明，1996～2001年的全社会固定资产投资与同期的固定资本形成总额的比值范围为±5.5%，在2001年之后这个比值才逐渐分异。因此，有理由相信，1978～1995年使用全社会固定资

产投资是合理的。但其中 1979 年、1981~1984 年的数据缺失，1979 年数据以前后年份数据均值代替，至于 1981~1984 年数据，用 1986 年和 1985 年数据推算 1984 年数据，用 1985 年和 1984 年推算 1983 年数据，依次向后倒推回去。

（2）当年投资价格指数。天津市缺失 1991 年以前的固定资产投资价格指数。《中国国内生产总值核算历史资料（1952~1995）》中只提供了 1989 年以后的固定资本形成总额指数，而固定资产投资价格指数从 1991 年才开始可得。因此，需要解决 1978~1990 年的当年投资价格指数问题。而龚六堂和谢丹阳（2004）依据天津市区的商品零售价格指数（retail price index，RPI），张军等（2004）利用邻近省份（河北省和北京市）的固定资产价格指数和天津市的 RPI进行回归估算出相关数据。与孙琳琳和任若恩（2005）的观点一致，本书认为利用回归法拟合有关指数并不适合。根据对天津市居民消费价格指数（consumer price index，CPI）与 1991~2007 年的固定资产投资价格指数的直接观察，本书发现当年居民消费价格指数滞后于固定资产投资价格指数的变动，滞后期刚好为一年。利用滞后一年的 CPI 与固定资产投资价格指数作相关分析，发现二者相关系数为 95.9%。因此，本书决定直接利用 1979~1991 年的 CPI 替代 1978~1990 年的当年投资价格指数，数据来自《新中国五十五年统计资料汇编》地区篇中天津市城市居民消费价格指数。

广东省缺失 1978~2000 年的固定资产投资价格指数（有 1992 年数据）。《中国国内生产总值核算历史资料（1952~1995）》提供了 1979~1995 年的固定资本形成总额发展速度（其中 1983 年的数据缺失），以及以 1978 年为基年的固定资本形成总额指数。固定资本形成总额发展速度是构成固定资本形成总额指数的基础，前者是以上一年为 100 估算，而后者以 1978 年为基年。由此可以估算出 1983 年的固定资本形成总额发展速度为 100.0。《中国国内生产总值核算历史资料（1952~2004）》提供了 1993~2004 年的固定资本形成总额指数。因此，将利用这两种数据来估算 1978~2000 年的固定资产投资价格指数。

海南省缺失 1993 年以前的固定资产投资价格指数。张军等（2004）采用的办法是直接借用 1978~2000 年的 RPI，并认为这样处理使得海南省的固定资产投资价格指数与全国的趋势比较接近。本书的处理方法与上面对天津的办法一致。通过对海南省 1993 年以来 CPI、RPI 和固定资产投资价格指数的观察发现，固定资产投资价格指数与滞后一期的 RPI 有着更相近的变动趋势。因此，决定直接利用 1979~1993 年的 RPI 替代 1978~1992 年的当年投资价格指数，数据来自《新中国五十五年统计资料汇编》地区篇中海南省 RPI。

西藏自治区缺失所有年份的固定资产投资价格指数。《中国国内生产总值核算历史资料（1952~2004）》提供了 1993~2004 年的固定资本形成总额指数。在当前的各省资本存量估算研究中，张军等（2004）没有说明西藏自治区的固定资产投资价格指数的处理办法；单豪杰（2008）对于西藏自治区 1991 年以前的价格指数，直接采用了新疆维吾尔自治区和青海省固定资产投资价格指数的算术平均值替代。因此，本书中决定参照单豪杰的做法，取新疆维吾尔自治区和青海省 1979～1992 年投资价格指数的算术平均值，其余年份直接采用西藏自治区的 RPI 指数，避免多次选择替代指数带来的波动和影响。

重庆市缺失 1978～1993 年的固定资产投资价格指数。当前的各省估计中，通常都将重庆市与四川省合并处理，而忽略了对重庆市资本存量的估算。但统计年鉴资料表明，重庆市固定资本形成总额数据统计完整，1978～2007 年数据均可从统计资料中获得，但只有 1994～2007 年的固定资产投资价格指数。根据对数据的观察，1994～2007 年重庆市与四川省的固定资产投资价格指数从数值和变动趋势上都非常接近。因此，本书决定直接借用四川省 1978～1993 年的价格指数替代这些年份重庆市的当年投资价格指数。

二 物质资本存量测量

从公式 $K_t = K_{t-1}(1-\delta_t) + I_t$ 可以看出，资本存量的估算必须解决不变价下的最初的资本存量问题、折旧率问题和当年的投资量问题。当年的投资量及价格指数在前面已经提到了解决的方式。下面将通过估算基年资本存量和确定折旧率来估算历年的物质资本存量。本书关注 1952～2007 年全国的资本存量及 1978～2007 年各省的资本存量问题，分别对估算的方法和结果作如下说明。

（一）全国历年资本存量的估计

本书利用增长率加折旧率的方式来估算基年资本存量，选定研究基年为 1952 年。以增长率对基年的当年投资量加权，采用下式估计基年资本存量：

$$K_0 = I_0(1+\eta)/(\eta+\delta)$$

数据显示 1952 年当年的投资量为 80.7 亿元。为了得到 K_0，还需要投资的几何平均增长率 η，并确定一个折旧率 δ。

当前的研究中关于增长率的选取没有一致方法，有的研究取 10 年期的投资增长率（Hall et al.，1999），有的取 5 年期增长率（单豪杰，2008），有的采用基年之前的历史增长率（黄宗远等，2008）。本书中将选取全估计区间内的增长率作为基础进行估算。尽管从统计学上看应当选择几何平均增长率，这也是 Hall 和 Jones（1999）的选择，但由于部分年份的增长率出现了负增长，因此这里采用算术平均增长率。根据 1952～2007 年不变价的当前投资增长情况估算，当年投资量的算术平均增长率为 12.6%。

在折旧率方面，本书趋向于采用张军等（2004）、黄宗远和宫汝凯（2008）、白重恩等（2007）利用固定资产结构及不同资产的折旧年限来估算折旧率的办法。前两者对折旧率的估算相同，均为 9.6% 左右，后者估计 1978～2005 年折旧率为 10.47%～12.06%。因此，将折旧率设定为 9.6% 是一个较为可取的选择。

　　然而，仅仅从固定资产的结构及各类资产折旧年限角度来考虑可能还不够全面。王小鲁和樊纲（2000）、王金营（2001）及 Wang 和 Yao（2003）的研究表明，有必要区分固定资产在不同时段的折旧率水平，而不是简单地采用统一的折旧率进行估算。这是因为，从新中国成立初到改革开放前的这个时段，我国固定资产投资多集中于基础设施和重工业部门的厂房和设备的建设上，这些部门的固定资产折旧年限较长，平均在 33 年左右。这期间，许多固定资产存在超期服务现象，且无形的消耗较小（可忽略不计）。因此，王金营（2001）将1952～1977 年的折旧率设定为 3%。事实上，同期的官方折旧率均在 3.7% 以下（黄宗远等，2008）。本书将采用王金营（2001）的折旧率，设定 1952～1977 年折旧率为 3%。

　　改革开放以来到 20 世纪 90 年代初，我国大多数企业开始重视折旧，资本利用率开始提高，物理消耗和技术折旧因素同时发挥作用。因此，这个时期的折旧率有所上升。有关文献（王金营，2001；黄宗远等，2008）将 1978～1990（1991）年的折旧率设定为 5%。邓小平同志南方谈话以后，中国的改革开放进入一个新的时期，而且随着科学技术的快速发展，新材料、新产品、新工艺的利用加快了固定资产的无形耗损和更新，资本折旧率与张军等（2004）、黄宗远和宫汝凯（2008）估算的折旧率结果（9.6%）逐步趋于一致。另外，从会计理论上看，加速折旧在企业中的应用也开始实行，在今后加速折旧方法会更加广泛地采用。例如，2006 年出台的《实施〈国家中长期科学和技术发展规划纲要〉的若干配套政策》中明确提出，"允许企业加速研究开发仪器设备折旧"，加速折旧已经开始成为政府大力鼓励企业转变发展方式的一项举措。本书决定将1991～2007 年的折旧率取值为 9.6%。

　　Romer（1994）认为，穷国与富国相比，GDP 中折旧应当占据更大的比例。换句话说，中国作为一个从贫穷落后的国家转变为相对富裕的国家，需要考虑折旧率在不同阶段的变化。本书基于这个考虑和前述分析，将研究区间 1952～2007年划分为三个时段，第一个时段是 1952～1977 年，折旧率为 3%；第二个时段是1978～1990 年，折旧率为 5%；第三个时段是 1991～2007 年，折旧率为 9.6%。为了利用公式 $K_0 = I_0(1+\eta)/(\eta+\delta)$，对于分段折旧率函数，则用折旧率分布所跨的年份数为权求得一个加权的折旧率 5.59%[①]。由此得到基年资本存量为 499.3 亿元（1952 年不变价）。根据永续盘存法可得到 1953～2007 年的资本存量。

对于固定资产投资价格指数，本书中 1952～2000 年结果与张军等（2004）的结果一致。可以看到，固定资产投资价格指数在改革开放以前基本保持在 100 左右，改革开放以后进入逐渐上升阶段，到 1990 年前后迅速上升，随后进入发展的平稳期，近几年略有上升。同时，与单豪杰（2008）的结果比较，二者基本一致，如图 3-2 所示。

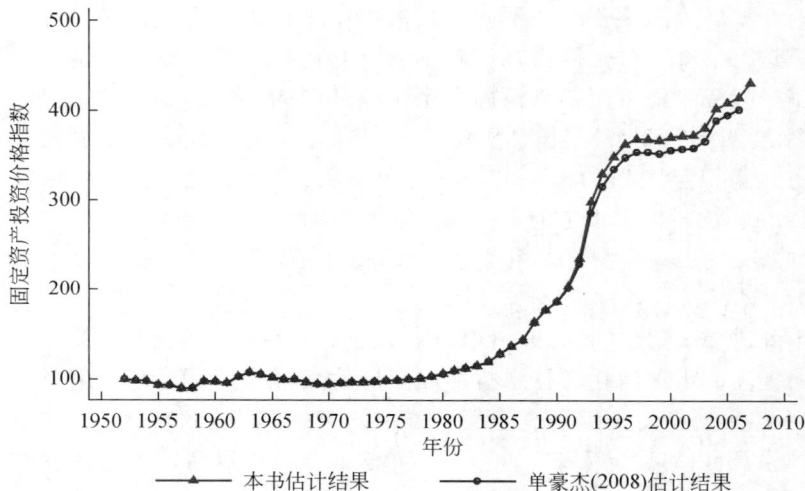

图 3-2　中国固定资产投资价格指数（1952～2007 年）

对于基年的资本存量，从敏感性检验的角度，本书将对折旧率设定 4 种情景予以分析，如表 3-1 所示，可见几种假定下有较大的差异。

表 3-1　中国各阶段折旧率的 4 种情景设定

情景	1952～1977 年	1978～1990 年	1991～2007 年	资本存量
S1	3%（王金营，2001）	5%（王金营，2001）	9.6%	499.3 亿元
S2		9.6%（张军等，2004）		409.2 亿元
S3		5%（王小鲁等，2000）；（Wang et al.，2003）		516.0 亿元
S4		15%（Wang et al.，2003）用于检验估计敏感性		329.1 亿元

注：S1～S4 代表 4 种不同情景设定。资本存量（单位：亿元）结果以 1952 年为基年估计

---

① 由于折旧率是分段的，为了估计基年资本存量，这里以折旧率的时间分布（年数）为权数，求得一个平均的折旧率 5.59%，应用到基年资本存量估算公式中即可得到估计值。计算公式：折旧率＝（25×3%＋13×5%＋17×9.6%）/55＝5.59%。

本书估计的以 1952 年为基年的资本存量取值为 499.3 亿元，与单豪杰（2008）的估计结果（342 亿元）有差别，差异的原因一方面来自估计公式的选择，他选择的是 $K_0 = I_0/(\eta + \delta)$；另一方面是对折旧率和增长率所在时段的选择，他选择的是 1953~1957 年的算术平均增长率，而且是用 1953 年的投资量来估计 1952 年的基年资本存量。本书的这个估计远低于何枫等（2003）的 2000 亿元（1952 年价格），也低于 Chow（1993）的 1 750 亿元（1952 年价格），只有 Young（2000）的 815 亿元（1952 年价格）的六成左右，同样也只有黄宗远和宫汝凯（2008）估计的 811 亿元的六成左右，与 Hu 和 Khan（1997）的结果基本一致。其主要原因在于本书采用固定资本形成总额作为当年投资量，没有将存货纳入分析，同时，他们计算基年存量的方法与本书也不一致，前文已经有所阐释，这里不再赘述。

本书估算的历年资本存量 K_t 一致地高于单豪杰（2008）的结果（图 3-3），主要是因为采用了不同的基年资本存量估算方法及动态的折旧率。单豪杰估计的基年资本存量为 342 亿元，采用了统一的折旧率 10.96%，与本书有明显区别。相对于其他研究，本书估算结果较低，主要原因在于本书认为当年投资量应当采用固定资本形成总额，而其他研究对当年投资量的选取范围过宽。值得注意的是，尽管基年和折旧率均存在较大差异，但最后估计结果的变动趋势一致，随着 1990 年以后折旧率选取趋近，二者的差距越来越小，到 2006 年，两个估计结果相差不到 3.7%。这表明，基年估计差异的影响对更远期的资本存量估算没有明显影响。这一点在许多文献中有提及。

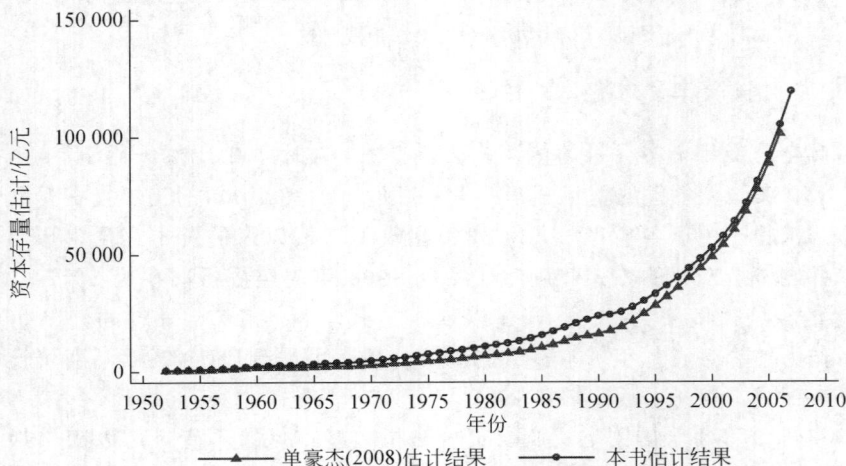

图 3-3　中国资本存量估计（1952~2007 年）

以资本存量估计为基础，可求得 1952 年不变价下的资本-产出比①。数据显示，1952～2007 年资本-产出比平均值为 2.23，其中仅 1952～1961 年的资本-产出比小于 2，其后年份的资本-产出比基本保持在 2 与 3 之间，平均值大致为 2.5。总体来看，这个估计结果低于何枫等（2003）和王金营（2001）采用的资本-产出比 3。正因为他们的资本-产出比设定较高，得到的历年的资本存量也比较高。何枫等（2003）估计 1952 年的资本存量为 2 000 亿元左右，王金营（2001）估计资本存量为 2 309.7 亿元（1978 年不变价）。新中国成立之初，中国是一个资本并不充裕的国家，更多的是依靠人力的作用实现经济的增长；随着五年计划的启动，重工业优先发展的战略开始主导中国经济发展的主旋律，资本-产出比也逐年提高。因此，如果以 1952 年为研究基年，且设定资本-产出比为 3 就过于简单化了，会高估基年资本存量，从而高估各年的资本存量。

本书发现，当年固定资产投资量在年度间波动较大，改革开放初期的投资量增长较快，为 10%～20%，个别年份有较大波动甚至出现负增长；邓小平同志南方谈话阶段有一个大的增长，1992～1994 年的增长率基本保持在 17% 以上，最高达到了 23.5%；2000 年以后进入一个投资高速增长的阶段，2003 年增长率达到 20%，当年投资量达到 53 490.7 亿元（现价），以 1952 年价格计算是 14 047.9 亿元。

根据估算结果，中国资本存量以较快的速度增长。资本存量从 1952 年的 499.3 亿元（1952 年价格），上升到 2007 年的 11.95 万亿元（1952 年价格），增长近 240 倍，平均增长率为 9.53%，超过了同期 GDP 的增长速度。1952～1960 年平均增长率更是超过了 20%，自 2002 年以来则以 12% 以上的速度平稳增长，在一定程度上体现了中国经济增长的投资拉动特性。

（二）各省历年资本存量的估计

参照全国历年资本存量的估计方法和步骤，本小节中仍然采用 $K_0 = I_0(1+\eta)/(\eta+\delta)$ 来估算各省的基年资本存量，η 以基年、2007 年的当年投资量及复利计算方法求得。由于各省的数据系列关注改革开放以来的资本存量，参照上一小节选择经济折旧率的方式，确定 1978～1990 年的经济折旧率为 5%，1991～2007 年的经济折旧率为 9.6%，并以加权方式求得这 30 年平均的经济折旧率 7.60% 作为估算各省基年资本存量的基础。从而可得到以 1978 年不变价计算的各省资本存量（参见书后附表 1-2）。

1952～1978 年全国固定资产投资价格指数基本保持不变，可以简单地假定 1978～2007 年全国数据估计结果就是以 1978 年不变价估计的结果，从而可以将

---

① 1952 年不变价产出（GDP）的计算请参见第五章。

各省估计结果与全国估计结果进行比较。通过比较发现二者之间存在较大差异，如图 3-4 所示。

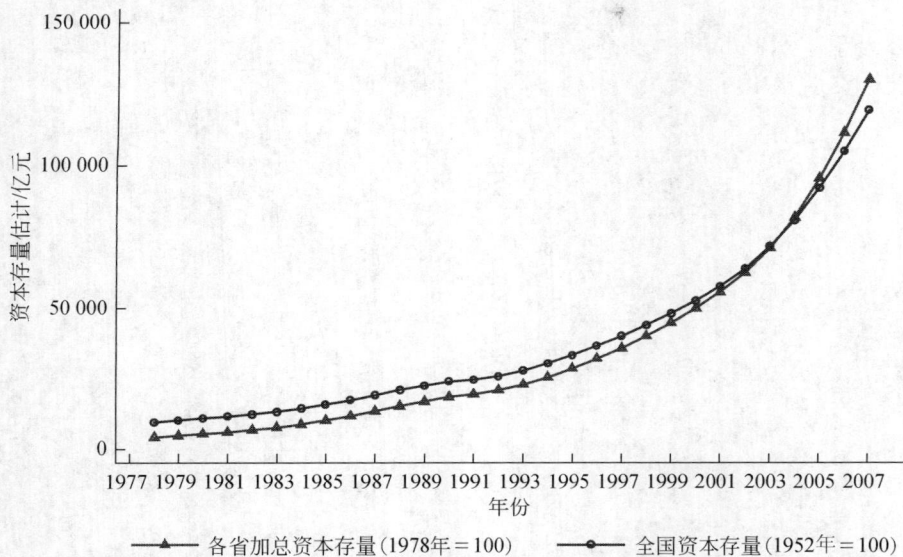

图 3-4　中国资本存量估计（1978～2007 年）

图 3-4 表明，各省加总的资本存量数据在 2004 年之前一致地小于全国综合数据估计的资本存量，2004 年之后一致地高于全国的资本存量。这主要有以下两个方面的原因。

一方面，选择的估计参数不同。虽然在处理方法上都一样，但由于基年选择不同，各省的平均折旧率和各省的平均增长率都有差异，使得相互之间出现了较大的差异。

另一方面，数据表明各省份当年投资量加总（现价）和与全国数据（现价）并不相等。如表 3-2 所示，1978～1997 年当年投资量加总数据一直小于全国数据，改革开放的启动阶段（1978～1982 年），各省加总数据占全国数据的比例大约比 70％多一点，1983～1990 年这个比例基本保持在 80％～90％，之后这个比例一直上升。1998 年各省加总数据首次超过了全国数据，2007 年各省加总的投资量已经超过全国数据 122.7％。早期出现这种差异的原因可能是很多投资是单独核算的，并没有分配到各省份，后期差异则可能是各省在统计上交叉计算的结果。这与全国 GDP 小于各省 GDP 加总数据的原因可能有紧密的内在联系。

表 3-2 当年投资各省加总量与全国数据比较（1978～2007 年）

年份	各省加总/亿元	全国数据/亿元	各省加总占全国比例/%	年份	各省加总/亿元	全国数据/亿元	各省加总占全国比例/%
1978	767.3	1 073.9	71.5	1993	11 780.4	13 309.2	88.5
1979	857.9	1 153.1	74.4	1994	15 535.3	17 312.7	89.7
1980	945.8	1 322.4	71.5	1995	19 531.7	20 885.0	93.5
1981	950.2	1 339.3	71.0	1996	22 864.7	24 048.1	95.1
1982	1 224.1	1 503.2	81.4	1997	25 334.6	25 965.0	97.6
1983	1 435.6	1 723.3	83.3	1998	28 916.2	28 569.0	101.2
1984	1 836.3	2 147.0	85.5	1999	31 108.7	30 527.3	101.9
1985	2 452.4	2 672.0	91.8	2000	34 807.9	33 844.4	102.9
1986	2 840.7	3 139.7	90.5	2001	38 918.0	37 754.5	103.1
1987	3 370.0	3 798.7	88.7	2002	44 867.9	43 632.1	102.8
1988	4 102.3	4 701.9	87.3	2003	55 948.6	53 490.7	104.6
1989	3 920.5	4 419.4	88.7	2004	70 721.9	65 117.7	108.6
1990	4 495.2	4 827.6	93.1	2005	87 973.9	77 304.8	113.8
1991	5 498.9	6 070.3	90.6	2006	105 833.0	90 150.9	117.4
1992	7 613.3	8 513.7	89.4	2007	129 088.5	105 221.3	122.7

资料来源：全国固定资本形成总额数据来自于《中国统计年鉴 2008》，各省数据来自于《新中国五十五年统计资料汇编》和 2006～2008 年中国统计年鉴、各省份统计年鉴

数据显示，随着各省资本投资量的加大，基年估计量对后期资本存量的影响越来越小，各省资本存量估计与全国估计的结果也越来越接近。因此，本书中各省和全国数据的估计结果存在较大的差异是可以理解的。反过来看，单豪杰（2008）对全国资本存量估计结果与各省估计的加总结果基本一致，这与客观事实有矛盾。由于全国当年投资数据与各省当年投资数据不同，二者存在差异才是更符合客观实际的估计。

第四节 小 结

本章主要对资本存量的估算理论和方法进行了系统的回顾，并在此基础上确定了本书的资本存量估算方法，估计了 1952～2007 年中国资本投入和 1978～2007 年各省的固定资本存量。与前人研究相比，本书的不同之处有以下三点。

（1）构建了最新的资本存量序列。这一点主要体现在两个方面：一是将最新的估计年限扩展到了 2007 年，全国数据覆盖了 1952～2007 年，各省数据覆盖

了 1978～2007 年。同时构建了相应年份的当年投资量、固定资产投资价格指数、资本存量数据集。二是在省级层面将重庆市纳入了估计范围。重庆市是四大直辖市之一,作为一个统计资料相对完整的重要省份,需要逐渐构筑完备的基础数据库,并将其纳入研究分析的框架。本书做了这项基础性工作。

(2) 采用了不同的基年资本存量估计方法。利用当年投资量(不变价)的算术平均年增长率和可变折旧率,以及基年投资量,估算了全国及各省的基年资本存量。明确提出将当年投资量的算术平均年增长率纳入到基年资本存量的估计分子式中;明确提出平均增长率的计算以整个研究期间为准,而非取 5 年或 10 年期的增长率进行核算,避免了短期内投资增长波动较大带来的不利影响。

(3) 引入了分阶段的动态折旧率概念。选择经济折旧率时区分了不同期间经济发展的阶段性特征,尤其是固定资产开发利用的特点,将经济折旧率的选择划分为三个阶段:1952～1977 年,经济折旧率为 3.0%;1978～1990 年,经济折旧率为 5.0%;1991～2007 年,经济折旧率为 9.6%。在估计基年资本存量时,选取了以年份数为权的折旧率 5.59% 和 7.60% 作为全国和各省估算的平均折旧率水平。

第四章 / 人力资本测量

第一节 引 言

人力资本通常与物质资本并列，被认为是经济增长的驱动要素之一。Theodore W. Schultz、Gary Becker 等在 20 世纪 50 年代末、60 年代初开创的人力资本理论，在宏观和微观层面日益凸显出重要性。在探讨经济增长和收入分配的研究中，人力资本已经成为一个不可忽视的因素。例如，Schultz（1962）指出，一国产出的增长大大超过了土地、人工、物质资本的增长，人力资本投资可能是解释出现这种差异的主要因素。鉴于人力资本和物质资本一样具有生产功能，能够推进技术进步和经济发展，这股源于美国的人力资本风潮迅速地席卷到发展中国家，开始探讨欠发达地区经济增长的人力资本路径问题；到后期，人力资本更是被上升到经济增长引擎的高度（Lucas，1988），成为新增长理论的一个重要研究维度。

尽管如此，对于人力资本理论不乏批判之声，抛却"将人物化"的争论（Schultz，1961），人力资本的度量问题成为讨论的一个重要方面。人力资本不易度量的性质使得本应归功于人力资本的贡献很难准确地描述出来。这主要是由于人力资本在内涵与外延上具有多重属性。从概念上看，在人力资本开创初期的经典文献中，Schultz（1962）认为人力资本是蕴涵于人体的生产和消费能力，技能和知识则是人力资本的表现形式；Becker（1962）指出，学校教育、在职培训、保健、消费和获取信息都是人力资本投资的形式；Mushkin（1962）认为健康也是人力资本的重要组成部分；Sjaastad（1962）将迁移作为人力资本投资的形式。可以看出，这些经典文献中，对于人力资本的内涵和来源做了理论上的阐释，奠定了人力资本概念的基础。但必须看到，由于不同类型人力资本的投资成本或投资收益难以货币化，不同类型人力资本面临着加总上的困难，这些因素中难以量化甚至不可量化的东西比较多。

因此，许多研究从不同的侧面来讨论如何量化人力资本。从理论上看，早期的度量来自于 Weisbrod（1961）的工作，他以未来收入的现值来量化人力资本价值，1962 年他又从投入的角度分析了教育和人力资本投资的问题（Weisbrod，1962）。Mincer（1958）认为教育不能完全地体现人力资本的价值，将个人的年龄作为培训和其他的人力资本形式的代理变量引入个人收入分析的模型之中。Ben-Porath（1967）提出了一个人力资本生产函数，从理论上探讨了人力资本的存量与流量问题，并将人力资本存量与收入的生命周期联系起来。Ben-Porath 等的工作为后续研究打下了坚实的基础。当前国内外关于人力资本测量的研究，无外乎就是从收入角度和投入角度进行。Barro（1989）在研究国别经济趋同时引入中初级教育入学率作为人力资本的代理变量。Romer（1990）使用成人识字率指标测量人力资本。Mankiw 等（1992）在改进的新古典增长模型中引入了人力资本指标，采用的是劳动年龄人口中中学教育水平的人数占劳动年龄人口的比例。Benhabib 和 Spiegel（1994）认为，将识字率和入学率作为人力资本的替代指标，充其量只说明了人力资本投资的水平，而且识字率指标对于发达国家而言缺少效度。Barro 和 Lee（1993）专门建立了 129 个国家的人力资本积累指标，他们利用普查/调查数据完成了 40% 的基础数据，然后利用永续盘存法，以入学数据来补充填实各年数据。教育被分为 4 个档次：没有接受教育、初等、中级、高级。他们利用回归分析估计了 25 岁及以上年龄人口的教育情况和女性的受教育年限，并进行了准确性检验。这个数据集成为众多国际比较研究的基础，Barro 和 Lee（2000）对该数据集进行了扩充和修正。

一大批学者从产出和投入角度对中国或中国各省的人力资本进行了研究。王小鲁和樊纲（2000）、张帆（2000）、王金营（2001）、胡鞍钢（2002）、蔡昉和都阳（2003）、Wang 和 Yao（2003）、谭永生（2007）、张琦（2007）、王德劲（2008）等对全国层面的人力资本进行研究。王小鲁和樊纲（2000）利用劳动年龄人口的平均受教育年限作为估计全国的人力资本存量的基础。王金营（2001）估算了 1978 年以来的受教育年限。陈钊等（2004）、吴兵和王铮（2004）、沈坤荣和田源（2002）构建了各省的人力资本数据。陈钊等（2004）利用回归拟合方法估算了 1987～2001 年各省的平均受教育年限数据；吴兵和王铮（2004）认为各个地区的人力资本投入等于该地区人均产出除以产业工人的平均工资；沈坤荣和田源（2002）利用 1996～2000 年大专以上学历人口数作为人力资本代理变量。陆云航和张德荣（2007）利用平均受教育年限度量人力资本存量水平，但由于有关资料中缺乏 1989 年、1991 年和 1992 年数据，个别年份的人口受教育结构缺少文盲人口的统计，个别年份没有 15 岁以下人口的受教育数据，他们参照了万广华等（2005）的做法引入一个包含地区固定效应和时间趋势的回归方程估计平均受教育年限。遗憾的是，本书发现这种研究使用的 1987 年基础数据并不可靠，王金营（2001）的研究也指出了这一点。总体来看，这些方法主要还是从投入角度来估计人力资本存量，其中利用平均受教育年限方法来估算人力资本成为当前的一个比较常用的做法。

根据本书掌握的资料，对全国人力资本的最新估计已经从 1952 年延续到了 2004 年，最新的研究如杨国涛（2006），对各省人力资本的最新全面估计依然停留在 1987～2004 年。在前期文献的基础上，本章将构建全国 1952～2007 年的人力资本存量数据及各省 1978～2007 年的人力资本存量数据，为后面章节的实证研究奠定基础。

本章主要内容如下：首先介绍人力资本的概念，其次介绍人力资本测量的基本方法，再次介绍测量全国和各省人力资本的方法与步骤，最后对本书中的测量结果进行说明。

第二节　人力资本的特点与测量方法

一 人力资本的概念和特点

人力资本概念有着宏观和微观的区分，这对于人力资本测量有着重要意义。宏观上看，人力资本是指存在于一个国家或地区人口群体的每一个个体之中的，后天获得的具有经济价值的知识、技术、能力及健康等质量因素的总和（李建民，1999b）。与此同时，这个定义也内在地规定了微观层次上人力资本是具有经济价值的各类质量因素的总和。可见，微观个体的人力资本是宏观人力资本的基础。

测量人力资本时，必须要注意到人力资本的一些特点，以及它与物质资本的区别。首先，人力资本存在于人体之中，离不开人的承载，这是它与物质资本的重要区别。其次，人力资本存量是动态变化的，同物质资本一样存在生产与折旧的问题。一方面，人力资本投资会形成新增人力资本；另一方面，人力资本也存在消耗、闲置和贬损问题。而且，基于第一个特点，人力资本将伴随着人的寿命终结而退出市场。最后，人力资本具有多种形式，一个人可能拥有多种形式的人力资本。正如经典文献所指出的那样，人力资本具有不同的类型，教育、在职培训、健康等是最主要的体现形式，但这些不同形式之间存在着如何以共同的价值标准进行转换的问题。同时，这些类型的人力资本可以表现为技术或知识。技术与知识加上一个劳动力所需的体能成为人力资本发挥作用的基础。在测量时必须对不同类型的人力资本加以考虑和界定。

二 人力资本的测量方法

知易行难，这可能是人力资本理论研究者在开展人力资本测量时共同的感触。尽管人力资本在经济增长和收入分配中具有重要作用已经成为共识，尽管人力资本理论逐步被接受了，但人力资本的贡献到底有多大还没有一个公认的结论，其中一个重要的原因就在于人力资本度量的困难。上一小节指出，人力资本是多种质量因素的总和，它和物质资本一样需要更新和折旧。与物质资本不一样的是，人力资本的测量难以找到较为完备的指标。

尽管存在种种困难，仍然有许多文献力图测量人力资本的水平。从研究实践来看，当前主要从产出和投入角度来测量人力资本。

（一）基于产出角度的人力资本测量方法

从理论上说，用人力资本的收入来解决人力资本产出能力测量是最佳的选择。Weisbrod（1961）、Becker（1962）、Ben-Porath（1967）等提出了一个从收入角度来分析人力资本存量的办法。王金营（2001）指出，从收入角度度量人力资本，最常用的方法是劳动者报酬法，即用劳动者的平均劳动所得来体现劳动者身上所蕴涵的人力资本。他认为用劳动者报酬来测量劳动者人力资本，将投入与产出紧密地联系起来，是一种非常好的办法。但是付诸实践时问题颇多，存在着收入与人力资本投入本身并不对应的问题。对于我国而言，还存在着灰色收入、统计渠道等问题，极可能低估人力资本的实际存量价值（王金营，2001）。在研究中国的人力资本存量时，王德劲等（2006）在这方面做了尝试，张琦（2007）则利用不同受教育人口的教育收益率估算了全国1978～2001年的人力资本水平。

总体看来，收入法测量人力资本难度较大。与发达国家健全的个人收入统计体系不同，我国关于不同层次人力资本的收入数据并不健全，或者说在一定程度上收入数据不能代表真实的人力资本收益水平，尤其是对于占总人口很大比重的农村人口，很难界定一个合理的收入水平，城镇人口同样存在着收入低估的问题。因此，收入法估计人力资本更多是在理论层面上得到了学者研究的支撑。

（二）基于投入角度的人力资本测量方法

产出角度测量的缺点使得更多的研究主要从投入角度来测量人力资本。当然这也得益于投入角度数据的可得性和操作上的便利性。王金营（2001）将投入角度的测量方法分为了教育经费法、技术等级或职称等级法、学历指数法、受教育年限法等，对投入法测量人力资本做了详细的介绍，沈坤荣（2003）的介绍基本借用了他的分类和内容表述。下面主要借用他们的文献来介绍投入角度的人力资本测量方法。

方法一：教育经费法。学历教育（schooling）是人力资本积累的最基本和最重要的途径。教育区别于其他人力资本形式的关键在于，它既是人力资本投资的产出，也是其他人力资本投资形式如培训、干中学等活动的基础。因此，教育资本是一种能力资本（李建民，1999b）。测量受教育过程中的成本成为度量人力资本存量的重要方法之一。从我国教育体系的实际出发，个人受教育过程中的成本支出包括了公共支出和个人支出。公共支出部分主要来源于财政支出中的公共教育经费，同时还应包括用于劳动力卫生保健和劳动保险的公共支出部分，来源于其他渠道的非财政教育经费等。个人直接支出就是家庭和受体个人接受教育和培训所花的费用；间接支出是指接受教育和培训的人在接受教育或培训期间所损失的工资和其他收入（王金营，2001）。

目前的教育经费法研究中，通常利用公共支出中的教育经费作为人力资本的替代指标，这种方法显然忽略了家庭的教育支出。改革开放后，在教育不断市场化的情景下，家庭支出占总教育经费支出的比重越来越高，这种处理显然会低估总的教育经费支出（沈坤荣，2003）。张帆（2000）在估计中国的人力资本时，将每年的人力资本投资区分为狭义和广义两个定义，狭义的人力资本投资包括教育资金、文艺支出、卫生支出等。广义人力资本投资还包括把儿童抚养到15岁所花费的消费支出。显然，张帆的研究扩大了教育经费支出的概念，将卫生支出等纳入了考虑，而且将消费纳入了考虑。这种做法局部地体现了Schultz（1962）关于"人力资本是人民生产和消费的能力"的思想。

王金营（2001）和沈坤荣（2003）认为，教育经费法测算人力资本有一定的缺陷。原因在于：家庭的教育经费支出缺乏统计数据支撑，即便数据可得，其准确性也存在问题；如果单独采用公共教育经费，则低估了人力资本投入。

方法二：技术等级或职称等级法。技术和知识资本是人力资本的核心，可以说是体现型的人力资本，他直接地与人力资本拥有者生产商品和服务的能力相关联（李建民，1999b）。技术等级和职称等级是测量这类人力资本的主要指标。利用等级可以表示出个人的技术与知识资本存量。宏观地看，这是从一个国家或地区人口所拥有人力资本的结构角度来度量人力资本。比较而言，教育经费法通常度量的是个人进入劳动力市场之前的人力资本水平，等级法则是个人进入劳动市场之后的人力资本水平。当然，小学、初中、高中、大学等分类也是等级法的一种表现形式。

根据技术等级体系或职称等级体系，按照劳动者的技术等级或职称加权就可以得到测量人力资本水平的结构性指标。显然，技术等级或职称等级直接反映了个人的工作能力，在很大程度上能够反映出不同劳动者所含人力资本对产出的实际贡献。然而，对于全国及各省的研究而言，数据的可得性和可靠性成为掣肘。统计体系不健全，妨碍研究者去找到完全、统一和具有可比性的数据；劳动力认证体系的不完善和劳动力市场的残缺，使得劳动者的技术等级和职称往往不能确切反映或者错误地反映其人力资本存量及其贡献（王金营，2001）。

本书认为，等级法的最大缺陷，一方面在于这种等级体系的覆盖面太小，大部分人群没有进入这个体系；另一方面在于数据的不可得。因此，等级法在研究全国范围内的人力资本问题时是不适用的，但在研究某些方面，如事业单位科研人员的收入差距问题方面可能会有较好的效果。

方法三：学历指数法。学历教育通常区分为不同的层次，一般划分为文盲半文盲、小学、初中、高中、大学专科、大学本科及以上等六个层次。学历指数法就是按照不同的学历层次，对劳动力赋予不同的学历指数，将学历指数作为权数进行加权求和，从而求得整个劳动力人口所对应的人力资本水平。学历指数通常由研究者根据经验进行赋值。这本质上是结构化指标向综合性指标的一个过渡。其计算公式如下：

$$H_t = \sum (P_{it} \cdot w_i)$$

其中，H_t 为第 t 年的人力资本存量；P_{it} 为第 t 年第 i 学历水平的劳动力数量；w_i 为学历指数。

学历指数法的优点在于考虑了知识的积累效应。王金营（2001）举例说明了学历指数法的赋值方式：通过将学历指数序列确定为几何增长或指数增长，确定学历指数以 2 的幂级数序列（2^0，2^1，2^2，…）或自然对数的幂次方（e^0，e^1，e^2，…）进行赋值。例如，可以将小学文化程度或受过 6 年教育的劳动者赋予学历指数 e^0，将初中文化程度或受过 9 年教育的劳动者赋予学历指数 e^1，以此类推。然而，这种度量方法主观性很大，学历指数序列的确定主要根据经验进行选择，不同的研究之间缺乏可比性，在数据结果上也缺少客观性。

方法四：受教育年限法。教育经费法度量的是受教育过程中发生的成本，受教育年限则反映了教育投资的成果。受教育年限法是测量人力资本的代表性方法，无论从宏观还是微观角度，它在人力资本的量化方面都具有重要的地位。事实上，如果将学历指数法变换成利用每个人的受教育年限而不是受教育层次，以不同受教育年限的人口数进行线性加权，学历指数法就成为受教育年限法。

运用受教育年限法，首先需要对劳动力人口按受教育水平进行分类。由于中国官方的统计中主要以不同学历水平作为受教育程度的统计，而不是将受教育年限作为直接的统计调查变量。因此，需要利用学历水平分类作为测量的基础，引入不同学历水平的受教育年限核算人力资本。公式如下：

$$H_t = \sum (P_{it} \cdot Y_i)$$

其中，H_t 为第 t 年的人力资本存量；P_{it} 为第 t 年第 i 学历水平的劳动力数量；Y_i 为第 i 学历水平的受教育年限。如果将劳动力人口总量 $\sum P_{it}$ 除 H_t，则得到平均受教育年限 HY_t，如下式：

$$HY_t = H_t / \sum P_{it} = \sum (P_{it} \cdot Y_i) / \sum P_{it}$$

受教育年限法有很多优点，主要表现为（王金营，2001）：第一，用劳动力的受教育程度或年限代表劳动力的人力资本存量不仅简明扼要，而且数据具有可得性和准确性。第二，受教育年限与接受教育或培训的劳动力人力资本投资成本有较强的正相关性，它排除了用货币计算人力资本投资成本的价格因素影响。第三，劳动力受教育程度或年限与劳动力"干中学"或"边干边学"的人力资本积累成正相关，受教育程度越高（年限越长），劳动力在劳动中积累经验的能力越高和接受新技术、新知识越容易。第四，劳动力受教育年限与劳动力的收入成正相关。第五，人的受教育年限越长越注意保持自身健康；受教育年限越长用于选择合适职业的信息收集和迁移的成本越低。第六，用劳动力的受教育程度或年限代表劳动力的人力资本存量可以排除学历指数法、技术等级或职称等级法的主观性影响，可以排除劳动报酬法中工资等分配政策和制度的影响。因此，受教育年限是最具有代表性的人力资本存量测量方法。

受教育年限法的不足之处主要有三点：第一，忽略了或无法计算知识的累积效应。受教育年限法简单地假定，随着教育年限的增长，劳动者的人力资本存量呈算术级数增长（王金营，2001）。第二，将小学教育的一年时间与大学教育的一年时间等同，不能充分反映不同层次教育在价值上存在的巨大差异（王金营，2001）。本书认为，即便是大学教育，辍学者与毕业者之间可能也有显著的差异。另外，对受教育年限加总也存在欠考虑之处。例如，20 年的大学教育估计量和两个 10 年的小学受教育年限估计量之间有明显区别（张军，章元，2003）。因此，第二点主要考虑的是受教育年限的可加性问题。第三，不能区分基础教育与专业化教育，另外也不能将影响人力资本质量的年龄结构和性别结构充分地体现在该方法中（王金营，2001）。最近的一篇文献（孙旭，2008）讨论了将受教育年限与年龄相结合的人力资本存量估算方法，但这种方法对数据质量要求很高，他的研究以全国第五次人口普查（简称"五普"）数据为基础，仅仅计算了 2000 年的人力资本存量。

本书认为，受教育年限法在操作上也存在缺陷。首先，人力资本有多种形式，教育资本只是其中一类，受教育年限法不能将在职培训、健康等因素纳入考虑之中。孙旭（2008）也指出了这个缺陷。其次，受教育年限法忽略了劳动参与率问题。在我国，女性人口、农村人口的农村参与率远不及男性人口和城镇人口，存在着人力资本闲置的现象，当前的估计方法还没有较好地体现这些问题。对于是否将劳动参与率纳入考虑，Barro 和 Lee（1993）认为需要进一步讨论。王金营（2001）考虑了劳动参与率的问题。最后，对于任何一个国家或地区而言，都没有提供连续年份的劳动力人口数量和受教育年限分布的数据。估计以受教育年限为代理指标的人力资本存量，必须进行一系列的推算。这一过程中必然会导致信息量的损失，形成测量误差。

第三节 全国及各省人力资本存量估计

受教育年限法尽管有诸多缺点，但仍然不失为对人力资本测量的代表性方法。同时，考虑到劳动人口在历年有所变动，参照王小鲁和樊纲（2000）的做法，本书将历年的受教育年限与年度劳动力人口数结合起来，作为测量人力资本的又一方式。下面将以受教育年限法为主构建全国 1952～2007 年的受教育年限和各省 1978～2007 年的受教育年限数据，但估算全国和各省人力资本存量时，在具体推算方法上有所不同。

一 全国人力资本存量估计

（一）学历层次及受教育年限设定

根据公式 $H_t = \sum (P_{it} \cdot Y_i)$，计算历年的受教育年限需要得到历年不同教育层次劳动力人口的数量和对应于这些人的受教育年限数。首先来看一下学历层次划分及相应学历的受教育年限设定问题。

在中国，一般将受教育层次划分为文盲半文盲、小学、初中、高中、大学专科和大学本科及以上等六个层次。当然，各层次学历还可以细分。同时，在正规的普通教育体系之外还有成人教育和自学考试等教育形式。为了处理上的方便，这里不区分小的分类，将普通教育与成人教育等视为同质可加，并且认为不同层次的学历教育转换为受教育年限后，每一个受教育年限单位依然同质可加。除文盲半文盲外，根据王金营（2001）的分类，具体各学历层次的教育包括：①小学受教育程度，包括普通小学教育、成人小学教育；②初中受教育程度，包括普通初中、职业初中、初中级技工、工读学校、成人初中；③高中文化程度，包括普通高中、中等专业技术、职业高中、高中技工教育、成人中等技术教育、成人高中；④大学专科，包括普通大学专科、成人专科、专科自学考试（含在档考生）；⑤大学本科及以上，包括普通大学本科、成人本科、自学考试获得本科毕业证、硕士和博士研究生。

文盲和半文盲的受教育年限通常设定为 0 年，如王小鲁和樊纲（2000）、吴兵和王铮（2004）。有的研究区分了文盲和半文盲，如 Tang（2005）将文盲的受教育年限设定为 0 年，半文盲设定为 0.5 年。王金营（2001）将文盲半文盲从业人员的受教育年限设定为 2 年，他认为这些人也具备一定的人力资本存量。为了与有关研究结果进行比较，本书将沿用文盲和半文盲受教育年限为 0 年的设定。

小学的受教育年限通常设定为 6 年，如王小鲁和樊纲（2000）、王金营（2001）、吴兵和王铮（2004）。但也有研究采用 5 年计算，如 Wang 和 Yao（2003）。杨国涛（2006）沿用了 Wang 和 Yao（2003）的方法，但对小学采用了5.5 年，因而计算结果也比设定为 6 年时略低。不同研究中受教育年限设定不同，主要是因为中国的教育体制存在一个变迁的过程，以及省（直辖市、自治区）小学教育学制改革为 6 年后还继续保留了 5 年的体制（王金营，2001；杨国涛，2006）。对小学的受教育年限通常设定为 6 年，考虑到部分地区采用的是 5年制教育，有的研究将小学设定为 5 年。但本书认为这没有必要，因为对于小学教育而言，只要完成了规定的教学任务即可，5 年教育和 6 年教育在质量上是相当的。如果区分了年头，反而不能正确地反映受教育的质量问题。

初中的受教育年限通常设定为 3 年。根据王金营（2001）的分析，1966～1981 年一律采用的是 2 年制，其余各时期以 3 年制为主，兼有部分 2 年制和 4年制。总体上，各类研究基本上都设定初中教育的受教育年限为 3 年。

高中的受教育年限通常设定为 3 年。其实高中学历相当复杂，而且其中还包括了初中升入普通中专和高中升入普通中专这样的情况，包括了素质教育和专业教育的情况。因此，在学制和学习内容上都存在着差异。由于高中层次教育学制主体上为 3 年，为了便宜行事，这里统一将高中教育的受教育年限设定为 3 年。

大学专科和大学本科及以上的受教育年限通常设定为 4 年。一般的研究将大学专科和大学本科及以上学历层次合并处理，统一地赋予他们受教育年限 4年。在我国，大学专科一般是 3 年制，也有 2 年制的；大学本科主要是 4 年制，也有一些学校或专业采用了 5 年制。硕士则出现了 3 年、2 年半、2 年的情况，博士通常为 3 年。因此，这种合并处理存在一定的问题。王金营（2001）将大学专科设定为 2.5 年，将大学本科及以上设定为 4 年。本书将取 4 年作为计算的基础，虽然会导致高估这部分人群的受教育年限，但从文献继承的角度及估算数据的可得性角度来看，这种选择虽然在一定程度上舍弃了更精确的测量，但对于利用年度间不太完善的受教育程度人口分类统计资料来说，具有合理性。

（二）全国平均受教育年限的估计

并非每一年都有完善的统计资料来支持年度人力资本的测量。目前只有1982 年、1990 年、2000 年的人口普查和 1987 年、1995 年、2005 年的 1‰抽样调查提供了相对完整的各年龄段的受教育层次数据。本书通过历年的中国统计年鉴资料，收集到了这些年份调查数据的宏观资料，同时取得了 1990 年、2000年的人口普查微观数据。这些资料将作为后续估算的基础。

在过去的文献研究中，王小鲁和樊纲（2000）估算了 1952～1999 年的人力资本存量及平均受教育年限。沈坤荣（2003）直接引用了他们的研究成果，本书将借鉴他们的方法与结果，同时利用 2000 年第五次人口普查的数据估算 2000 年及以后年份的人力资本存量和平均受教育年限数据，将人力资本估算数据拓展到 2007 年。

1. 永续盘存法与人力资本存量估计

首先介绍王小鲁和樊纲（2000）的方法。他们利用永续盘存法的原理来计算 1952～1999 年的人力资本存量和平均受教育年限。Barro 和 Lee（1993，2000）在估算各国人力资本水平时应用了这种方法，王小鲁和樊纲（2000）、Wang 和 Yao（2003）沿用了这种方法。

王小鲁和樊纲（2000）首先以 1954 年、1982 年、1990 年三次人口普查的数据为基础，估算这三个年份的人力资本存量，然后以这三年的人力资本存量为依据推算其余年份的人力资本存量。其余年份的数据通过推算得来，由以下两个公式分别向前或向后推算其余年份的人力资本存量。

（1）第 t 年的人力资本存量 H_t ＝上年人力资本存量＋本年由正规学校毕业的就业人员的受教育年限＋本年由各类成人学校毕业的就业人员的受教育年限＋本年肄业的受教育年限－本年退休人员的受教育年限－本年其他自然减员的受教育年限。

（2）第 t 年的人力资本存量 H_t ＝次年人力资本存量－本年由正规学校毕业的就业人员的受教育年限－本年由各类成人学校毕业的就业人员的受教育年限－本年肄业的受教育年限＋本年退休人员的受教育年限＋本年其他自然减员的受教育年限。

其中，第 t 年由正规学校毕业的就业人员的受教育年限＝［（$t-3$)年小学毕业生人数－($t-3$) 年初中入学人数]×6＋(本年初中毕业生人数－本年高中入学人数)×9＋(本年高中毕业生人数－本年高校入学人数)×12＋本年高校毕业生人数×16。

第 t 年由各类成人学校毕业的就业人员的受教育年限＝本年各级成人学校毕业人员的受教育年限－本年进入成人学校就读人员的教育年限×脱产系数。其中，成人小学按 6 年计，成人初中、高中、各类技术和职业学校均按 3 年计，成人高校按 4 年计。成人学校入学人员数根据历年成人学校毕业人数估计得出。成人学校在校人员的脱产系数为 0.5，即这些人平均有一半的时间用于学习，一半的时间用于工作。

第 t 年肄业人员的受教育年限＝［各类学校在 ($t-y-z$) 年时入学人数－($t-z$) 年时的毕业人数]×$y/2$。其中，t 代表当年，y 代表各级学校的规定学制，如小学为 6 年，初中和高中都是 3 年，z 是一个调整变量，对小学设定为 3，其他各层次学历设定为 0。肄业人员的平均受教育年限为最高层次学历的 1/2。

第 t 年退休人员的受教育年限＝本年达到退休年龄的就业人员的总共受教育年限。

第 t 年其他自然减员人员的受教育年限＝本年低于退休年龄退出就业的人员的总受教育年限。

王小鲁和樊纲（2000）充分利用了三次人口普查的数据资料、各年龄组人口在总人口中的构成及各年龄组人口历年的死亡率水平资料，对历年的平均受教育年限水平进行了逐年推算。他们的研究中假定退休年龄对男女都设定为 60 岁[①]。据此估算出中国 1952～1999 年的人力资本存量数据。

王小鲁和樊纲（2000）发现，改革开放以前（1953～1978 年）中国的人力资本[②]的年均增长率为 5.4％，改革开放以后（1979～1998 年）的人力资本增长率有所下降，为 4.9％。数据显示，王小鲁和樊纲（2000）对这两个阶段人力资本增长率的估计都大大低于第三章估计的物质资本存量的增长水平 10.5％和 8.8％。

2. 基于五普资料的平均受教育年限估计

以王小鲁和樊纲（2000）为基础，本书利用类似方法估算了中国 1991～2007 年的人力资本存量及平均受教育年限，但在处理上略有差异。本书中，首先利用 6 岁及以上人口受教育程度估算 15～60 岁人口的受教育年限总和和平均受教育年限，然后假定 15～60 岁人口的受教育年限分布与从业人口的受教育年限分布一致，求得从业人口的受教育年限总和。由于王小鲁和樊纲（2000）没有介绍基年人力资本水平的估算方法，本书在这里重点介绍利用 2000 年的第五次人口普查数据估算 2000 年人力资本存量的详细方法与步骤。

这里以《中国 2000 年人口普查资料》中的全国分年龄、性别、受教育程度的 6 岁及 6 岁以上人口数据（表 4-1）为基础进行计算。为了计算从业人员的平均受教育年限，需要先计算 15～60 岁全社会人员的受教育年限总量，再假设从业人员的受教育年限年龄分布与全社会 15～60 岁人口基本一致，推算出从业人员的平均受教育年限及总受教育年限。各种受教育程度按照前面的规定赋予受教育年限值，按照王小鲁和樊纲（2000）的做法，文盲和半文盲赋值 0 年，小学赋值 6 年，初中赋值 3 年，高中和中专视为高中学历赋值 3 年，大专及以上赋值 4 年。

---

① 张军和章元（2003）认为这种设定对于不存在退休问题的农村人口是不合理的。这种不合理是劳动年龄人口受教育年限方法估计人力资本存量时共同面临的问题。

② 王小鲁和樊纲（2000）所谓的人力资本增长率指劳动力与平均受教育年限综合的人力资本增长率，不是平均受教育年限的增长率。

表 4-1　2000 年 15～60 岁人口的学历层次分布　　（单位：万人）

年龄组	合计	文盲半文盲	小学	初中	高中	大学
6 岁及以上	115 670	11 040	44 161	42 239	13 828	4 402
15～60 岁	83 725	4 577	24 741	36 949	13 294	4 164

第一步：计算 15～60 岁人口中的受教育年限。2000 年普查数据显示，6 岁及以上人口共 11.57 亿，其中文盲半文盲人口 1.10 亿，小学学历人口 4.42 亿，初中学历人口 4.22 亿，高中（含高中和中专）学历人口 1.38 亿，大学（含大专、本科、研究生）学历人口 0.44 亿。15 岁到 60 岁人口 8.37 亿，是 6 岁以上人口的 72.38%，其中文盲半文盲人口 0.46 亿，小学学历人口 2.47 亿，初中学历人口 3.69 亿，高中学历人口 1.33 亿，大学学历人口 4.16 亿。从 15～60 岁各层次受教育程度人口的比例来看，文盲半文盲占到 5.47%，小学人口占 29.55%，初中人口占 44.13%，高中占 15.87%，大学占 4.97%。

根据公式 $H_t = \sum (P_{it} \cdot Y_i)$，可初步得到 15～60 岁人口的总受教育年限为 707 135 万人·年。根据 $HY_t = H_t / \sum P_{it} = \sum (P_{it} \cdot Y_i) / \sum P_{it}$，可得平均受教育年限为 8.445 9 年。6 岁及以上人口的总受教育年限为 881 488 万人·年，平均受教育年限为 7.620 7 年。即将 6～14 岁人口和 60 岁以上人口剔除后，平均受教育年限上升了 0.82 年。

15～60 岁人口（包括 6 岁及以上人口）中还包括部分在校人口，他们并未从事生产经营活动，应当予以剔除。下面对这部分在校人口的受教育年限予以剔除。

第二步：计算应当剔除的在校学生的受教育年限总量。通常，一个人在 13 岁之前完成小学教育，不存在剔除问题。初中生的年龄通常在 12～16 岁，应考虑将 15～16 岁初中学历人口的受教育年限数量从第一步计算中扣除。进入高中的年龄通常在 16 岁以上。因此，高中及以上学历中的在校人员受教育年限应当从第一步中完全剔除。其他学历如特殊教育在这里忽略不计。

（1）剔除初中学历中在校学生的受教育年限数量。利用《中国 2000 年人口普查资料》的表 4-1，可以得到全部 6 岁及以上人口中初中学历人口的年龄别数量分布。如图 4-1 所示，可以看到 12～16 岁是初中人口最集中的年龄段；16 岁及以上，初中毕业人口数量趋于稳定，可以认为 16 岁以上人口已经基本完成初中教育。

进一步分析发现，16 岁及以下人口的初中学历人口达到 6 767.9 万人，如表 4-2 所示。中国统计年鉴 2008 年公布的初中在校学生数量为 6 167.6 万人，二者相差近 600 万人。这 600 万人口数大致为 16 岁初中学历人口的一半。因此，本书在估算时假定，15～16 岁初中学历人口中 16 岁人口中的一半、15 岁人口

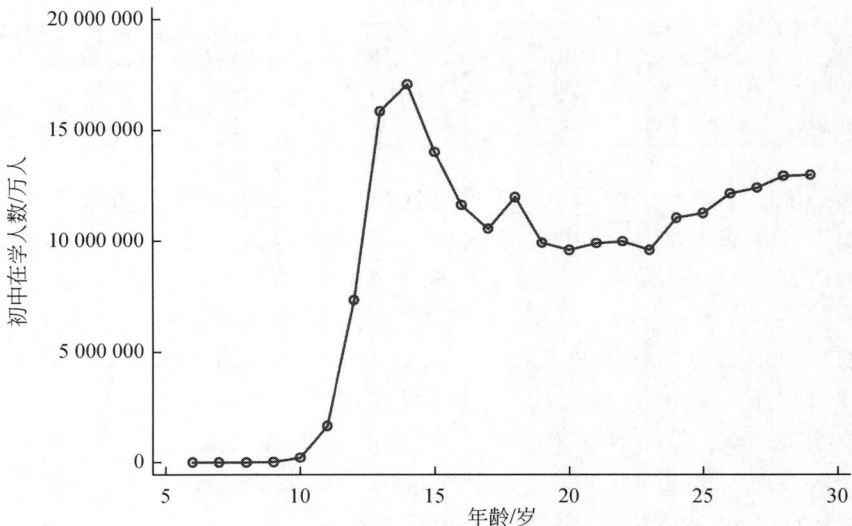

图 4-1　初中学历人口的年龄别（6～30 岁）数量分布

资料来源：《中国 2000 年人口普查资料》第一部分表 4-1 全国分学业完成情况、

性别、受教育程度的 6 岁及 6 岁以上人口

的全部均在学，从而使得 2000 年普查资料与 2008 年公布的数据能够基本一致。

表 4-2　16 岁及以下初中学历人口总数　　　　　　　（单位：人）

年龄/岁	12	13	14	15	16	人数合计
人数	7 325 850	15 849 277	17 055 819	13 969 552	11 599 335	67 678 787

资料来源：《中国 2000 年人口普查资料》第一部分表 4-1 全国分学业完成情况、性别、受教育程度的 6 岁及 6 岁以上人口

15～60 岁的受教育年限总量中多包含了这一部分人口的受教育年限数量，应当予以扣除。扣除的受教育年限人年数为

应扣除的初中在校生受教育年限量＝人数×年限赋值

$$= (13969552 + 0.5 \times 11599335) \times 9$$

$$= 177922975.5 \ (人·年)$$

（2）剔除高中学历中在校学生的受教育年限数量。这里的高中学历，包括了中专、职业学校和普通高中学历。在统计年鉴中直接表现为高中和职业中学的在校学生数。如表 4-3 所示，中国统计年鉴 2008 年数据显示，2000 年高中学历在校学生数为 1 704.5（高中 1201.3＋职业中学 503.2）万人。由于这些在学人员都达到了从业年龄，他们的受教育年限应当全部剔除。

表 4-3 各级各类学校在校学生数 （单位：万人）

年份	普通高校	普通中学	普通中学		职业中学	普通小学
			高中	初中		
2000	556.1	7 368.9	1 201.3	6 167.6	503.2	13 013.3

资料来源：《中国统计年鉴 2008》表 20-6 各级各类学校在校学生数

因此，应扣除的高中在校生受教育年限量＝人数×年限赋值

$$＝1704.5×12$$
$$＝20454（万人·年）$$

（3）剔除普通高校学历中在校学生的受教育年限数量。普通高校包括了大学专科、大学本科和研究生学历，但在历年的各级各类在校学生数统计中只提供了普通高校学生数这一笼统的统计。根据中国统计年鉴 2008 年数据，2000 年普通高等学校学历在校学生数为 556.1 万人。

因此，扣除的受教育年限人年数为

应扣除的高校在校生受教育年限量＝人数×年限赋值

$$＝556.1×16$$
$$＝8897.6（万人·年）$$

综上，应当剔除的在校生受教育年限量总和为三个学历层次在校生的总和，即 52 546.6 万人·年，要剔除的人数为 4 237.5 万人。因此，15～60 岁人口扣除在校人口后的受教育年限总额为 654 588.4 万人·年，扣除在校生后为 79 487.3 万人，平均受教育年限为 8.235 1 年，比未扣除前低了 0.210 8 年。

第四步：从理论上看，还需要扣除因肄业、辍学或其他而实际未完成的受教育年限。有一部分学历人口，他们可能因肄业、辍学或其他而实际上并未完成相应的学历，在计算受教育年限总量和平均受教育年限时需要考虑到。例如，2000 年人口普查 9.50% 抽样的长表数据显示，样本中有 2.44% 的人肄业，2.84% 的人辍学，0.21% 的人因其他未完成学业，三者合计比例达到 5.49%，总体上，随着学历层次由小学向研究生过渡，因肄业、辍学、其他而未完成学业的比例下降，如表 4-4 所示。

表 4-4 2000 年各类受教育程度人口学历完成情况比例分析

项目	合计	小学	初中	高中	中专	大学专科	大学本科	研究生
人数/人	98 512 322	41 979 534	39 207 202	9 115 877	3 830 247	2 881 792	1 409 713	87 957
在校/%	23.67	34.03	15.33	17.22	18.13	12.34	26.62	29.09
毕业/%	70.85	57.24	80.82	80.89	81.07	86.87	72.92	70.19

续表

项目	合计	小学	初中	高中	中专	大学专科	大学本科	研究生
肄业/%	2.44	3.67	1.86	1.05	0.47	0.46	0.29	0.31
辍学/%	2.84	4.69	1.90	0.76	0.20	0.08	0.05	0.05
其他/%	0.21	0.37	0.08	0.08	0.12	0.25	0.11	0.35
合计/%	100	100	100	100	100	100	100	100

资料来源：《中国 2000 年人口普查资料》第二部分表 3-1 全国分学业完成情况、性别、受教育程度的 6 岁及 6 岁以上人口。这是普查资料中的长表数据，按户进行抽样，抽样比为 9.50％由于四舍五入的原因，个别合计项总和不为 100％

如果假设上一步计算中余下的人口中有 5.49％的人口肄业（或辍学或其他原因没完成学业），那么可以粗略地得到一个应当扣除的受教育年限数量。这样，当前人口 79 487.3 中 5.49％应当扣除其未完成学制的受教育年限的一半。根据表 4-4，小学肄业所占比例为 8.73％、初中为 3.84％、高中和中专为 1.57％、大学（含大专、本科和研究生）为 0.68％，分别对应的肄业人口数为 2 159.9万人、1 342.9 万人、182.0 万人、24.5 万人[1]，如表 4-5 所示。

表 4-5　不同步骤下的受教育人口分学历层次分布　（单位：万人）

项目	合计	文盲半文盲	小学	初中	高中	大学
6 岁及以上人数	115 670	11 040	44 161	42 239	13 828	4 402
15～60 岁人数	83 725	4 577	24 741	36 949	13 294	4 164
扣除在校学生数	4 273.5	—	—	1 976.9	1 704.5	556.1
扣除在校后人数	79 487.5	4 577.0	24 741.0	34 972.1	11 589.5	3 607.9
应扣除的肄业等人口	3 709.3	—	2 159.9	1 342.9	182.0	24.5

所有未完成学业的辍学肄业人口的受教育年限减半扣除，即小学减 3 年，初中和高中分别减 1.5 年，大学减 2 年。因而，应当扣除受教育年限总数为 8 816.05万人·年，但从业年龄人口的数量依然保持 79 487.5 万人不变。因此，总受教育年限确定为 645 772.35 万人·年，平均受教育年限为 8.124 2 年[2]。

---

[1]　本书认为这些人没能完成学业，这其实是将 2000 年发生的情况推广到了所有的年份，在事实上会低估肄业的数量，因为以前年份的肄业、辍学比例会更高，尤其是"文化大革命"前后的肄业人数个别年份可能上千万。但同时还要注意，这些肄业或辍学的人可能会以别的形式再回到教育体系中，而统计中会忽略这一部分。

[2]　本书应用五普千分之一微观数据，利用最充分的信息估算出全国 15～60 岁劳动年龄人口的平均受教育年限为 8.040 7 年。但微观抽样数据对于全国数据而言不利于建立总受教育年限。因此，这里仍然利用宏观数据表的结果推算。

利用 2000 年的人力资本存量数据，参照王小鲁和樊纲的方法，本书估算了 1991～2007 年全国人力资本平均受教育年限。由于本书与王小鲁和樊纲（2000）在方法上是一致的。因此，本书将直接采用他们的研究成果。但本书利用了最新的 2000 年人口普查数据。因此，本书将对王小鲁和樊纲（2000）的估计结果进行调整，从而形成 1952～2007 年的全国人力资本存量数据。

3. 基于永续盘存法的全国平均受教育年限估计

根据王小鲁和樊纲（2000）的方法，在取得以 2000 年为基年的受教育年限总和后，可利用历年各层次教育的毕业生和招生人数、退休人数、不同年龄段的死亡率如表 4-6、表 4-7 所示，来推断历年的受教育年限总和及平均受教育年限，从而可得到 1952～2007 年的劳动年龄人口受教育年限总和、劳动年龄平均受教育年限。如果认为劳动年龄人口的受教育分布与从业人口相同，那么可以认为劳动年龄人口平均受教育年限等于从业人口的平均受教育年限，从而得到从业人口的受教育年限总和及平均受教育年限。

表 4-6　历年各层次教育的毕业人数和招生人数　　（单位：万人）

年份	普通高校		高中		初中		小学	
	毕业	招生	毕业	招生	毕业	招生	毕业	招生
1984	28.7	47.5	189.8	262.3	950.4	1 302.5	1 995.0	2 472.9
1985	31.6	61.9	196.6	257.5	998.3	1 349.4	1 999.9	2 298.2
1986	39.3	57.2	224.0	257.5	1 057.0	1 386.6	2 016.1	2 258.2
1987	53.2	61.7	246.8	255.2	1 117.3	1 394.3	2 043.0	2 094.6
1988	55.3	67.0	250.6	244.3	1 157.2	1 340.5	1 930.3	2 123.3
1989	57.6	59.7	243.2	242.1	1 134.3	1 309.4	1 857.1	2 151.5
1990	61.4	60.9	233.0	249.8	1 109.1	1 369.9	1 863.1	2 064.0
1991	61.4	62.0	222.9	243.1	1 085.5	1 411.3	1 896.7	2 072.7
1992	60.4	75.4	226.1	234.7	1 102.3	1 465.0	1 872.4	2 183.2
1993	57.1	92.4	231.7	228.3	1 134.2	1 479.0	1 841.9	2 353.5
1994	63.7	90.0	209.3	243.4	1 152.6	1 616.4	1 899.6	2 537.0
1995	80.5	92.6	201.6	273.6	1 227.4	1 752.3	1 961.5	2 531.8
1996	83.9	96.6	204.9	282.2	1 279.0	1 760.7	1 934.1	2 524.7
1997	82.9	100.0	221.7	322.5	1 442.4	1 805.6	1 960.1	2 462.0
1998	83.0	108.4	251.8	359.6	1 580.2	1 961.6	2 117.4	2 201.4
1999	84.8	159.7	262.9	396.3	1 589.8	2 149.7	2 313.7	2 029.5
2000	95.0	220.6	301.5	472.7	1 607.1	2 263.3	2 419.2	1 946.5
2001	103.6	268.3	340.5	558.0	1 707.0	2 257.9	2 396.9	1 944.2
2002	133.7	320.5	383.8	676.7	1 879.0	2 252.3	2 351.9	1 952.8

续表

年份	普通高校		高中		初中		小学	
	毕业	招生	毕业	招生	毕业	招生	毕业	招生
2003	187.7	382.2	458.1	752.1	1 995.6	2 195.3	2 267.9	1 829.4
2004	239.1	447.3	546.9	821.5	2 070.4	2 078.2	2 135.2	1 747.0
2005	306.8	504.5	661.6	877.7	2 106.5	1 976.5	2 019.5	1 671.7
2006	377.5	546.1	727.1	871.2	2 062.4	1 923.6	1 928.5	1 729.4
2007	447.8	565.9	788.3	840.2	1 956.8	1 863.7	1 870.2	1 736.1

资料来源：《新中国五十五年统计资料汇编》、2006～2008 年中国统计年鉴及部分省份统计年鉴和教育统计公报。2005～2007 年中专毕业人数和 2004～2007 年招生人数分别来自 2005～2007 年的全国教育事业发展统计公报

表 4-7　1990～2007 年退休年龄人口估算

年份	2000 年年龄/岁	2000 年底人数/人	2000 年死亡率/‰	估计退休人数/万人
1990	70	5 772 538	36.39	708
1991	69	6 145 712	31.56	727
1992	68	6 147 702	27.31	707
1993	67	6 979 855	23.77	784
1994	66	7 338 233	20.83	807
1995	65	7 514 329	20.08	810
1996	64	8 248 125	17.86	873
1997	63	8 128 275	15.56	847
1998	62	8 611 865	14.73	884
1999	61	7 574 442	13.03	767
2000	60	9 141 141	12.84	914
2001	59	8 925 171	10.81	881
2002	58	8 869 780	9.34	866
2003	57	8 821 540	8.63	853
2004	56	9 708 711	7.56	931
2005	55	10 045 173	7.23	956
2006	54	10 858 446	6.68	1 026
2007	53	11 737 540	5.88	1 102

资料来源：第 3 列数据中，1990～1995 年数据来自《中国 2000 年人口普查资料》表 6-4，1996～2007 年数据来自《中国 2000 年人口普查资料》表 4-1；第 4 列数据按照年龄对应于 2000 年普查时的各单岁组死亡率，来自《中国 2000 年人口普查资料》表 6-4

以 2000 年为基准年，其余年份的受教育年限总和及平均受教育年限为估计值。根据永续盘存法公式进行计算，其结果如表4-8 所示。第二、三列是当年各层次毕业人数中的就业人数及分类加总的受教育年限和，第四、五列是各层次教育中肄业人口数及分类加总的受教育年限和，第六、七列是根据 2000 年各年龄段的人口死亡率假定计算的各年的退休年龄人口数（以 60 岁为退休年龄），以及利用五普资料中 6 岁及以上人口各层次学历人口分布估算得到的受教育年限和。第八、九、十列为根据 2000 年 15～60 岁人口受教育年限估计推算的各年份劳动年龄人口、受教育年限总和及平均受教育年限。

表 4-8 1991～2007 年受教育年限总和及平均受教育年限估计

年份	毕业增加人数/万人	毕业增加受教育年限/（万人·年）	肄业辍学/万人	肄业受教育年限/（万人·年）	退休人数/万人	退休人口受教育年限/（万人·年）	劳动年龄人口/万人	劳动年龄人口总受教育年限/（万人·年）	平均受教育年限/年
1990	1 702.6	14 440.1	917.5	4 205.7	708.4	3 348.3	77 952.4	580 358.8	7.445 0
1991	1 465.5	12 897.5	683.5	3 420.1	809.6	3 826.7	78 029.0	587 244.9	7.526 0
1992	1 464.5	12 898.0	608.2	2 868.9	806.8	3 813.6	78 001.4	592 895.6	7.601 1
1993	1 355.4	12 256.9	510.7	2 770.3	783.8	3 704.5	78 050.9	599 111.1	7.675 9
1994	1 315.9	11 975.8	515.2	2 949.3	707.1	3 342.3	78 111.8	604 893.2	7.743 9
1995	1 333.3	12 320.2	455.6	2 628.2	726.4	3 435.0	78 205.4	610 576.9	7.807 4
1996	1 318.9	12 392.6	361.8	2 254.4	872.8	4 125.4	78 356.3	616 834.0	7.872 2
1997	1 437.0	13 540.6	315.4	1 970.1	846.7	4 211.1	78 440.6	622 846.8	7.940 4
1998	1 512.8	14 429.0	269.1	1 851.5	883.9	4 619.9	78 715.5	630 206.3	8.006 1
1999	1 421.3	13 575.5	241.8	1 769.0	767.3	4 198.1	79 075.1	638 164.0	8.070 4
2000	——	——		——		——	79 487.3	645 772.4	8.124 2
2001	1 459.7	13 674.4	413.2	2 580.5	881.1	5 191.1	79 652.7	651 675.0	8.181 5
2002	1 572.1	14 756.3	482.0	3 043.9	866.1	5 285.6	79 876.7	658 102.0	8.239 0
2003	1 701.2	16 270.1	509.3	3 204.0	853.4	5 303.6	80 215.2	665 864.5	8.301 0
2004	1 653.8	16 658.1	294.0	2 130.2	931.4	5 897.0	80 643.9	674 495.4	8.363 9
2005	1 702.7	17 913.9	184.6	1 474.2	956.1	6 177.8	81 205.9	684 756.8	8.432 3
2006	1 767.7	19 040.8	180.6	1 379.1	1 026.0	6 738.0	81 767.0	695 680.5	8.508 1
2007	1 860.9	20 327.7	228.1	1 473.8	1 101.7	7 262.5	82 298.2	707 271.9	8.594 0

资料来源：以 2000 年普查数据、全国单岁组死亡率 1999～2000 年数据及 1984～2007 年各学历层次的历年毕业和招生人数数据推算，数据分别来自《第五次人口普查资料》表 4-1 和表 6-4、《新中国五十五年统计资料汇编》、2006～2008 年中国统计年鉴和部分省份统计年鉴及教育统计公报

通过比较本书估计的 1990～1999 年的平均受教育年限与王小鲁和樊纲（2000）相应年份估计结果，发现二者的差异基本上保持在 2 百分点以内，说明二者之间具有较好的衔接性。由于本书对 2000 年人力资本估计有着较为清晰的说明，将采用王小鲁和樊纲（2000）对 1952～1990 年平均受教育年限的估计结果结合本书中推算的 1991～2007 年的估计结果作为 1952～2007 年人力资本水平的估计值。数据结果详见附表 2-1。

对于 1952～2007 年 15～60 岁人口的人力资本数据，平均受教育年限从 1952 年的 2.680 6 年上升到 1978 年的 5.116 4 年，再上升到 2007 年的 8.594 0 年，平均受教育年限实现了较大的增长。目前全国平均受教育年限接近于 9 年，这说明平均的学历水平与初中毕业水平相比还略有距离。由于新中国成立初期出现了平均受教育年限负增长的情况，这里采用算术平均法来计算人力资本的增长率，发现 1952～2007 年总平均增长率为 2.18%，其中改革开放之前（1952～1977 年）人力资本的算术平均增长率为 2.45%，改革开放之后（1979～2007 年）增长率为 1.96%。这一结果明显高于陈宗胜和黎德福（2007）估计的年均增长率。他们认为人力资本积累的速度，改革开放前（1952～1978 年）是年均 1.65%，而改革开放后（1978～2004 年）只有 1.33%。

对比 Wang 和 Yao（2003）对 1952～1999 年平均受教育年限的估计结果，本书采信的数据相对较高，年度总平均值高出 1.80 年左右，如图 4-2 所示。Wang 和 Yao（2003）结果较低的原因主要有两个：一是他们借用了 Barro 和 Lee（2000）研究中印度各层次受教育人口的结构，作为估计中国 1952 年平均受教育年限的基础，使得估计的初值严重偏低。这是最主要的原因。二是本书中设定大学的平均受教育年限为 16 年，他们设定为 14.5 年。这一差异主要影响到改革开放以后中国平均受教育年限的估计，因为之前的大学生数量太少，不会产生显著影响。这一点从数据观察可以得到。如图 4-2 所示，1980 年之前两者之间保持了相对平稳的差距，但 1980 年之后，这一差异有逐渐扩大的趋势。

从增长率来看，Wang 和 Yao（2003）估计的 1952～1999 年的算术平均增长率为 4.08%，其中 1952～1977 年的增长率为 5.30%，1978～1999 年的平均增长率为 2.69%，均高于本书。但基本的模式，即改革开放前平均受教育年限提高速度快于改革开放后这一事实没有改变。

王金营（2001）对 1978 年的估计值高出本书 0.56 年，但到 1980 年时仅高出 0.09 年，其后本书的估计值一致地高于他的结果，到 1998 年时高出 0.30 年，整个时期（1978～1998 年）平均来看，高出 0.15 年左右。总体上，本书结果与王金营的基本一致。

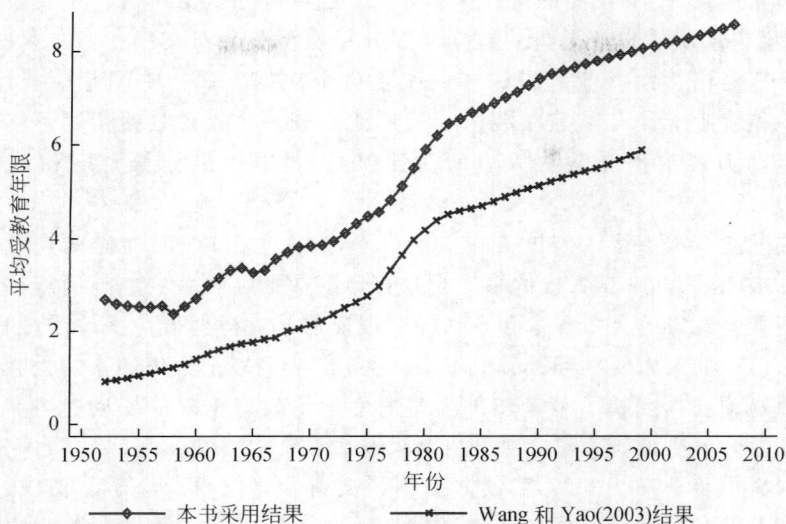

图 4-2　1952 年以来全国平均受教育年限估计结果比较

资料来源：本书采用结果为王小鲁和樊纲（2000）研究 1952~1990 年的估计数据及本书中推算的
1991~2007 年的估计结果。Wang 和 Yao（2003）数据直接摘录自该文献附表，以万人为单位

　　本书采用的数据以人口普查数据为基础计算，具有较强的可信性。对比
1982 年、1990 年、2000 年三次人口普查基础数据中的平均受教育年限估计，
Wang 和 Yao（2003）的估计存在严重偏低的风险。

二　各省平均受教育年限估计

　　与各省的物质资本存量的估算一样，各省人力资本的估算区间选定为 1978~
2007 年。从掌握的文献来看，陈钊等（2004）利用回归拟合方法估算了 1987~
2001 年各省的平均受教育年限数据，吴兵和王铮（2004）认为各个地区的人力资
本投入等于该地区人均产出除以产业工人的平均工资，从而估算了 1996~1999 年
平均的人力资本投资水平及地区差异。沈坤荣和田源（2005）利用 1996~2000 年
大专以上学历人口数作为人力资本代理变量。也就是说，当前研究的估计区间最
长的覆盖了 15 年左右。

　　造成这种结果的主要原因在于数据不可得。1978 年以来，1982 年、1990
年、2000 年开展了人口普查，1987 年、1995 年、2005 年开展了 1%人口抽样调
查（又称小普查）①，1996~1999 年、2002~2004 年、2006~2007 年开展了 1‰

---

　　①　小普查的抽样比依次为 0.999%，1.040%，1.325%。

人口变动抽样调查①。从中国统计年鉴公布的这些年份的数据看，主要公布的是6岁及以上各层次受教育人口的数据，部分年份没有公布文盲和半文盲的资料。在与本书直接相关的就业人口的各层次受教育数据方面，中国劳动统计年鉴、中国人口和就业统计年鉴等在数据上的连续性较差，或者数据精度不够（如只公布了劳动力各层次受教育人口所占比例），难以提供较长时期和较可信的估计。

有鉴于此，本书将以人口普查、人口小普查、人口变动抽样调查数据为基础来估算1978~2007年各省的平均受教育年限数据，然后将之与历年的从业人口数据相乘得各省的人力资本存量估计。很显然，这样会低估平均受教育年限，从而低估各省的人力资本存量。但本书认为，6岁及以上人口的平均受教育年限在历年的变动基本反映了劳动年龄人口的平均受教育年限的变动趋势，利用这个估计结果开展实证研究不会对分析结果造成显著的影响。

数据显示，1996~2007年数据提供了文盲和半文盲、小学、初中、高中、大专及以上五个受教育层次的人口数据。因此，可以很方便地利用公式 $HY_t = H_t / \sum P_{it} = \sum (P_{it} \cdot Y_i) / \sum P_{it}$ 得到这些年份的平均受教育年限。但1987年人口抽样调查数据缺乏文盲和半文盲数据，本书利用当年各省份总人口及人口年龄结构数据推算了6岁及以上人口的总数据，并利用其余受教育层次的人口数据对此进行推断，得到了1987年文盲和半文盲人口数据。由此得到了1982年、1987年、1990年、1996~2007年的平均受教育年限数据。

总体来看，历年的平均受教育年限水平是稳步上升的。1982年、1990年、2000年的数据结果是相对准确的。更进一步的数据观察发现，以这些数据为基础估算的结果在不同的省份间有差异，而且在年度间存在着不稳定性，尤其是1987年数据质量存在着明显的问题。因此，本书将不采信1987年数据结果。直接利用第四次人口普查微观数据估算了各省结果，发现1990年西藏自治区数据为1.520 4年，与1982年的1.791 0年相比，严重偏低，不能采信。因此，西藏自治区的数据主要利用1982年、1996~2007年数据进行了线性推算。

1996~2007年各省估计值的散点图显示，每个省平均受教育年限的估计值不完全稳定，个别年份出现了低于甚至大大低于邻近年份受教育年限水平的情况。本书采用对估计结果直接观察的方式对结果予以调整。以天津市为例，天津市1987年的平均受教育年限为7年左右，低于1982年水平，显然这个结果是不可接受的。同时，1996年、1998年及2004年估计值波动过大，这样的结果与教育年限增长的稳定性和连续性属性不符。因此，本书认为1987年、1996

---

① 各年人口变动抽样比略有差异，依次为1.028‰，1.016‰，1.010‰，0.976‰，0.988‰，0.982‰，0.966‰，0.907‰，0.900‰。

年、1998 年、2004 年的估算结果有偏，对后三年的估算结果利用前后年份的估算值进行调整。例如，2004 年估计值取 2003 年和 2005 年的平均值，1998 年取1997 年和 1999 年的平均值，随后认为 1996～1998 年教育年限稳定提高，即1997 年是 1996 年和 1998 年的平均值，从而倒推出 1996 年的受教育年限。其他省份的受教育年限根据直接的数据观察，参照天津的做法进行调整。由此得到最新的结果。如图 4-3 所示，以天津市为例，展示了估算调整前后平均受教育年限估计结果之间的关系。

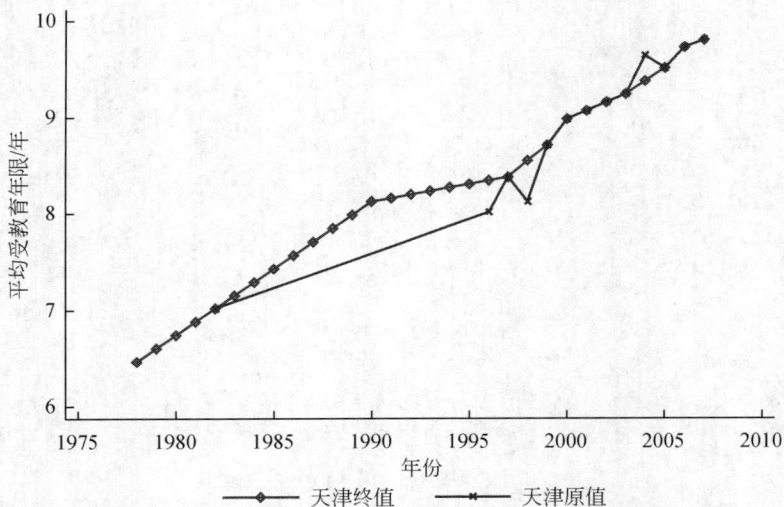

图 4-3　天津市平均受教育年限基础数据与估算结果（1978～2007 年）

　　一般而言，平均受教育年限的增长是连续而稳定的。因此，可以认为 1978～2007 年各省的平均受教育年限的增长趋势相对稳定。由于已经给出了 1982 年、1990 年、1996～2007 年估算的基准值，对于 1978～1981 年、1983～1989 年、1991～1995 年数据，本书采用线性内插法来获得历年的平均受教育年限数据。这种方法虽然是一种简化处理，但在当前数据资料可得性不强的条件下，也是尝试建立改革开放以来中国各省人力资本数据的一种最简洁的方法。而且，由于平均受教育年限的增长具有稳定持续的趋势，这种简化具有合理性，得到的估计结果也具有较好的可信度。

　　据此得到 1978～2007 年各省的平均受教育年限数据。其中，重庆市存在数据缺失情况。通过考察四川省 1978～2007 年平均受教育年限增长变动情况，以及重庆市 1990 年、1997～2007 年的平均受教育年限与四川省数据的关系，本书估算了重庆市 1978～2007 年的平均受教育年限值。

表 4-9 列出了对代表性年份全国以及各省市 6 岁及以上人口的平均受教育年限的估计结果。

表 4-9　代表性年份各省市平均受教育年限估计　　　（单位：年）

省份	1978 年	1982 年	1990 年	1995 年	2000 年	2005 年	2007 年
北京	7.129 4	7.718 6	8.897 0	9.462 2	9.987 3	10.685 8	11.085 3
天津	6.462 7	7.016 1	8.123 0	8.303 4	8.985 1	9.512 9	9.807 7
河北	5.160 3	5.532 3	6.276 2	6.784 4	7.739 7	8.487 5	8.702 0
山西	5.590 2	5.954 0	6.681 7	7.416 7	8.022 0	8.539 9	8.778 3
内蒙古	4.662 3	5.345 6	6.712 1	7.049 7	7.759 2	8.223 4	8.356 8
辽宁	6.206 7	6.592 3	7.363 5	7.767 2	8.409 6	8.880 6	8.987 0
吉林	5.747 5	6.170 0	7.015 0	7.631 8	8.239 7	8.895 8	9.089 0
黑龙江	5.582 9	6.087 5	7.096 7	7.627 8	8.250 1	8.511 9	8.697 4
上海	7.281 4	7.617 3	8.289 1	8.887 2	9.301 5	10.275 4	10.454 6
江苏	4.610 3	5.204 5	6.393 0	6.911 8	7.853 3	8.267 4	8.433 1
浙江	4.713 6	5.180 9	6.115 7	6.608 4	7.463 0	8.005 5	8.105 7
安徽	3.414 9	4.078 2	5.405 0	6.147 6	6.983 7	8.116 6	8.569 7
福建	4.044 7	4.714 3	6.053 5	6.247 3	7.490 2	7.679 9	7.746 8
江西	4.226 4	4.933 3	6.347 0	6.505 4	7.551 6	8.166 4	8.246 7
山东	4.223 5	4.880 8	6.195 2	6.383 7	7.583 1	8.018 8	8.225 5
河南	4.359 2	4.997 8	6.275 0	6.756 6	7.719 3	8.131 8	8.296 8
湖北	4.845 0	5.429 8	6.599 5	6.885 5	7.765 1	8.177 1	8.423 4
湖南	5.112 6	5.608 0	6.598 8	6.880 8	7.797 7	8.244 7	8.419 7
广东	5.207 0	5.710 8	6.718 6	7.279 9	8.074 6	8.365 0	8.680 2
广西	4.952 4	5.363 0	6.184 1	6.611 5	7.571 3	8.024 9	8.032 5
海南	4.689 4	5.363 0	6.710 2	7.068 7	7.675 7	8.621 7	9.052 9
重庆	4.337 9	5.050 9	6.476 9	6.876 2	7.275 6	7.932 0	8.194 6
四川	4.267 0	4.850 9	6.018 8	6.360 5	7.064 8	7.649 9	7.883 9
贵州	3.224 8	3.701 1	4.653 9	5.514 4	6.148 3	7.074 6	7.260 4
云南	2.973 1	3.586 4	4.813 0	5.484 0	6.334 4	6.607 9	6.785 1

续表

省份	1978 年	1982 年	1990 年	1995 年	2000 年	2005 年	2007 年
西藏	1.469 1	1.791 0	2.434 7	2.837 0	3.429 6	4.278 2	4.617 7
陕西	4.927 6	5.365 2	6.240 4	6.718 0	7.712 2	8.236 4	8.400 4
甘肃	3.577 8	4.041 7	4.969 4	5.603 1	6.539 3	7.369 8	7.702 0
青海	3.923 0	4.138 7	4.570 1	4.843 9	6.115 7	6.897 3	7.178 7
宁夏	4.003 6	4.362 0	5.078 7	6.267 1	7.031 4	7.374 9	7.822 0
新疆	4.554 5	5.223 3	6.560 8	7.105 0	7.727 1	8.594 0	8.811 7
全国 *	4.658 6	5.202 7	6.291 0	6.710 0	7.620 7	7.830 8	8.186 0
全国 **	5.116 4	6.459 7	7.429 7	7.807 4	8.124 2	8.432 3	8.594 0

　　资料来源：各省市及全国*的受教育年限数据由本书根据 1982 年、1990 年、1996～2000 年、2002～2007 年等的数据推算。其中，全国** 数据来自王小鲁和樊纲（2000）估计及本书推算数据

　　数据显示，北京、上海、天津三大直辖市的平均受教育年限最高，1978 年以来一直高于其他省份的水平。到 1978 年他们的平均受教育年限水平都超过了 6 年，达到了小学毕业的水平，高于全国平均的 4.658 6 年；到 2007 年三者分别达到 11.085 3 年、10.454 6 年和 9.807 7 年，高于全国的 8.186 0 年。他们的平均受教育年限若转换成学历，则介于初中毕业到高中毕业之间，北京市大致相当于高二的学历水平，天津市则相当于略低于高一的学历水平。

　　同时，西藏自治区、云南省、贵州省、甘肃省、青海省等的平均受教育年限较低，1978 年他们的平均水平低于 4 年；其中，西藏自治区只有 1.469 1 年，云南省只有 2.973 1 年，远低于全国平均水平 4.658 6 年。2007 年西藏自治区的平均受教育年限水平只有 4.617 7 年，平均来看还不及小学学历水平，不到全国平均受教育年限的六成。到 2007 年，其他省市都达到了 6 年以上的平均受教育年限，只有个别省市的平均受教育年限水平达到 9 年以上，即相当于初中毕业的学历。

　　对比 15～60 岁人口的平均受教育年限估计与 6 岁及以上人口的平均受教育年限估计，后者由于包括了未完成学业的人口及 60 岁以上人口，估计值要低于劳动年龄人口的受教育水平。在 1978 年后者水平只有前者 91％的水平，1990 年只有 84.7％，2000 年上升到 93.8％，到 2007 年上升到 95.3％。

　　也就是说，用 6 岁及以上人口的平均受教育年限来代替劳动年龄人口的平均受教育年限，随着年份推移，二者之间的差异越来越小。因此，二者之间具有较好的可替代性，即用 6 岁以上人口的平均受教育年限来替代劳动年龄人口的受教育年限具有一定的可信度。

三 全国和各省从业人口数据及调整

如前所述，人力资本区别于物质资本的一个重要特征就是人力资本依附于每一个个体。如果与生产和服务活动结合起来，本书中的人力资本指的是劳动力人口。在中国统计年鉴中，通常将这一指标称为就业人员。根据《中国统计年鉴 2008》的解释，就业人员是指在 16 周岁及以上，从事一定社会劳动并取得劳动报酬或经营收入的人员。这个指标反映了一定时期内全部劳动力资源的实际利用情况，不包括经济活动人口中的失业人员。这个指标就是文献中通常提及的普通劳动力，或称从业人员。

本书所需的全国及各省的从业人员数据可以从《新中国五十五年统计资料汇编》、中国统计年鉴及各省市近几年的统计年鉴中获得。遗憾的是，从业人员数据的可靠性存在一定的问题。因此，需要进行调整。

（一）全国从业人口数据及调整

自 1953 年以来，全国从业人员总数增长很不规律，期间三年困难时期和"文化大革命"的影响、计划生育与人口高峰期带来的冲击，导致个别年份出现了从业人数负增长或大变动。如图 4-4 所示，新增就业人员变动的数据表明，1972～1979 年，从业人数增长量从 1971 年的 1 188 万人下降到 234 万人，其后年份的从业人员增长量始终介乎 500 万～900 万人，直到 1980 年从业人数年增长量才恢复到 1 337 万人，随后各年增长量均保持了较高水平，直到 1990 年从业人员增长量突然上升到 9 420 万人。数据显示，1990 年从业人数达到了 64 749 万人，比 1989 年的 55 329 万人增长了 9 420 万人。根据中国统计年鉴的说明，这主要是统计口径变化造成的，宋国青（1999）、王小鲁和樊纲（2000）、王金营（2001）、雷钦礼（2002）、谭永生（2007）等注意到了这一异常变动并提出了各自的处理办法，帕金斯（2005）注意到了这一事实，但在研究中没有对此做出调整。大多数研究则基本忽视了这一变化。

对于 1990 年的从业人口异常，宋国青（1999）采用年均劳动力增长速度 2.2% 来调整，这是一种最简单直接的估算。王小鲁和樊纲（2000）认为从业人数增量出现异常变化始于 1972 年，在统计上的显著变化出现在 1990 年，但具体是什么原因还不清楚。因此，他们利用劳动年龄人口结构变动关系对 1972～1989 年的从业人员漏报进行了调整。

与他们的处理不同，王金营（2001）、谭永生（2007）分别对 1978～1998 年、1978～1989 年的从业人数进行了调整。王金营（2001）认为统计年鉴中的从业人员数据与 1982 年、1990 年人口普查资料中的数据不一致且误差较大，直

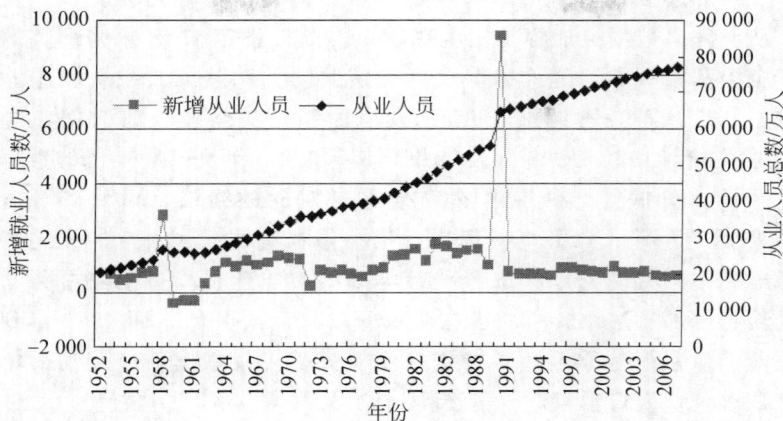

图 4-4　中国从业人员数据变动（1952～2007 年）
资料来源：从业人员数据来自《新中国五十五年统计资料汇编》及《中国统计年鉴 2008》，
历年新增从业人员数据为当年数减上年数

接使用年鉴数据可能会低估劳动力投入。因此，他利用人口普查资料和抽样调查资料的相应数据重新估计了 1978～1998 年的劳动力投入数据。数据显示，1978～1989 年的估计数据与年鉴数据存在着较大差异，而 1990～1998 年的数据比较接近。

谭永生（2007）指出，全国就业人员数据在 1990 年以前是按照传统的统计方法计算的，即将城镇单位就业人员、城镇个体就业人员和农村就业人员三部分相加得到。城镇单位变动频繁造成漏统越来越多；城镇个体在工商部门登记的从业人数，存在着不准确的情况；农村劳动力流动规模越来越大，这都造成从业人口统计误差越来越大。国家统计局利用有关年份的人口普查资料修正了 1990 年以来的从业人口数据，但以前年份的没有进行调整。因此，谭永生仅针对 1978～1989 年的数据，利用总人口与从业人口变动的线性关系进行调整，处理方式与雷钦礼（2002）利用年度总人口乘以 0.56 来估算当年的从业人口有相似之处。

王金营（2001）、谭永生（2007）仅关注 1978 年改革开放以来增长的问题。因此，他们调整从业人口数据的起始年份都设定为 1978 年，雷钦礼（2002）则没有说明调整的起始年限。

可见，针对从业人口数据在 1990 年出现统计异常的问题的处理方法各有不同，而且这些处理都是针对全国数据的。对全国各省数据的综合性研究（指多个省份放在一起的研究）起始年限通常设定为 1978 年，但目前还没有人对各省从业人口数据加以调整。

本书认为，中国的从业人口数据调整可以考虑以 1978 年为调整的初始年限，调整的期间设定为 1978～1989 年，其余年份的数据不予调整。首先，1978

年是改革开放的起点，对于全国和各省的数据而言，随着社会转型和人口流动性增强，从业人口数据更加容易发生变动。因此，设定 1978 年为调整的起始年份，对于全国和各省的研究而言，可以确定共同的调整方式，从操作上来说也较为方便。其次，不考虑调整 1990 年及以后年份的从业人口数据，这是因为 1990 年之后的统计口径相对稳定。如果要调整 1990 年及以后年份的数据，必须要回答这个调整到底要延续到什么时候算是对此的终结。因此，不必再调整 1990 年及以后的从业人口数据。最后，王小鲁和樊纲（2000）的假定有其合理性，但考虑到中国劳动力迁移或劳动参与率的实质性提高在于农村劳动力向非农产业的转移，那么这个转移应当在改革开放之后才开始，而 1972 年到改革开放之前就业人口紧缩的原因还需要进一步探讨，仅仅根据新增劳动力年龄人口的数量来调整就业人口数量同样需要探讨。

本书采用 logistic 方法来调整，假定 1978～1990 年的从业人口增长符合 logistic 函数的增长模式，即

$$L_t = \frac{a}{1 + be^{-wt}}$$

其中，L_t 为第 t 年的从业人员数；w 为历年的从业人口的 logistic 增长率；a，b 为模型待定参数。

鉴于没有办法得到从业人员数的最大值和最小值及其对应的年限，无法求得参数 b。本书通过数据模拟方法来确定参数 b：通过假定 $b=1$，2，3，4，甚至于 $b=10$，发现估计结果没有大的差异，但 b 值越大，logistic 曲线在初始段的斜率越小，后期斜率增大。但 $b=5$ 和 $b=10$ 乃至 $b=1000$ 不存在显著差异。因此，这里取 $b=5$，这样可以体现出劳动力增长随着改革开放进程而快速增加的情况，即

$$L_t = \frac{a}{1 + 5e^{-wt}}$$

由于假定 1990 年数据是从业人口得到准确统计的开始。因此，以 1990 年为基年[①]，可以得到

$$L_{1990} = \frac{a}{1 + 5e^{-w \times 0}} = \frac{a}{6}$$

对于 1978 年，同理可得

$$L_{1978} = \frac{a}{1 + 5e^{12w}}$$

因此，可以得到 a 和 w 的估计值，并构建全国及各省在 1979～1989 年的从

[①] 以 1990 年为基年的另一个重要原因在于，我们认为随着改革开放的进行，劳动力转移的速度逐渐加快，因此随着年份的增加，新增劳动力的数量是不断增加的。如果以 1978 年为基年进行计算，新增劳动力数量是逐年递减的，显然与中国农村人口大量迁移的事实不符。

业人口数据。

　　本书采用 logistic 方程调整从业人口数据具有另一个优点：便于数据的继承及与后续研究的衔接，即 1978 年之前和 1990 年之后的数据都可以与估算数据顺利衔接。这与王金营（2001）、谭永生（2007）的处理方法有着明显的区别。他们的做法孤立了 1978 年之前与之后的统计数据，对于希望将从业人口数据延伸到 1978 年之前的研究而言，不具有文献上的延续性，不利于后续研究。如图4-5所示，本书对估算前后的数据进行了对比，同时也与王金营（2001）结果进行了对比。

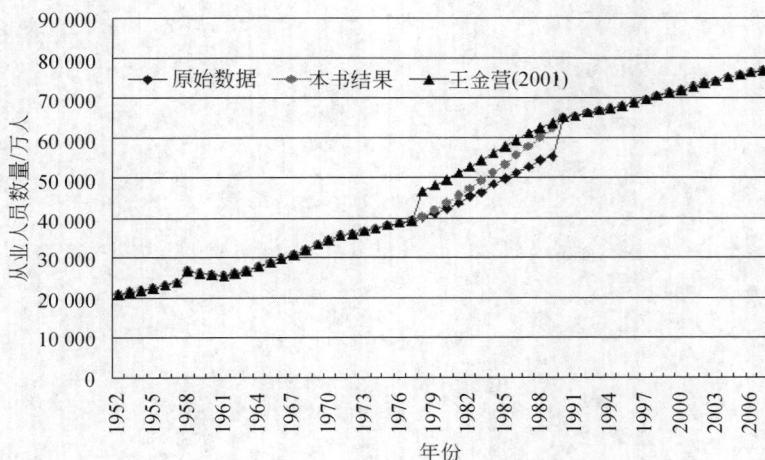

图 4-5　中国从业人员数据估计结果及原始数据（1952～2007 年）

　　与王金营（2001）、谭永生（2007）等的研究进行比较，本书的估算结果在1978～1990 年的劳动力数据结果较低，但随着年份推移，估算数越来越接近于他们的估计结果，这是因为他们的估计基本上是以 1990～1998 年的数据外推得到的。

　　如表 4-10 所示，通过对比估计结果与全国历年人口数据可以看到，从业人口数量不断增加，从 1952 年的 20 729 万上升到 2007 年的 76 990 万，占总人口的比例从 36.10% 上升到 58.27%，整个期间从业人口的几何平均增长率为 2.41%，比同期的人口增长率 1.52% 高出 0.89 百分点。其中，1978 年从业人口估计值为 40 152 万，占总人口的 41.71%，比 1952 年上升了 5.61 百分点，1952～1977 年从业人口几何平均增长率为 2.60%，比同期的人口增长率 2.03% 高出 0.57 百分点；1978～2007 年从业人口几何平均增长率为 2.19%，比同期的人口增长率 1.06% 高出 1.13 百分点。

表 4-10　从业劳动力增长率和从业人口占总人口比率（1952～2007 年）

年份	从业人口/ 万人	从业人口 增长率/%	总人口/ 万人	从业人口占 总人口比例/%	年份	从业人口/ 万人	从业人口 增长率/%	总人口/ 万人	从业人口占 总人口比例/%
1952	20 729	—	57 482	36.10	1980	43 581	4.17	98 705	44.15
1953	21 364	3.06	58 796	36.34	1981	45 390	4.15	100 072	45.36
1954	21 832	2.19	60 266	36.23	1982	47 263	4.13	101 654	46.49
1955	22 328	2.27	61 465	36.33	1983	49 203	4.10	103 008	47.77
1956	23 018	3.09	62 828	36.64	1984	51 211	4.08	104 357	49.07
1957	23 771	3.27	64 653	36.77	1985	53 287	4.05	105 851	50.34
1958	26 600	11.90	65 994	40.31	1986	55 434	4.03	107 507	51.56
1959	26 173	−1.61	67 207	38.94	1987	57 652	4.00	109 300	52.75
1960	25 880	−1.12	66 207	39.09	1988	59 944	3.97	111 026	53.99
1961	25 590	−1.12	65 859	38.86	1989	62 309	3.95	112 704	55.29
1962	25 910	1.25	67 295	38.50	1990	64 749	3.92	114 333	56.63
1963	26 640	2.82	69 172	38.51	1991	65 491	1.15	115 823	56.54
1964	27 736	4.11	70 499	39.34	1992	66 152	1.01	117 171	56.46
1965	28 670	3.37	72 538	39.52	1993	66 808	0.99	118 517	56.37
1966	29 805	3.96	74 542	39.98	1994	67 455	0.97	119 850	56.28
1967	30 814	3.39	76 368	40.35	1995	68 065	0.90	121 121	56.20
1968	31 915	3.57	78 534	40.64	1996	68 950	1.30	122 389	56.34
1969	33 225	4.10	80 671	41.19	1997	69 820	1.26	123 626	56.48
1970	34 432	3.63	82 992	41.49	1998	70 637	1.17	124 761	56.62
1971	35 620	3.45	85 229	41.79	1999	71 394	1.07	125 786	56.76
1972	35 854	0.66	87 177	41.13	2000	72 085	0.97	126 743	56.87
1973	36 652	2.23	89 211	41.08	2001	73 025	1.30	127 627	57.22
1974	37 369	1.96	90 859	41.13	2002	73 740	0.98	128 453	57.41
1975	38 168	2.14	92 420	41.30	2003	74 432	0.94	129 227	57.60
1976	38 834	1.74	93 717	41.44	2004	75 200	1.03	129 988	57.85
1977	39 377	1.40	94 974	41.46	2005	75 825	0.83	130 756	57.99
1978	40 152	1.97	96 259	41.71	2006	76 400	0.76	131 448	58.12
1979	41 836	4.19	97 542	42.89	2007	76 990	0.77	132 129	58.27

　　对比全国人力资本（平均受教育年限）增长情况，1952～2007 年人力资本增长速度比从业人口增长速度大约低出 0.23 百分点，但比同期人口增长率高出 1.12 百分点。因此，中国明显地经历了一个劳动参与率逐年提升、劳动力素质不断提升的过程。

（二）各省从业人口数据及调整

对于各省的从业人员数据，并非每个省市的统计数据与国家统计口径的变动都保持了一致，部分省市的从业人员保持了相对平稳的增长（如广东省、广西壮族自治区、浙江省等），只有一部分省份出现了与国家相似的从业人员"跃迁"，1990 年比 1989 年有大幅增长，或者在之后年份（如 1995 年）出现大幅增长，如图 4-6 所示。

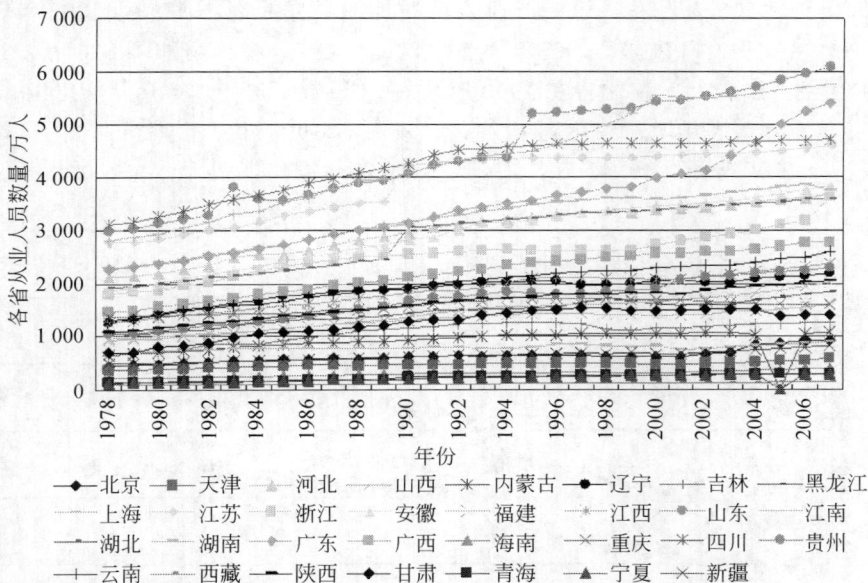

图 4-6　各省（直辖市、自治区）从业人员原始数据历年变动（1978～2007 年）

为了甄别从业人员是否发生异常变动，以当年从业人口增长率是否超过某个水平，以及从业人口增长数量是否超过 100 万为标准来筛选有关省份。数据结果显示，北京市 2004 年、江苏省 1990 年、浙江省 2007 年、山东省 1983 年和 1995 年、湖北省 1990 年、甘肃省 1980 年和 1982 年、青海省 1990 年出现了较为明显的波动。

北京市 2004 年从业人员为 854.1 万，上年增长率为 21.44%，当年增长率达到了 150.80%，是一个异常值，其原因可能在于当年数据根据经济普查结果做了调整，同时调整的还包括地区生产总值。因此，在本书中对此不做调整。浙江省数据仅限于 2007 年的变动，由于其 2007 年从业人口基数达到 3 615 万，增长率仅为 13.96%。因此，不考虑调整当年从业人员数。甘肃省的数据在改革开放的早期出现了大的波动，1980 年从业人员达到 796 万，较 1979 年增加了 83 万，增长率为 11.64%；1983 年从业人员达到 994 万，较 1982 年增加了 123.8

万，增长率为 14.23%。鉴于增长量和增长率不算太高，因此对甘肃省数据不予调整。

如图 4-7 所示，江苏省在 1990 年调整了从业人口数据，1990 年有 4 225 万从业人员，比 1989 年增加了 705 万，当年增长率达到了 20%。山东省在 1983 年从业人员数据达到 3 795 万，较 1982 年高出 525 万，较 1984 年高出 231 万，明显高于后两年的从业人员数据。《山东统计年鉴 2008》的数据表明，这主要是第一产业从业人员数据较上一年陡增了 430 万，而 1984 年第一产业从业人员数据又回落到 2 500 万左右，第一产业人员增加的具体原因不明。到 1995 年，山东省调整了从业人口数据，1995 年为 5 207 万，比 1994 年增加了 825 万，当年增长率接近 18.83%。湖北省在 1990 年 从业人员数量达到 3 040 万，比 1989 年增加了 608 万，当年增长率达到了 25%。青海省 1990 年从业人员达到了 241.3 万，较 1989 年增长了 40.42 万，增长率达到 20.13%。

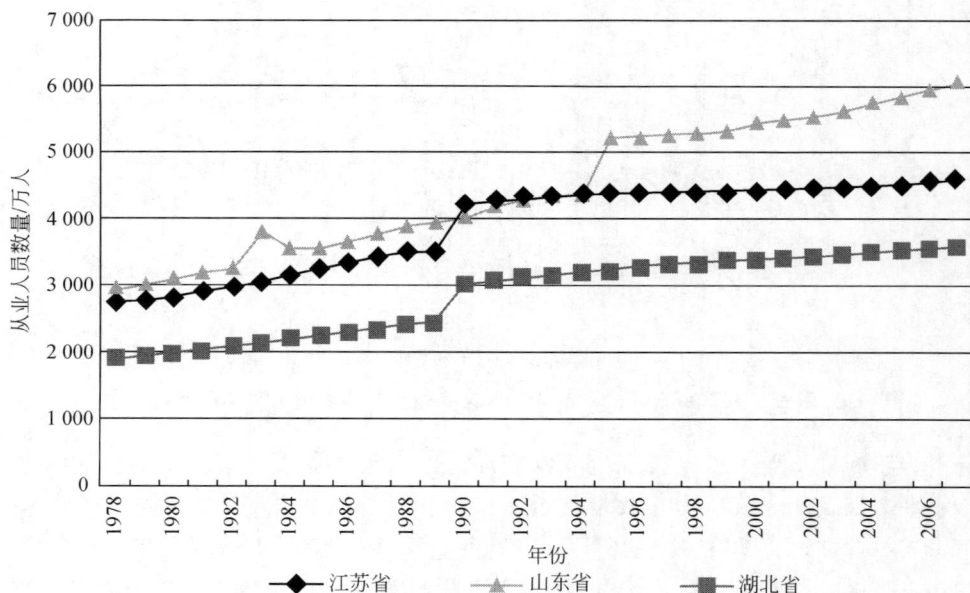

图 4-7　江苏省、山东省和湖北省从业人员原始数据历年变动情况（1978～2007 年）

江苏省、山东省、湖北省、青海省 4 个省的异常年份的从业人员年增长率均在 20% 左右，具体变动状况如图 4-8 所示（青海省从业人口绝对数量较小，在图 4-8 中不易展示，因此在制图中忽略，后同）。本书认为有关人员根据 1990 年人口普查资料或国家统计局新的从业人员统计资料调整了从业人员数据。因此，本书将对这些省市的数据予以调整。调整办法参照全国从业人员数据调整办法，基年统一定为 1978 年，调整期则截止到异常发生年份，其余年份采用统计年鉴数据，调整结果如图 4-8 所示。

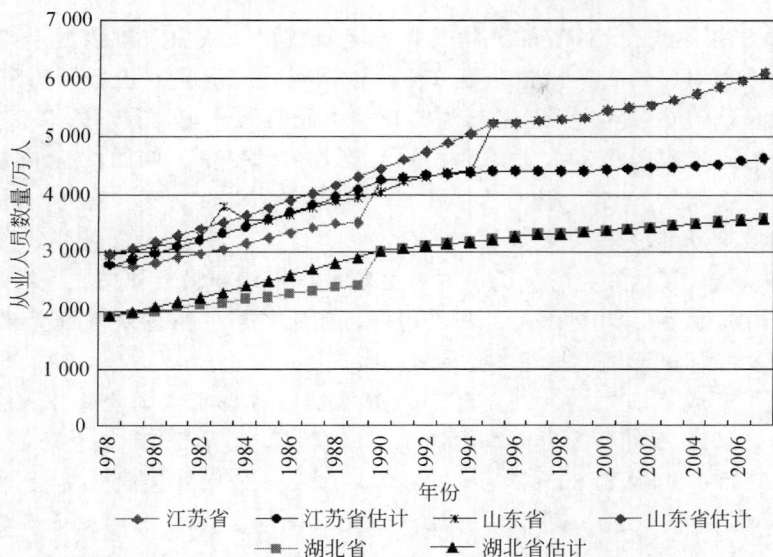

图 4-8　部分省从业人员调整结果（1978～2007 年）

由此得到调整后各省 1978～2007 年的从业人员数据，如图 4-9 所示。

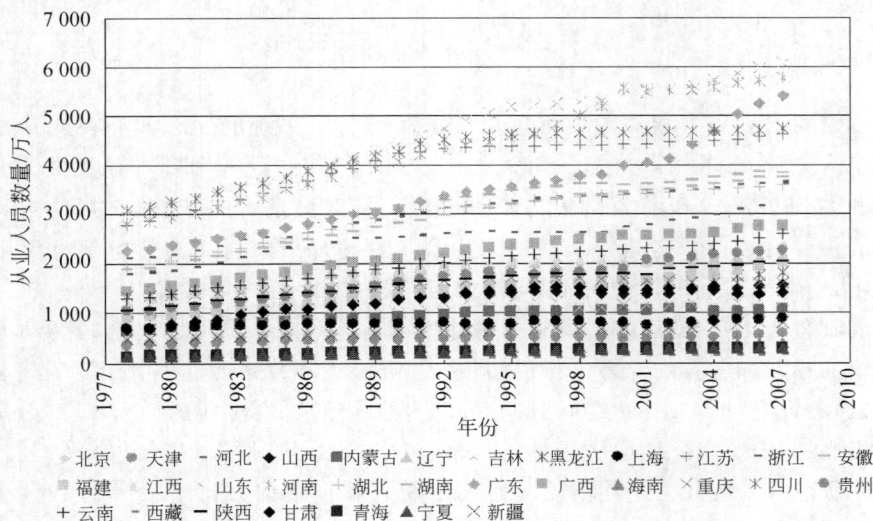

图 4-9　全国各省（直辖市、自治区）从业人员数据调整结果（1978～2007 年）

目前还较少有文献对各省从业人员数据进行调整。本书调整的主要依据是数据变动趋势，但仅限于对上述从业人口数据有异常的省份进行调整。

（三）全国及各省复合人力资本数据

本书构建了全国及各省的平均受教育年限数据和从业人口数据。如果从与增长理论模型对应的生产函数角度来看，这两组数据分别对应于人力资本变量和劳动变量。但在劳动增强型的新古典模型中还引入了有效劳动的概念。通常，将平均受教育年限与劳动人数的乘积作为有效劳动变量。例如，王小鲁和樊纲（2000）、王金营（2001）、沈坤荣（2003）、岳书敬和刘朝明（2006）的研究中采用了有效劳动的概念。

本书也构建了这一指标。为了与人力资本（平均受教育年限）、劳动力指标相区别，在这里称之为复合人力资本指标，即第二章、第五章和第六章中使用的有效劳动指标。详细数据请参见附表。

区别于普通劳动力指标，复合人力资本指标考虑了人力资本水平的影响。数据显示，1952年复合人力资本达到55 566万人·年，1978年上升到205 435万人·年，2007年达到661 653万人·年，1952～2007年复合人力资本的几何平均增长率为4.61%。其中，1952～1977年为5.04%，1978～2007年为3.98%。因此，复合的人力资本数据显示出更强劲的增长率，如1952～2007年复合人力资本增长率高于单独核算的劳动力增长率2.41%、人力资本增长率2.18%，大致等于二者之和。

第四节　小　　结

本章对人力资本相关的估算理论和方法进行了系统的回顾，并在此基础上确定了人力资本的估算方法，推算了1952～2007年中国人力资本存量、从业劳动力和1978～2007年各省的人力资本存量、从业劳动力。与前人的研究相比，本章的主要贡献在于构建了最新的人力资本存量序列，将人力资本估计年限延展到了2007年。其中，全国数据覆盖了1952～2007年；各省人力资本数据第一次扩展到覆盖1978年以来的所有年份和所有内地省市。同时，对全国劳动力数据出现的异常和各省的异常进行了调整。主要结论有以下四方面。

（1）对于全国劳动力数据，从业劳动力的数量从1952年的20 729万上升到2007年的76 990万，占总人口的比例从36.10%上升到2007年的58.27%。整个期间从业人口的几何平均增长率为2.41%，比同期的人口增长率1.52%高出0.89百分点。

（2）对于人力资本数据，15～60岁劳动年龄人口的平均受教育年限从1952年的2.680 6年上升到2007年的8.594 0年，平均受教育年限实现较大增长，目前全国平均受教育年限接近于9年，这表明目前平均的学历水平与初中毕业的平均受教育水平还稍有距离。从增长率看，1952～2007 年总平均增长率为 2.18%。

（3）对于复合人力资本指标，1952 年复合人力资本达到 55 566 万人·年，2007 年达到 661 653 万人·年，1952～2007 年复合人力资本的几何平均增长率为 4.61%。因此，复合的人力资本数据显示出更强劲的增长率，大致等于单独核算的劳动力增长率和人力资本增长率的总和。

（4）数据表明，在中国人口不断增长的同时，从业人口的总量不断增加，劳动年龄人口的劳动参与率逐年提高，劳动力的素质（以平均受教育年限表征）不断提高，各省数据与国家综合数据的变动模式基本一致。

第五章 基于全国综合数据的生产率变动研究

第一节 引　言

　　新古典增长模型与新增长理论模型的差别在于技术进步是否内生化。第二章中引入了劳动增强型新古典增长模型和人力资本外部性模型，其关键点在于人力资本与生产函数的关系问题。生产函数形式的变化本质上反映了人力资本与生产率变动的关系，这个关系从两个角度有所体现：第一个角度，是将人力资本作为决定生产率的因素引入生产函数。如 Lucas（1988）的人力资本效应溢出模型中，人力资本作为区别于物质资本的一种生产要素进入了生产函数。第二个角度，是将人力资本作为影响生产率变动的因素。如 Nelson 和 Phelps（1966）认为，人力资本提高了技术扩散的速度，如果将人力资本（教育）引入生产函数可能存在着模型设定的错误。Benhabib 和 Spiegel（1994）对这个问题进行了讨论，他们认为简单地将人力资本作为增长核算的因素，忽视了人力资本对生产率变动的影响作用。这种影响主要有两个作用机制：其一，人力资本通过决定国家创造适宜于本国生产的新技术的能力而直接影响生产率。这是 Romer 在 1990 年的《内生技术变化》一文中提出的观点。其二，基于 Nelson 和 Phelps（1966）的观点，人力资本会影响技术追赶和技术扩散的速度。Benhabib 和 Spiegel（1994）指出，人力资本还可以作为吸引其他要素的因素。这其实指的就是人力资本的外部性作用，与 Lucas（1988）的观点一致。Lucas（1990）认为，人力资本投资增加可以提高其他生产要素的效率，物质资本没能从富裕国家流向贫穷国家，原因就在于贫穷国家缺少与物质资本互补的人力资本。从第一个角度进行研究的代表作是王金营（2001）的研究，魏立萍（2005）同样引入了 Lucas 的人力资本溢出模型。从第二个角度来看，国内对这方面的实证研究还比较少，比较有借鉴意义的研究有华萍（2005）利用各省数据对全要素生产率与不同受教育水平的影响的研究。

　　然而，这两个角度并非截然割裂的。李建民（1999b）指出，人力资本的要素功能是指人力资本在生产过程必不可少的先决条件或投入要素，它在生产函数中具有决定性的意义。从技术进步角度看，人力资本的要素功能更多的是与技术进步和创新有关。人力资本效率功能则更多地表现为一个渐变的过程，即在生产技术一定的条件下通过人力资本投资增加，提高边际产出，提高生产效率。但无论是要素功能还是效率功能，都和人力资本与其他生产要素的互补性有关（李建民，1999b），其他因素主要指物质资本和普通劳动力。可见，虽然理论表述存在着明显差别，人力资本与生产率关系研究的两个角度在事实上是统一的，都着眼于要素的互补性。

经济增长的源泉是要素积累还是生产率贡献，这是长期以来经济学家探讨的热点问题。生产率变动研究可以为政策制定提供局部的佐证。探讨中国经济增长源泉的同时，本书将对人力资本的要素功能和效率功能，或者 Lucas（1988）所谓的外部效应进行探讨，希望甄别人力资本在经济增长中到底发挥了什么样的效应。

本章结构安排如下：第一，以第二章的分析框架为基础建立人力资本与经济增长变动的实证研究模型；第二，对模型中的数据进行来源说明和变量描述；第三，依据理论模型设定对回归方程进行实证研究，陈述研究结果；第四，结合中国经济增长的历史进程，对不同研究结果在生产函数形式上的差异和生产率变动上的差异进行比较研究；第五，与国内相关研究进行比较，并分析差异的原因；第六，对本章做一个简要的小结。

第二节　实证研究模型设定

虽然利用生产函数法研究经济增长存在着争议[①]，虽然对于人力资本是否进入生产函数存在着争议，但利用生产函数开展的研究并没有因此而停滞不前[②]。然而，不同的研究中所采用的生产函数却存在着较大的差异。如 Young（2000）采用了超越对数生产函数来估计中国的生产率增长；王金营（2001）采用了常替代弹性（constant elasticity of substitution，CES）生产函数估计，确定 C-D 生产函数适合于中国经济增长核算问题。Jones（2005）认为，一定情况下，长期生产函数应当是 C-D 生产函数形式。事实上，王金营（2001）的分析发现，引入 C-D 生产函数是一种可行的选择。因此，本章将以 C-D 生产函数为基础建立人力资本与经济增长的关系模型。Solow（1957）在《技术变化与总量生产函数》一文中也引入了 C-D 生产函数。

[①]　显然，不同产品不同产业的生产函数不同，新兴产业和高增长的产业也会有不同的生产函数。夕阳产业和朝阳产业处于不同的阶段，夕阳产业可能存在资本投入的边际收益递减，而朝阳产业可能正好相反。当我们考察总量生产函数时，通常采取统计平均来模拟生产函数。这种模拟的生产函数习惯上被称为经验生产函数。我们在第七章中引用有关文献对此进行了简单的讨论。

[②]　Solow（1957）认为，只要开展宏观经济研究，总量生产函数就是必不可少的。

一 新古典增长模型

新古典增长模型的核心是新古典生产函数。忽略技术变化，有

$$Y = F(K，L)$$

其中，Y 为产出；K 为物质资本；L 为普通劳动力。在上面的模型下，假定技术水平长期不变。这意味着如果要素的边际收益递减，将会导致经济处于零增长的稳定状态（庄子银，2004）。因此，将技术进步引入生产函数模型中成为一个选择。技术进步可分为资本扩张型、劳动增强型和中性技术进步三类（庄子银，2004：29）。Solow（1957）采用了希克斯中性技术进步的生产函数，函数形式如下：

$$Y = A(t)F(K，L)$$

其中，A 为随时间而变化的技术效率参数。技术进步会使总量生产函数向上移动。如果采用 C-D 生产函数形式，则有

$$Y = A(t)K^{\alpha}L^{\beta}$$

其中，α 和 β 为待定参数，分别表示资本产出弹性系数和劳动产出弹性系数。考虑到现实世界中投入产出与理论之间的误差，通常还引入随机误差 u，并对变量加上时间角标，有

$$Y_t = A(t)K_t^{\alpha}L_t^{\beta}e^u$$

这就是索洛模型。对上式两边取对数，得

$$\ln Y_t = \ln A(t) + \alpha \ln K_t + \beta \ln L_t + u$$

然后，利用取得的样本数据，就可以估计到参数 A、α 和 β 的估计值。

在生产函数 $Y_t = A(t)K_t^{\alpha}L_t^{\beta}$ 中，两边对时间求导数，可得

$$\dot{Y}_t = \dot{A}(t)K_t^{\alpha}L_t^{\beta} + \alpha A(t)K_t^{\alpha-1}\dot{K}_t L_t^{\beta} + \beta A(t)K_t^{\alpha}L_t^{\beta-1}\dot{L}_t$$

上式两边分别除以等式 $Y_t = A(t)K_t^{\alpha}L_t^{\beta}$ 的两边，可得

$$\frac{\dot{Y}_t}{Y_t} = \frac{\dot{A}(t)}{A(t)} + \alpha \frac{\dot{K}_t}{K_t} + \beta \frac{\dot{L}_t}{L_t}$$

可看到，产出增长率 $\dfrac{\dot{Y}_t}{Y_t}$ 等于技术进步率 $\dfrac{\dot{A}(t)}{A(t)}$、资本增长率 $\dfrac{\dot{K}_t}{K_t}$ 和劳动增长率 $\dfrac{\dot{L}_t}{L_t}$ 三者的加权和。在 Solow（1957）模型中，$\dfrac{\dot{A}(t)}{A(t)}$ 代表着技术进步率，即全要素生产率的增长率。$\alpha\dfrac{\dot{K}_t}{K_t}$、$\beta\dfrac{\dot{L}_t}{L_t}$ 分别表示资本和劳动力的贡献份额，它们分别除以 $\dfrac{\dot{Y}_t}{Y_t}$ 所得的商就是各自在经济增长中的贡献率。

上式变形可得到 TFP 增长率，即

$$\frac{\dot{A}(t)}{A(t)} = \frac{\dot{Y}_t}{Y_t} - \alpha\frac{\dot{K}_t}{K_t} - \beta\frac{\dot{L}_t}{L_t}$$

如果引入规模报酬不变的假设，即假定 $\alpha + \beta = 1$，上式可简化为

$$\frac{\dot{A}(t)}{A(t)} = \frac{\dot{Y}_t}{Y_t} - \alpha\frac{\dot{K}_t}{K_t} - (1-\alpha)\frac{\dot{L}_t}{L_t}$$

二　劳动增强型新古典增长模型

Lucas（1988）认为 Solow 模型提供了一个分析经济发展的基础，但 Solow 模型忽略了人力资本在经济增长中的作用。因此，他提出一个两资本模型，即在第二章中提到的人力资本增长模型。两资本模型将人力资本纳入了生产函数中，模型的生产函数形式如下：

$$Y_t = AK_t^{\alpha}(L_t h_t)^{\beta} h_t^{\gamma}$$

Lucas 在两资本模型中假定技术水平 A 不变，认为人力资本同时具备要素功能和效率功能。$(L_t h_t)^{\beta}$ 代表人力资本与普通劳动一起发挥着要素功能，h_t^{γ} 表示人力资本的外部效应。单纯从理论模型看，新古典增长模型中的普通劳动 L_t 在两资本模型中被 $L_t h_t$ 替代，即认为劳动力实质上存在着质量上的差异。在当前的国内研究中，很大一部分研究主要对人力资本的要素功能加以考虑，如王小鲁和樊纲（2000）、沈坤荣（2003）；或者只对人力资本的外部效应加以考虑，如 Wang 和 Yao（2003）。但当前的研究还较少明确地对人力资本的内部效应（要素功能）和外部效应（效率功能）予以区分，王金营（2001）是一个例外。

如果到此为止，增长模型就是王小鲁和樊纲（2000）、王金营（2001）等研究中使用的有效劳动模型（在一些研究中将其称为劳动增强的新古典增长模型，在后面的叙述中将交替使用这两个概念）：

$$Y_t = A(t)K_t^{\alpha}(L_t h_t)^{\beta} e^{u}$$

从函数形式上看，劳动增强的新古典增长模型事实上是一种"杂交"的技术进步模型，将希克斯中性技术进步和哈罗德中性技术进步揉在了一起。本书已经指出，劳动增强的新古典增长模型意味着技术进步对于生产要素而言是有偏的，这是技术进步非中性的表现形式之一。区别于传统的哈罗德中性技术进步，劳动增强的新古典增长模型将希克斯中性技术进步也结合了起来。

对上式的两边取对数，得

$$\ln Y_t = \ln A(t) + \alpha \ln K_t + \beta \ln(L_t h_t) + u$$

对于有效劳动模型，如果将 $L_t h_t$ 分解后进行处理，可得

$$\ln Y_t = \ln A(t) + \alpha \ln K_t + \beta \ln L_t + \beta \ln h_t + u$$

也就是说，有效劳动模型强制地规定劳动力和人力资本对于产出的弹性是一致的，这其实是对技术进步行为的一种规定，是否与增长的事实相符需要在理论上进一步探讨。这在一些研究中有所体现，但他们并没有具体地对此加以阐释。如 Wang 和 Yao（2003）的研究中假定人力资本的产出弹性为 0.5，与资本的产出弹性、劳动的产出弹性相等，即三者之和为 1.5，这其实是隐含地指出中国经济存在着规模报酬递增的情况。另外，郑京海和胡鞍钢（2005）在 DEA 之外也引入了传统的增长核算方法，但他们维持了规模报酬不变的假定。例如，他们将资本、劳动、人力资本的产出分别设定为 0.6、0.2、0.2。这意味着他们视人力资本为生产要素，而忽视了人力资本外部效应。

对于生产函数 $Y_t = A(t) K_t^{\alpha} (L_t h_t)^{\beta}$，将 $L_t h_t$ 作为一个整体处理，参照 Solow 模型的处理方法，可得到全要素生产率的增长率：

$$\frac{\dot{A}(t)}{A(t)} = \frac{\dot{Y}_t}{Y_t} - \alpha \frac{\dot{K}_t}{K_t} - \beta \frac{(\dot{L_t h_t})}{L_t h_t}$$

其中，$\frac{(\dot{L_t h_t})}{L_t h_t}$ 为有效劳动的增长率；$\beta \frac{(\dot{L_t h_t})}{L_t h_t}$ 为有效劳动的贡献份额。$\beta \frac{(\dot{L_t h_t})}{L_t h_t}$ 除以 $\frac{\dot{Y}_t}{Y_t}$ 所得的商就是其在经济增长中的贡献率。

如果引入规模报酬不变的假设，即假定 $\alpha + \beta = 1$，同理有

$$\frac{\dot{A}(t)}{A(t)} = \frac{\dot{Y}_t}{Y_t} - \alpha \frac{\dot{K}_t}{K_t} - (1-\alpha) \frac{(\dot{L_t h_t})}{L_t h_t}$$

如果对 $L_t h_t$ 予以分解，可得

$$\frac{\dot{A}(t)}{A(t)} = \frac{\dot{Y}_t}{Y_t} - \alpha \frac{\dot{K}_t}{K_t} - \beta \frac{\dot{L}_t}{L_t} - \beta \frac{\dot{h}_t}{h_t}$$

其中，$\frac{\dot{L}_t}{L_t}$ 为劳动增长率，$\beta \frac{\dot{L}_t}{L_t}$ 为劳动增长的贡献份额；$\frac{\dot{h}_t}{h_t}$ 为人力资本增长率，$\beta \frac{\dot{h}_t}{h_t}$ 为人力资本的贡献份额。$\beta \frac{\dot{L}_t}{L_t}$ 和 $\beta \frac{\dot{h}_t}{h_t}$ 分别除以 $\frac{\dot{Y}_t}{Y_t}$ 所得的商就是各自在经济增长中的贡献率。

如果引入规模报酬不变的假设，即假定 $\alpha + \beta = 1$，同理有

$$\frac{\dot{A}(t)}{A(t)} = \frac{\dot{Y}_t}{Y_t} - \alpha \frac{\dot{K}_t}{K_t} - (1-\alpha) \frac{\dot{L}_t}{L_t} - (1-\alpha) \frac{\dot{h}_t}{h_t}$$

三 人力资本增长模型

在 Lucas（1988）的人力资本增长模型中引入人力资本的外部效应 h_t^{γ}，王

金营（2001）称其为人力资本外部性增长模型，模型形式如下：

$$Y_t = A(t)K_t^\alpha (L_t h_t)^\beta h_t^\gamma e^u$$

两边取对数，可得

$$\ln Y_t = \ln A(t) + \alpha \ln K_t + \beta \ln(L_t h_t) + \gamma \ln h_t + u$$

根据 Nelson 和 Phelps（1966）、Benhabib 和 Spiegel（1994）的观点，人力资本可能是影响生产率的因素。为了对这种影响加以分析，本书引入了新的生产函数形式，直接在 Solow 模型中加入人力资本的外部效应，体现人力资本对技术水平的直接影响。其模型如下：

$$Y_t = A(t)K_t^\alpha L_t^\beta h_t^\gamma e^u$$

这种处理的结果本质上是直接压缩技术进步率对产出增长的贡献，这意味着人力资本因素直接构成了希克斯中性技术进步的影响因素。对两边取对数，可得

$$\ln Y_t = \ln A(t) + \alpha \ln K_t + \beta \ln L_t + \gamma \ln h_t + u$$

然而，从数量关系上看，这种处理与人力资本外部性增长模型没有差异。因为改进的 Lucas 模型可以变化为

$$Y_t = A(t)K_t^\alpha L_t^\beta h_t^{\beta+\gamma}$$

对两边取对数，可得

$$\ln Y_t = \ln A(t) + \alpha \ln K_t + \beta \ln L_t + (\beta+\gamma)h_t + u$$

需要警惕的是，在不同的分析模型中，产出弹性的值是不同的。因此，人力资本外部性模型与有效劳动模型的差异主要体现在对人力资本产出弹性系数的区分上。

对于 Lucas（1988）两资本模型的改进版本，生产函数形式为 $Y_t = A(t)K_t^\alpha \times (L_t h_t)^\beta h_t^\gamma$，参照前面的方法，可得到全要素生产率的增长率：

$$\frac{\dot{A}(t)}{A(t)} = \frac{\dot{Y}_t}{Y_t} - \alpha \frac{\dot{K}_t}{K_t} - \beta \frac{(L_t h_t)^\cdot}{L_t h_t} - \gamma \frac{\dot{h}_t}{h_t}$$

如果引入规模报酬不变的假设，即假定 $\alpha + \beta = 1$，同理有

$$\frac{\dot{A}(t)}{A(t)} = \frac{\dot{Y}_t}{Y_t} - \alpha \frac{\dot{K}_t}{K_t} - (1-\alpha) \frac{(L_t h_t)^\cdot}{L_t h_t} - \gamma \frac{\dot{h}_t}{h_t}$$

或者生产函数变形为 $Y_t = A(t)K_t^\alpha L_t^\beta h_t^{\beta+\gamma}$，同理可得

$$\frac{\dot{A}(t)}{A(t)} = \frac{\dot{Y}_t}{Y_t} - \alpha \frac{\dot{K}_t}{K_t} - \beta \frac{\dot{L}_t}{L_t} - (\beta+\gamma) \frac{\dot{h}_t}{h_t}$$

如果引入规模报酬不变的假设，即假定 $\alpha + \beta = 1$，同理有

$$\frac{\dot{A}(t)}{A(t)} = \frac{\dot{Y}_t}{Y_t} - \alpha \frac{\dot{K}_t}{K_t} - (1-\alpha) \frac{\dot{L}_t}{L_t} - (1-\alpha+\gamma) \frac{\dot{h}_t}{h_t}$$

对上述理论模型进行整理，如表 5-1 所示。

表 5-1 　各增长理论模型及模型处理上的差异

模型名称	经验生产函数形式	模型差异
新古典增长模型	$Y_t = A(t) K_t^{\alpha} L_t^{\beta} e^u$	L_t 为普通劳动力
劳动增强型新古典增长模型	$Y_t = A(t) K_t^{\alpha} (L_t h_t)^{\beta} e^u$	$L_t h_t$ 为普通劳动力与人力资本变量的乘积，简称有效劳动
人力资本外部性模型	$Y_t = A(t) K_t^{\alpha} (L_t h_t)^{\beta} h_t^{\gamma} e^u$	同时引入有效劳动和人力资本变量

由上述理论模型可以得到 TFP 的计算方式，如表 5-2 所示。

表 5-2 　各增长理论模型中不考虑规模报酬情况下 TFP 计算公式及差异

模型名称	TFP 增长率计算公式	公式差异
新古典增长模型	$\dfrac{\dot{A}(t)}{A(t)} = \dfrac{\dot{Y}_t}{Y_t} - \alpha \dfrac{\dot{K}_t}{K_t} - \beta \dfrac{\dot{L}_t}{L_t}$	L_t 为普通劳动力
劳动增强型新古典增长模型	$\dfrac{\dot{A}(t)}{A(t)} = \dfrac{\dot{Y}_t}{Y_t} - \alpha \dfrac{\dot{K}_t}{K_t} - \beta \dfrac{(L_t h_t)\dot{}}{L_t h_t}$	$L_t h_t$ 为普通劳动力与人力资本变量的乘积，简称有效劳动
人力资本外部性模型	$\dfrac{\dot{A}(t)}{A(t)} = \dfrac{\dot{Y}_t}{Y_t} - \alpha \dfrac{\dot{K}_t}{K_t} - \beta \dfrac{(L_t h_t)\dot{}}{L_t h_t} - \gamma \dfrac{\dot{h}_t}{h_t}$	同时引入有效劳动和人力资本变量

目前的研究中通常假定规模报酬不变，但处理方式上各有差异。有的假定资本和劳动两要素的规模报酬不变，如 Solow（1957），李京文等（2007a）；有的将资本、劳动、人力资本乃至更多的变量放在一起，假定投入要素的规模报酬不变，如谭永生（2007）。这些研究通常都预先假定了数据适宜的增长理论或增长模型，在本质上没有很好地对新古典增长模型和新增长理论模型加以区分。本书沿袭王金营（2001）的做法，但在表述上有所不同。本书认为，资本和劳动（包括有效劳动，即第四章中提到的复合人力资本指标）是最根本的生产要素，资本报酬和劳动报酬是国民收入中最重要的两个收入构成。在以新古典增长理论为基础的分析中，假定以资本和劳动为生产要素构成的生产函数具有规模报酬不变的性质更合适。

当 Lucas（1988）引入人力资本的内部效应和外部效应时，内部效应体现为与劳动力结合构成有效劳动，外部效应体现为对技术进步率的压缩，或者说体现为提高了资本和劳动的边际产品。基于此，对新古典增长模型、有效劳动模型、人力资本增长模型设定规模报酬不变时的计量模型时，仅仅将资本和劳动（有效劳动）确定为影响规模报酬的因素，直接将人力资本作为了压缩生产率的因素。可以得到规模报酬假定下的 TFP 计算公式，如表 5-3 所示。

表 5-3　资本和劳动的规模报酬下各模型 TFP 计算公式及差异

模型名称	TFP 增长率计算公式	公式差异
新古典增长模型	$\dfrac{\dot{A}(t)}{A(t)} = \dfrac{\dot{Y}_t}{Y_t} - \alpha \dfrac{\dot{K}_t}{K_t} - (1-\alpha)\dfrac{\dot{L}_t}{L_t}$	L_t 为普通劳动力
劳动增强型新古典增长模型	$\dfrac{\dot{A}(t)}{A(t)} = \dfrac{\dot{Y}_t}{Y_t} - \alpha \dfrac{\dot{K}_t}{K_t} - (1-\alpha)\dfrac{\overline{(L_t h_t)}}{L_t h_t}$	$L_t h_t$ 为普通劳动力与人力资本变量的乘积，简称有效劳动
人力资本外部性模型	$\dfrac{\dot{A}(t)}{A(t)} = \dfrac{\dot{Y}_t}{Y_t} - \alpha \dfrac{\dot{K}_t}{K_t} - (1-\alpha)\dfrac{\overline{(L_t h_t)}}{L_t h_t} - \gamma \dfrac{\dot{h}_t}{h_t}$	同时引入有效劳动和人力资本变量

要注意的是，在实际的估算过程中，不可能得到真正意义上的连续数据。因此，要素的增长率和全要素生产率增长率均是基于年度数据计算的。

四　基于生产函数的人力资本功能的理论分析

（一）人力资本的要素功能

人力资本的内部效应是指人力资本以生产要素的形式进入生产函数。因此，也可以称内部效应为人力资本的要素功能。要素功能的表现形式就是人力资本的边际产品。在劳动增强型新古典增长模型 $Y_t = A(t)K_t^{\alpha}(L_t h_t)^{\beta}$ 或 $Y_t = A(t)K_t^{\alpha}L_t^{\beta}h_t^{\beta}$ 中引入人力资本，可得人力资本的边际产品：

$$\mathrm{MP}_{h_t} = \beta A(t)K_t^{\alpha}L_t^{\beta}h_t^{\beta-1}$$

这是有效劳动模型中人力资本的要素功能。在人力资本增长模型 $Y_t = A(t)K_t^{\alpha}(L_t h_t)^{\beta}h_t^{\gamma}$ 或 $Y_t = A(t)K_t^{\alpha}L_t^{\beta}h_t^{\beta+\gamma}$ 中，人力资本的边际产品可以表示为

$$\mathrm{MP}_{h_t} = \beta A(t)K_t^{\alpha}L_t^{\beta}h_t^{\beta+\gamma-1}$$

这是人力资本外部性模型中人力资本的要素功能。需要注意的是，如果单纯从模型估计来看，两个模型中的参数 α、β 及 $A(t)$ 的估计不会相同。在进行比较时，需要根据模型估算得到的参数结果进行比较。

（二）人力资本的效率功能

人力资本的外部效应表现为将生产函数向外推移，提升所有生产要素的边际产品。对于新古典增长模型 $Y_t = A(t)K_t^{\alpha}L_t^{\beta}$，资本和劳动的边际产品分别如下：

$$\mathrm{MP}_{K_t} = \alpha A(t)K_t^{\alpha-1}L_t^{\beta}$$
$$\mathrm{MP}_{L_t} = \beta A(t)K_t^{\alpha}L_t^{\beta-1}$$

对于有效劳动模型 $Y_t = A(t)K_t^{\alpha}L_t^{\beta}h_t^{\beta}$，资本和劳动的边际产品分别如下：

$$\mathrm{MP}_{K_t} = \alpha A(t) K_t^{\alpha-1} L_t^{\beta} h_t^{\beta}$$

$$\mathrm{MP}_{L_t} = \beta A(t) K_t^{\alpha} L_t^{\beta-1} h_t^{\beta}$$

对于人力资本外部性模型 $Y_t = A(t) K_t^{\alpha} L_t^{\beta} h_t^{\beta+\gamma}$，资本和劳动的边际产品分别如下：

$$\mathrm{MP}_{K_t} = \alpha A(t) K_t^{\alpha-1} L_t^{\beta} h_t^{\beta+\gamma}$$

$$\mathrm{MP}_{L_t} = \beta A(t) K_t^{\alpha} L_t^{\beta-1} h_t^{\beta+\gamma}$$

对于人力资本的外部效应，主要体现为生产函数 $Y_t = A(t) K_t^{\alpha} (L_t h_t)^{\beta} h_t^{\gamma}$ 中 h_t^{γ} 的乘数效应对全要素生产率 $A(t)$ 的压缩作用。也就是说，h_t^{γ} 的作用大小可以通过比较新古典增长模型、有效劳动模型和人力资本外部性模型中 $A(t)$ 估计值的大小得到体现。

总体看来，人力资本的要素功能和效率功能从数理上体现为边际产品的变化。外部效应作用体现为不同模型设定下全要素生产率 $A(t)$ 估计值的大小变化。

第三节　数据描述与模型估计

一　数据来源

本章将利用全国 GDP 数据、资本存量数据、从业人员数据、人力资本数据来估计前面的理论模型。其中，历年全国 GDP 数据来源于《新中国五十五年统计资料汇编》《中国统计年鉴 2008》；全国资本存量数据来自第三章的估计结果；全国从业人员数据和全国人力资本数据来自第四章的调整和估算结果。

对于全国 GDP 数据，本书采用了历年支出法国内生产总值。但是，统计年鉴上公布的都是现价 GDP 数据，没有考虑到年份之间的可比性，需要进行调整。历年的统计年鉴中没有公布 GDP 缩减指数，需要构建 GDP 隐含缩减指数来平减现价 GDP。本章利用国内生产总值、不变价国内生产总值、国内生产总值指数来构建国内生产总值缩减指数。

根据《中国统计年鉴 2008》，GDP 是由国家统计局国民经济核算司根据不同产业部门、不同支出构成的特点和资料来源情况而采用不同方法计算的。GDP 是一个价值量指标，其价值的变化受价格变化和物量变化两大因素影响。不变价 GDP 是把按当期价格计算的 GDP 换算成按某个固定期（基期）价格计算的价值，从而使两个不同时期的价值进行比较时，能够剔除价格变化的影响，以反映物量变化，反映生产活动成果的实际变动。GDP 指数就是根据两个时期不变价国内生产总值计算得到的。因此，在一些资料中 GDP 指数又称为 GDP

发展指数。随着经济的不断发展，各行业的价格结构也在不断发生变化，为了更好地反映这种变化对经济的影响，计算不变价国内生产总值需要每隔若干年调整一次基期。

由此可见，GDP 指数实质上反映的是不变价条件下国内生产总值的发展速度，而不变价 GDP 反映的是剔除了价格影响的物量变化，现价 GDP 则同时包括了价格变化和物量变化。中国统计年鉴并没有清晰地界定其中的数量关系。经过分析，本书认为他们之间存在着如下的逻辑关系，以 2000 年数据及 1952 年数据为例，有

$$2000 \text{ 年的 GDP 指数（1952 年} = 100）$$
$$= \frac{2000 \text{ 年的 GDP（当年价格）} / 2000 \text{ 年的 GDP 缩减指数（1952 年} = 100）}{1952 \text{ 年的 GDP（当年价格）}}$$

即

$$2000 \text{ 年的 GDP 缩减指数（1952 年} = 100）$$
$$= \frac{2000 \text{ 年的 GDP（当年价格）} / 2000 \text{ 年的 GDP 指数（1952 年} = 100）}{1952 \text{ 年的 GDP（当年价格）}}$$

根据这种对价关系，可以得到 1953～2007 年的所有 GDP 缩减指数，推算出以 1952 不变价为基础的可比价 GDP。其详细数据见附表 3-1。

通过对比国家统计局公布的有关数据，发现利用这种结果的估计与官方结果基本一致，大部分年份基本相同，个别年份相差一般不超过 0.5 个百分点。例如，1986～1994 年的 GDP 增长率的官方数据[①]依次为 8.8%、11.6%、11.3%、4.1%、3.8%、9.3%、14.2%、13.5%、11.8%，本书估计结果分别为 8.8%、11.6%、11.3%、4.1%、3.8%、9.2%、14.2%、14.0%、13.1%。

二　数据描述

本章的分析对象为 1952～2007 年的宏观经济数据，有关描述统计见附表 3-2。数据显示，1952～2007 年的不变价 GDP 均值为 9 762 亿元人民币，最小值为 1952 年的 692 亿元人民币，最大值为 2007 年的 48 942 亿元人民币。从增长率来看，GDP 的年度平均的增长率为 8.34%。其中，1961 年的同比增长率最低，为 −27.30%，1958 年的同比增长率最高，达到 21.30%。这与"大跃进"、三年困难时期及政府调整经济政策的措施有着密切关系。改革开放以前，GDP 的波动较大，尤其是 1958～1972 年的波动幅度极大；改革开放以后，GDP 保持

---

① 国家统计局网站统计数据栏目，GDP 增长率（1995 年），http：//www.stats.gov.cn/tjsj/gjsj/1995/t20020307＿402280041.htm，2009 年 2 月 22 日查阅。

了相对平稳快速的增长，在 1989～1990 年发生了较大的波动，进入 20 世纪 90 年代后期，经济增长率保持了稳步发展。有关变动情况如图 5-1 所示。

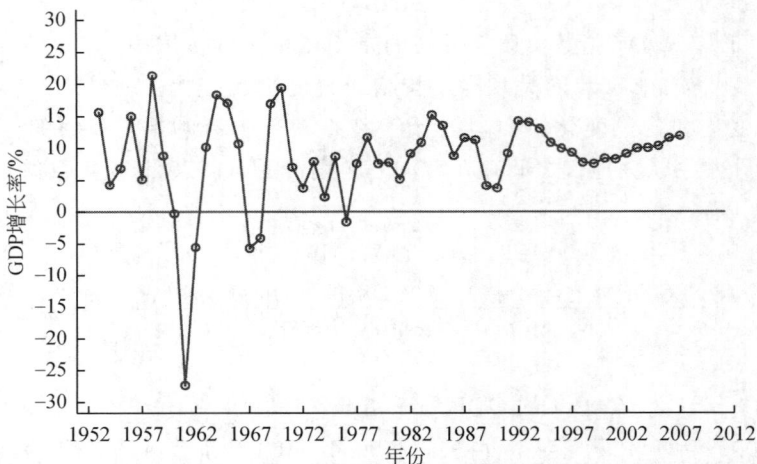

图 5-1　中国经济增长率（1953～2007 年）

对于历年资本存量，1952～2007 年 K_t 的均值为 22 344 亿元人民币，最小值 1952 年的 499 亿元人民币，最大值为 2007 年的 119 572 亿元人民币，K_t 的年平均增长率为 10.59%，高于 GDP 的平均增长率。其中，1991 年的同比增长率最低，为 2.86%，1958 年的同比增长率最高，达到 26.71%，与 GDP 的波动基本一致。从新中国成立后到 1960 年以前，资本存量增长率均在 15% 以上，是我国历史上资本存量规模增长最迅速的时期。在 1961 年进入一个波谷期，1966 年恢复增长后再次步入一个存量下降的低潮期。值得注意的是，"文化大革命"期间资本存量处于一个相对较高的增长水平，在改革开放前夕又迎来一个低谷期，但增长率保持在 6% 以上。改革开放后，资本存量增长率逐年上升，而 1988～1991 年由于紧缩的经济政策出现了投资回落，进入 20 世纪 90 年代的后期，投资增长率保持了稳步向上的快速发展。有关变动情况如图 5-2 所示。

1952～2007 年的平均从业人员数量为 47 371 万人，最小值为 1952 年的 20 729万人，最大值为 2007 年的 76 990 万人，年平均增长率为 2.43%，远低于同期 GDP 和资本存量的平均增长率。新中国成立后一直到 1958 年之前，投入生产活动的从业劳动力增长较快，1958 年增长率上升到 11.9%，是我国历史上劳动力增长最迅速的时期。次年经济进入了调整期，劳动力增长率出现了负增长，这个过程从 1959 年至 1961 年持续了三年。随后劳动力增长率开始恢复，1972 年之前劳动力保持 3.5% 左右的增长率平稳发展。之后劳动力增长率开始下滑，1972～1978 年劳动力增长率基本保持在 2% 以下。数据显示，这种低增

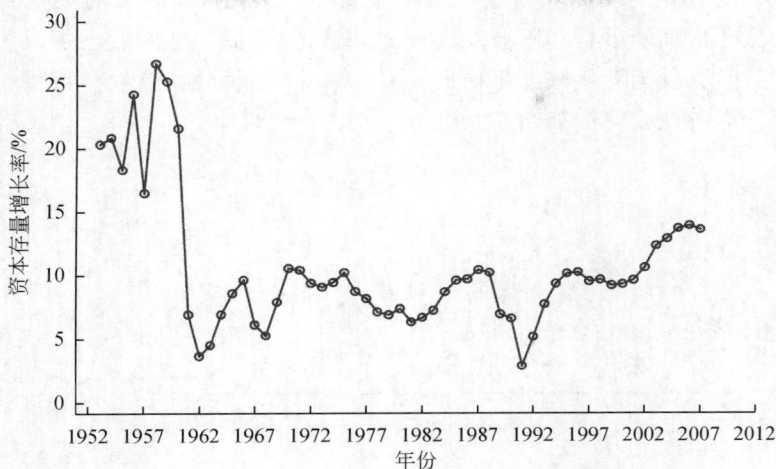

图 5-2　中国资本存量增长率（1953～2007 年）

长率持续到了 1990 年。由于统计口径变化，1990 年以后的统计数据与前期数据存在着较大的差异。本书第四章中利用 logistic 函数对 1978～1990 年的劳动力数据进行了调整，调整后的劳动力增长率平稳增长，增长率保持在 4％左右。1990 年以后劳动力增长率保持在 2％左右持续增长。有关变动情况如图 5-3 所示。

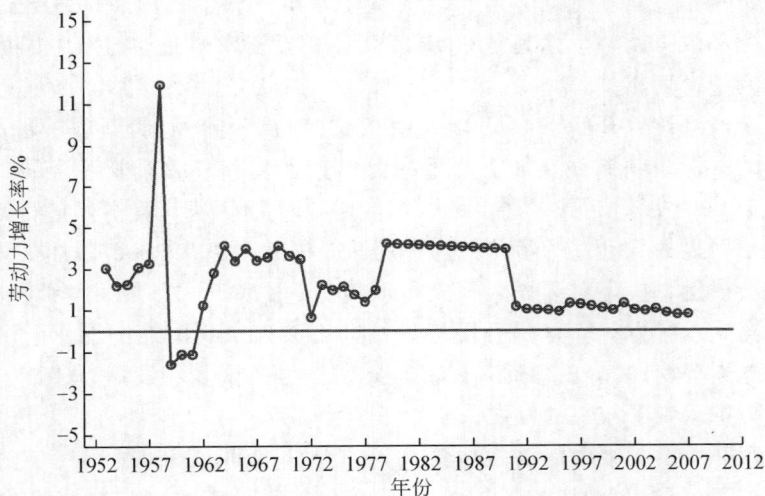

图 5-3　中国劳动力增长率（1953～2007 年）

　　本书使用平均受教育年限作为人力资本的代理变更。1952～2007 年人力资本的平均增长率为 2.18％。新中国成立后，教育事业发展经历了一个恢复期，期间平均受教育年限增长率出现了负值，直到 20 世纪 60 年代才逐渐实现平均受教育年限相对较快的提高和恢复。教育体系在"文化大革命"时期受到较大的冲击，导致年度间受教育年限波动较大。"文化大革命"结束后，各级教育体制逐渐回到正轨，受教育年限逐年稳定提高，自1990年后，受教育年限基本保持稳步提高。有关变动情况如图5-4所示。

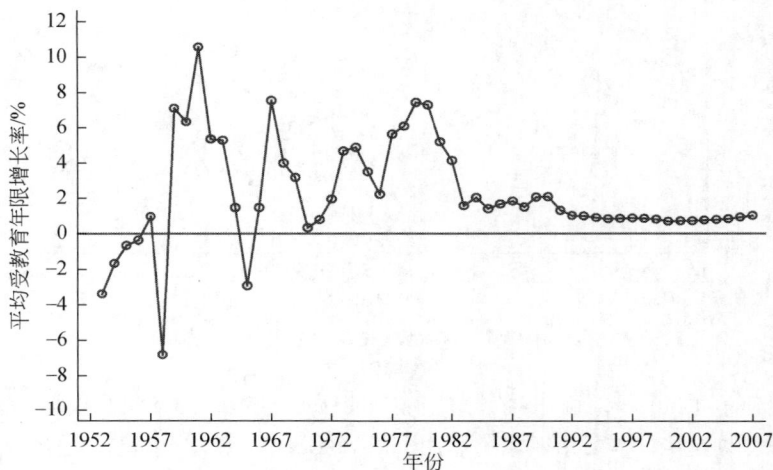

图5-4　中国历年平均受教育年限的增长率（1953～2007年）

GDP、资本存量和劳动力增长率的变化基本反映了我国经济发展过程中的周期性变化和政策调整，尤其是GDP的变动和投资率的变动与新中国成立后的三次经济调整密切相关。

第一次经济调整开始于1960年。由于1958年开始的"大跃进"和人民公社化运动中的"左"倾错误，加上严重的自然灾害和苏联政府撕毁合同，我国国民经济在1959年以后遇到了严重的困难，这个时期GDP、资本存量和劳动力增长率出现了明显的异动。为了扭转这种局面，中共中央1960年7月在北戴河召开的工作会议上，决定对国民经济实行调整。8月底正式形成了"调整、巩固、充实、提高"八字方针。这是全面建设社会主义以来我国经济工作的一次重要转变（王志连等，2000）。之后，经济得到了较好的恢复和发展，GDP、资本存量、劳动力都得到了较快的发展。

在改革开放前，中国经济发展又进入一个低潮期，当时的国民经济面临着严重的困难和问题。因此，中共中央于1979年4月正式确定对国民经济实行"调整、改革、整顿、提高"的方针，开始了我国经济的又一次重大调整。第二次调整过程涵盖了1979～1984年（王志连等，2000）。政策调整的效果非常明显，再加上启动了农村经济体制改革，家庭联产承包责任制逐渐在全国推行，经济增长率和劳动就业又一次得到恢复和发展。到1984年，国民经济的主要比例关系已经发生变化，农业与工业、重工业与轻工业、积累与消费、基本建设等方面的比例关系趋于协调。这个经济升温的过程一直持续了 1988 年左右。

1988 年，我国改革开放进入第 10 个年头。这时出现了经济持续增长和经济过热现象。当时的物价上涨幅度过大，市场失控突出，社会总需求大大超过总供给，引起社会普遍关注。需求过旺、供给不足已经成为影响社会安定和群众对改革的信心的重大因素。因此，1988 年 9 月中共中央召开了十三届三中全会，提出了治理经济环境、整顿经济秩序、全面深化改革的方针，确定 1989 年、1990 年要把改革和建设的重点放到治理整顿方面。这就是第三次重大经济调整（王志连等，2000）。这次调整到 1991 年年底取得了明显的成效，经济增长率和投资率得到恢复，这种增长一直持续到目前。

三　基于理论模型的模型选择和参数估计

确定经验生产函数中的 α、β 等参数，通常有比例普通最小二乘（ordinary least square，OLS）回归法、分配法、经验法则等。从 20 世纪 30 年代 Cobb-Douglas 就开始运用统计回归估计方法估计参数值，Solow（1956）提出了新古典增长模型，Solow（1957）使用回归方法确定了产出弹性系数，王金营（2001）、谭永生（2007）都使用了回归方法。Chow（1993）使用分配法设定1952～1980 年资本和劳动的贡献份额分别为 0.6 和 0.4，Wang 和 Yao（2003）选择 0.5 作为资本投入和劳动投入的贡献份额，Young（2000）设定劳动投入的贡献份额为 0.60。李京文等（2007a）利用国民经济核算的恒等式中资本报酬和劳动报酬的关系来分配资本和劳动的贡献份额。有关内容可参见第二章的文献回顾。各种方法各有利弊，Biesebroeck（2008）、Balk（2007）等的文献对此进行了详细论述，不再赘言。本书采用回归方法来确定 α、β 等参数，避免比例分配法和经验法则的主观性[①]。同时，回归方法也可以避免像 Wang 和 Yao（2003）那样武断地设定人力资本的产出弹性。

（一）对全国数据的混合估计结果

首先使用 1952～2007 年的全部数据进行回归。根据前面的新古典增长模型、有效劳动模型和人力资本外部性增长模型，同时设定 $\alpha+\beta=1$，即假定生产

---

① 然而，采用回归法也带来了方法上的另一种不利因素。时间序列数据进行普通最小二乘回归分析时需要确定各时间序列数据是否为平稳时间序列。利用 EViews 5.0 软件对模型中的有关变量进行了单位根检验，发现前述变量均非平稳序列，但其一阶差分为平稳序列，唯独 $\ln K_t$ 例外，属于平稳时间序列。但基于与传统研究进行比较的方便，本书仍采用传统的 OLS 回归进行分析，作为模型筛选的一个机制。最后再调整可能存在的序列相关问题。

函数的规模报酬不变，设定了模型 A1、模型 A3、模型 A5，并利用对数化生产函数形式进行 OLS 回归估计①。为了考察改革开放之前和之后生产函数中是否存在着技术差别和结构性改变，这里引入时间虚拟变量 T_1，将 1978～2007 年设定为 1，1952～1977 年设定为 0。以模型 A1、模型 A3、模型 A5 为基础分别引入 T_1，设定为模型 A2、模型 A4、模型 A6，并对其进行回归。张军和施少华（2003）采用了这种方法。利用统计分析软件包 STATA 9.0 和 EViews 5.0 软件②，得到了依据各增长理论模型估算的对数化方程的回归结果，估计结果如表 5-4 所示③。

表 5-4　以 $\ln Y_t$ 为因变量的 OLS 回归结果比较（1952～2007 年）

自变量	新古典模型		有效劳动模型		人力资本外部性模型	
	模型 A1	模型 A2	模型 A3	模型 A4	模型 A5	模型 A6
$\ln K_t$	0.795 5 ***	0.697 8 ***	0.660 9 ***	0.631 7 ***	0.720 5 ***	0.838 4 ***
	(0.037 3)	(0.061 9)	(0.061 7)	(0.084 1)	(0.113 3)	(0.120 8)
$\ln L_t$	0.204 5 ***	0.302 2 ***				
	(0.037 3)	(0.061 9)				
$\ln(L_t h_t)$	—	—	0.339 1 ***	0.368 3 ***	0.279 5 *	0.161 6
			(0.061 7)	(0.084 1)	(0.113 3)	(0.120 8)
$\ln h_t$					−0.098 3	−0.711 5 *
					(0.156 2)	(0.308 8)
T_1	—	0.241 7	—	0.052 4	—	0.456 4 *
		(0.123 8)		(0.101 7)		(0.200 8)
常数项	−1.059 7 ***	−1.334 8 ***	−1.809 5 ***	−1.928 4 ***	−1.465 0 *	−0.349 4
	(0.067 0)	(0.155 3)	(0.195 6)	(0.303 2)	(0.582 0)	(0.744 8)
样本量	56	56	56	56	56	56
R^2	0.952 0	0.955 2	0.952 1	0.952 3	0.952 4	0.956 7
adjusted R^2	0.951 1	0.953 4	0.951 2	0.950 5	0.950 6	0.954 2

---

①　在 STATA 或 EViews 中可直接对回归系数进行约束，而不需要利用劳均收入和劳均资本进行回归分析。事实上，对照研究发现，劳均回归分析结果与受约束的回归分析结果是一致的。

②　采用两个软件进行分析基于两个原因：一是 STATA 软件在制图方面比较有优势；二是利用 STATA 进行受约束的 OLS 回归时，STATA 不直接报告 DW 统计量、可决系数 R^2、AIC 等值。因此，利用 EViews 软件作为一个有益的补充。同时，发现 STATA 9.0 估计的结果与 EViews 5.0 略有差异。

③　但同时还要注意 DW 统计量传达的信息。张晓峒（2004）指出，DW 统计量较小表明残差序列存在着明显的序列正相关，因而所计算的标准误可能偏小，这会导致回归的结果被高估。当然，单纯从估计结果来看，当前的 6 个模型并非最终的估计结果，因为我们可以看到，模型 A2、模型 A4 中的虚拟变量的回归系数并不显著，即新增长模型、有效劳动模型考察中国经济增长过程，并不能区分出改革开放前后是否有技术进步的差异。这一点将在后面详细讨论。

续表

自变量	新古典模型		有效劳动模型		人力资本外部性模型	
	模型 A1	模型 A2	模型 A3	模型 A4	模型 A5	模型 A6
AIC	0.319 2	0.285 4	0.317 4	0.348 0	0.345 6	0.286 6
DW 统计量	0.073 6	0.082 7	0.078 2	0.078 4	0.076 0	0.108 5

注：括号内为标准误，括号外为回归系数，回归系数与标准误之比为变量 t 检验值
* $p<0.05$；** $p<0.01$；*** $p<0.001$（双尾检验）

根据 OLS 回归结果报告，模型 A1～模型 A6 整体上通过统计检验，模型的可决系数 R^2 均在 0.95 以上，显示出模型具有较好的拟合效果。根据模型筛选准则来看，赤池信息统计量（Akaike information criterion，AIC）越小，表明模型对数据的拟合越好。模型 A1～模型 A6 的 AIC 统计量大小比较依次为模型 A2（0.285 4）＜模型 A6（0.286 6）＜模型 A3（0.317 4）＜模型 A1（0.319 2）＜模型 A5（0.345 6）＜模型 A6（0.348 0）。依据 AIC 标准，模型 A2 是最佳拟合模型。也就是说，新古典模型较为适合 1952～2007 年的经验生产函数形式。

在考虑模型拟合特征的同时，还必须注意到模型中变量回归系数的大小和统计显著性。如表 5-4 所示，各模型中变量的回归系数 α、β 的大小及显著性水平有了较大的不同。对数化资本存量的回归系数均在 0.001 的统计水平显著，在模型 A2 和模型 A6 中引入虚拟变量 T_1 后，资本存量的产出弹性系数 α 估计值都明显变小，分别从模型 A1 的 0.80 下降到模型 A2 的 0.70，从模型 A3 的 0.66 下降到模型 A4 的 0.63。与此同时，对数化劳动力的回归系数 β 从模型 A1 的 0.20 上升到模型 A2 的 0.30，对数化的有效劳动的回归系数 β 从模型 A3 的 0.34 上升到模型 A4 的 0.37。总体来看，资本产出弹性都在 0.6 以上，甚至达到 0.8，这意味着中国的经济增长还是靠物质资本的投入拉动的。

从模型 A1～模型 A6 估计的常数项看，$\ln A(t)$ 的估计值越来越小，这意味着引入 T_1 和有效劳动后，全要素生产率的值越来越小。这意味着，拟合模型不同，估计得到的要素积累对经济增长的作用会发生变化。

但是，虚拟变量 T_1 的回归系数在新古典增长模型和有效劳动模型中并不显著。因此，如果认为中国经济增长符合新古典理论和劳动增强型新古典增长模型，经验生产函数形式分别如下：

新古典增长模型（模型 A1）对应的生产函数形式为
$$Y_t = A(t) K_t^{0.7955} L_t^{0.2045}$$
有效劳动模型（模型 A3）对应的生产函数形式为
$$Y_t = A(t) K_t^{0.6609} (L_t h_t)^{0.3391}$$
或
$$Y_t = A(t) K_t^{0.6609} L_t^{0.3391} h_t^{0.3391}$$

这一结果与上式没有任何本质的区别，但在经济含义上却有所不同。这意味着劳动力和人力资本成为经济增长过程中的投入要素，体现了人力资本在生产函数中的内部效应，或称要素功能。

对于估计人力资本外部性的增长模型 A5，资本的产出弹性 α 为 0.720 5，在 0.001 的统计水平上显著，有效劳动的产出弹性为 0.279 5，在 0.05 的统计水平上显著，受教育年限变量的产出弹性为 -0.098 3，但在 0.05 的统计水平上不显著。在引入 T_1 后，资本的产出弹性 α 上升为 0.838 4，且仍然在 0.001 的统计水平上显著，有效劳动的产出弹性下降为 0.161 6，但变得在统计上不显著了，相反的是受教育年限变量在统计上显著了，而且回归系数进一步下降为 -0.711 5。也就是说，人力资本的外部效应降低了。同时，区别于模型 A2 和模型 A4，模型 A6 中虚拟变量 T_1 在 0.05 的统计水平上显著且为正值（0.456 4）。也就是说，改革开放后的全要素生产率 $\ln A(t)$ 的估计值与改革开放前有显著的差别。换个角度看，这从一定程度上说明将改革开放之前和之后的数据放在一起进行 pooled 回归分析并不适宜。

根据 AIC 筛选原则和回归系数显著性的双重准则，可以发现这些模型中 AIC 低的回归系数不显著，回归系数显著的 AIC 又较高，难以确定适合中国经济增长的最优回归模型和经验生产函数。如果剔除不显著变量，可知模型 A1 和模型 A3 是较为符合的选择。从 AIC 最小和可决系数最大的角度看，模型 A3 是当前最优拟合模型。

将模型 A3 的拟合结果与实际的对数化 GDP 值比较，可以发现数据拟合的效果有待提升，尤其是 1960 年以前数据和 1978～1990 年的数据，拟合结果不是很理想，如图 5-5 所示。

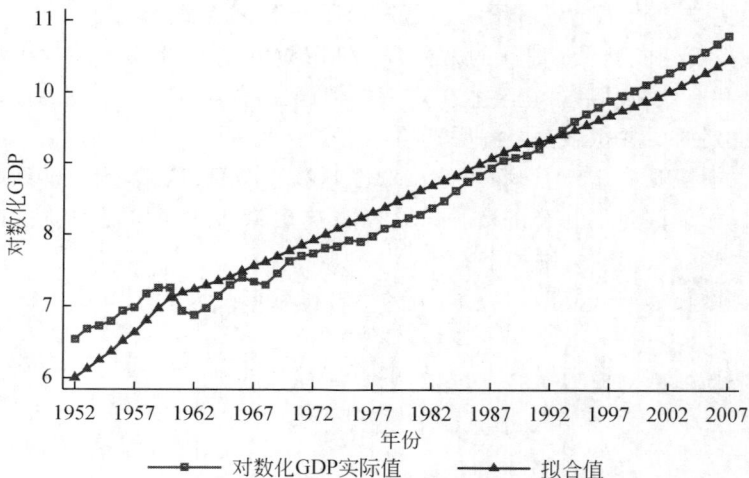

图 5-5　模型 A3 的拟合值与实际值的偏离状况（1952～2007 年）

图 5-5 表明，将改革开放前后的数据样本放在一起虽然增加了回归的样本容量，但可能会导致统计平均的结果与现实存在着较大的差距。事实上，GDP 增长率在 1961 年前后、1978 年前后、1992 年前后出现了较大的波动。前面的模型虽然考虑了改革开放前后生产技术变动的可能性，事实上在新中国成立初期与改革开放前期也可能存在着技术变动的可能性，在改革开放的初期和后期也会出现技术变动。

因此，仅仅引入一个虚拟变量可能忽略了经济增长的阶段性特征。在引入 T_1 的基础上，本书进一步引入两个划分时间段的虚拟变量 T_2、T_3，结合中国经济波动的实际进行分析。当时间位于 1961～1977 年时，$T_2 = 1$；其余时间 $T_2 = 0$。参照王小鲁和樊纲（2000）对改革开放初期与后期的研究，同时考虑到 1992 年年初邓小平同志南方谈话对中国 20 世纪 90 年代的经济改革与社会进步起到的关键推动作用，本书规定：当时间位于 1992～2007 年时，设 $T_3 = 1$，其余时间 $T_3 = 0$。设定模型 B1～模型 B6，参照前面分析，得到模型 B1～模型 B6 的回归结果。

如表 5-5 所示，引入 T_2、T_3 后，各个模型的可决系数都提高了，几乎接近于 1；引入 T_3 后，资本产出弹性下降、劳动产出弹性上升。

表 5-5　引入 T_2、T_3 后以 $\ln Y_t$ 为因变量的 OLS 回归结果比较（1952～2007 年）

自变量	新古典模型		有效劳动模型		人力资本外部性模型	
	模型 B1	模型 B2	模型 B3	模型 B4	模型 B5	模型 B6
$\ln K_t$	0.990 7 ***	0.747 0 ***	0.956 1 ***	0.685 4 ***	0.838 1 ***	0.660 2 ***
	(0.043 3)	(0.042 9)	(0.052 7)	(0.046 0)	(0.061 9)	(0.048 2)
$\ln L_t$	0.009 3 ***	0.253 0 ***	—	—	—	—
	(0.043 3)	(0.042 9)				
$\ln(L_t h_t)$	—	—	0.043 9 ***	0.314 6 ***	0.161 9 ***	0.339 8 ***
			(0.0527)	(0.0460)	(0.061 9)	(0.048 2)
$\ln h_t$	—	—	—	—	0.593 7 **	0.216 4
					(0.191 4)	(0.013 96)
T_1	−0.797 7 ***	−0.470 7 ***	−0.763 0 ***	−0.646 2 ***	−1.237 1 ***	−0.815 8 ***
	(0.116 5)	(0.091 3)	(0.088 6)	(0.051 7)	(0.173 5)	(0.130 5)
T_2	−0.864 9 ***	−0.605 2 ***	−0.843 3 ***	−0.605 2 ***	−0.985 0 ***	−0.710 8 ***
	(0.078 4)	(0.064 1)	(0.072 5)	(0.064 1)	(0.081 3)	(0.065 9)
T_3	—	0.414 1 ***	—	0.414 0 ***	—	0.386 7 ***
		(0.054 5)		(0.047 6)		(0.050 2)

续表

自变量	新古典模型		有效劳动模型		人力资本外部性模型	
	模型 B1	模型 B2	模型 B3	模型 B4	模型 B5	模型 B6
常数项	−0.007 9	−0.799 4 ***	−0.226 6	−1.315 6 ***	−1.258 2 **	−1.620 0 ***
	(0.142 6)	(0.136 8)	(0.217 9)	(0.187 6)	(0.389 1)	(0.269 8)
样本量	56	56	56	56	56	56
R^2	0.986 6	0.993 7	0.986 7	0.994 7	0.988 8	0.994 9
adjusted R^2	0.985 8	0.993 2	0.986 0	0.994 2	0.988 0	0.994 3
AIC	−0.884 4	−1.605 6	−0.896 7	−1.769 7	−1.033 8	−1.781 0
DW 统计量	0.381 1	0.586 3	0.360 8	0.711 5	0.612 0	0.834 8

注：括号内为标准误，括号外为回归系数，回归系数与标准误之比为变量 t 检验值

* $p < 0.05$；** $p < 0.01$；*** $p < 0.001$（双尾检验）

下面针对引入 T_2、T_3 后的回归模型 B1～模型 B6，以可决系数 R^2、AIC、回归系数的大小及变量的统计显著性为标准进行模型筛选。如表 5-5 所示，模型 B3 所有的回归系数均在 0.001 的统计水平上显著，且可决系数较高，达到了 0.994 7，AIC 值为 −1.769 7；模型 B6 虽然在 AIC 和可决系数上占优，但 $\ln h_t$ 的回归系数在 0.05 的统计水平上不显著。当剔除不显著变量后，模型 B6 将退化为模型 B4。因此，引入 T_2、T_3 后的最优回归模型为模型 B4。

根据估计结果，有效劳动增长模型对 1952～2007 年中国经济增长有着较好的拟合效果，对应的经验生产函数为[①]

$$Y_t = A(t) K_t^{0.6854} (L_t h_t)^{0.3146}$$

其中，资本产出弹性为 0.685 4，有效劳动力的产出弹性为 0.314 6。鉴于这是一个针对整个增长时期的估计，本书将这个经验生产函数简称为全周期生产函数。

（二）对全国数据的分段估计结果

1952～2007 年这么长一个时期，采用一个单一的劳动增强型新古典生产函数是否合理呢？本书认为这个问题值得进一步探讨。改革开放是中国发展史上

[①] 事实上，本书还估计了以对数化资本存量、普通劳动力、平均受教育年限、T_1、T_2、T_3 为基础的回归模型（即假定人力资本只具有外部效应），发现其相应的回归系数为 0.66、0.34、0.56，而且都在 0.001 的统计水平上显著。从当前的文献来看，这种估计还没有成为主流。从拟合值来看，这种估计与模型 B4 的估计结果没有显著差异，如资本的产出弹性仍然保持在 0.66 左右。

的重要事件，有必要区分改革开放前后两个时期，并进行分类分析[①]，以便在分期回归中进一步考虑经济增长的实际动态。根据前面的描述性分析，本书发现中国经济增长率和物质资本存量增长率有两次较大的波动：在1961年以前与1960年以后的经济状况有较大的差异，1961~1968年经济增长两次陷入低谷，资本增长率起伏较大，分别出现了两次大幅下跌，随后的经济增长波动和投资波动则不明显，直到1989年、1990年前后，经济增长再次陷入低谷。

因此，在考虑改革开放这一重大历史事件的同时，本书根据经济增长率和资本增长率波动状况，对于改革开放之前的样本，引入时间虚拟变量 T_2，将1952~1960年设为一个区间，这是新中国成立后直到覆盖"大跃进"的一个经济期间，此时设定 $T_2=0$；1961~1977年为另一个区间，设定 $T_2=1$。对于改革开放之后的样本，与前面的研究设定一定，参照有关研究（王小鲁等，2000；张军，2005），考虑到邓小平同志1992年南方谈话的关键影响，设定时间虚拟变量 T_3，进一步将1978~1991年设定为一个与1992~2007年有区别的样本区间，对1978~1991年设定 $T_3=0$，对1992~2007年设定 $T_3=1$。需要注意的是，由于是分段回归，没有必要像全周期分析那样将 T_2、T_3 的数值设定延展到整个区间。

参照总样本区间的处理方法，根据是否引入时间虚拟变量 T_2，建立了1952~1977年的6个回归模型，为模型C1~模型C6。回归结果如表5-6所示。

表 5-6　以 $\ln Y_t$ 为因变量的 OLS 回归结果比较（1952~1977年）

自变量	新古典模型		有效劳动模型		人力资本外部性模型	
	模型 C1	模型 C2	模型 C3	模型 C4	模型 C5	模型 C6
$\ln K_t$	0.302 2***	0.542 2***	0.035 5	0.419 0***	0.250 8*	0.414 0***
	(0.042 3)	(0.058 7)	(0.069 8)	(0.054 3)	(0.093 2)	(0.057 9)
$\ln L_t$	0.697 8***	0.457 8***	—	—	—	—
	(0.042 3)	(0.058 7)				
$\ln(L_t h_t)$	—	—	0.964 5***	0.581 0***	0.749 2*	0.586 0***
			(0.069 8)	(0.054 3)	(0.093 2)	(0.057 8)
$\ln h_t$	—	—	—	—	−0.581 6**	0.042 4
					(0.191 9)	(0.140 8)

[①]　从数据可靠性看，第三章采用永续盘存法测算各省份的资本存量，早期的存量数据依赖于基年数据。因此，分段考察可以一定程度上规避全周期分析面临的基年资本数据准确性不足的问题，这一点对于改革开放后的数据分析尤为重要。

续表

自变量	新古典模型		有效劳动模型		人力资本外部性模型	
	模型 C1	模型 C2	模型 C3	模型 C4	模型 C5	模型 C6
T_2	—	−0.366 4 ***	—	−0.452 2 ***	—	0.464 8 ***
		(0.076 4)		(0.050 3)		(0.066 3)
常数项	−2.267 7 ***	−1.462 0 ***	−4.043 3 ***	−2.387 3 ***	−2.588 1 ***	−0.349 2
	(0.067 0)	(0.183 9)	(0.249 6)	(0.220 1)	(0.526 2)	(0.744 8)
样本量	26	26	26	26	26	56
R^2	0.905 0	0.952 5	0.869 3	0.970 9	0.906 6	0.971 1
adjusted R^2	0.901 0	0.948 4	0.863 8	0.968 5	0.898 5	0.967 2
AIC	−1.111 2	−1.726 8	−0.791 7	−2.220 4	−1.050 9	−2.147 6
DW 统计量	0.495 5	0.478 1	0.592 2	1.012 6	0.545 3	1.051 2

注：括号内为标准误，括号外为回归系数，回归系数与标准误之比为变量 t 检验值

* $p<0.05$；** $p<0.01$；*** $p<0.001$（双尾检验）

从模型 C4、模型 C6 的结果看，对比于新古典增长模型 C2，引入人力资本后，资本的产出弹性明显下降。模型 C4 中引入人力资本的要素功能后，资本产出弹性从 0.54 下降到 0.42，进一步引入人力资本的外部效应后，资本产出弹性进一步下降到 0.41。相反的是，劳动的产出弹性则不断上升，从模型 C2 的 0.46 上升到模型 C4 的 0.58，模型 C6 中引入人力资本的外部性后，进一步上升到 0.59。

各个模型的拟合优度相差较大，其中模型 C1、模型 C3、模型 C5 的可决系数都在 0.90 左右，模型 C2、模型 C4、模型 C6 的拟合优度都在 0.95 以上。

根据表 5-6 可以得到模型 C2、模型 C4、模型 C6 中的经验生产函数。新古典增长模型（模型 C2）的经验生产函数为

$$Y_t = A(t)K_t^{0.5422}(L_t h_t)^{0.4578}$$

有效劳动增长模型（模型 C4）的经验生产函数为

$$Y_t = A(t)K_t^{0.4190}(L_t h_t)^{0.5810}$$

人力资本外部性增长模型（模型 C6）的经验生产函数为

$$Y_t = A(t)K_t^{0.4140}(L_t h_t)^{0.5860}h_t^{0.0424}$$

根据 AIC 准则和回归系数的显著性水平分析，有效劳动理论模型 C4 的 AIC 为 −2.220 4，且各项回归系数均在 0.001 的统计水平显著，优于其他模型的拟合结果。对于与模型 C4 中 AIC 水平相近的模型 C6，由于 $\ln h_t$ 的回归系数在 0.05 的统计水平上不显著。因此需要舍弃，也就是说，模型 C6 中 $\ln h_t$ 是一个多余变量。舍弃的结果是，模型 C6 退化为模型 C4。

因此，本书认为 1952～1977 年中国经济增长对应的经验生产函数与有效劳

动模型（模型 C4）的拟合结果相符。也就是说，在 1952～1977 年，人力资本的外部效应还没有显现，人力资本更多地体现为与普通劳动力的结合，作为生产要素投入到生产过程中。因此，1952～1977 年的经验生产函数形式为

$$Y_t = A(t)K_t^{0.4190}(L_t h_t)^{0.5810}$$

即资本的产出弹性为 0.419 0，有效劳动力的产出弹性为 0.581 0。这意味着在改革开放前期劳动力的产出弹性高于资本产出弹性。对比本书第二章中对于产业弹性设定研究的比较分析，可以看到主观地分配资本的产出弹性为 0.6、0.5，与回归结果可能存在着较大的差异。

参照 1952～1977 年区间的处理方法，根据是否引入时间虚拟变量 T_3，建立了模型 D1～模型 D6 等 6 个回归模型。回归的结果如表 5-7 所示。

表 5-7　以 $\ln Y_t$ 为因变量的 OLS 回归结果比较（1978～2007 年）

自变量	新古典模型		有效劳动模型		人力资本外部性模型	
	模型 D1	模型 D2	模型 D3	模型 D4	模型 D5	模型 D6
$\ln K_t$	1.121 0 ***	0.942 1 ***	1.126 5 ***	0.899 4 ***	0.923 1 *	0.835 6 ***
	(0.031 2)	(0.034 8)	(0.041 5)	(0.037 0)	(0.043 5)	(0.027 8)
$\ln L_t$	−0.121 0 ***	0.057 9 **	—	—	—	—
	(0.031 2)	(0.034 8)				
$\ln(L_t h_t)$	—	—	−0.126 5 **	0.100 6 *	0.076 9	0.164 4 ***
			(0.041 5)	(0.037 0)	(0.043 5)	(0.027 8)
$\ln h_t$	—	—	—	—	−0.906 6 ***	0.554 6 ***
					(0.150 1)	(0.099 0)
T_3		0.245 7 ***		0.263 7 ***	—	0.193 3 ***
		(0.038 9)		(0.033 4)		(0.026 1)
常数项	−0.780 0 ***	−1.043 4 ***	−0.523 8 ***	−1.285 2 ***	−2.886 7 ***	−2.527 4 ***
	(0.028 9)	(0.045 7)	(0.115 0)	(0.116 0)	(0.398 7)	(0.235 5)
样本量	30	30	30	30	30	30
R^2	0.987 2	0.994 8	0.985 2	0.995 5	0.993 7	0.997 9
adjusted R^2	0.986 7	0.994 5	0.984 7	0.995 2	0.993 3	0.997 5
AIC	−1.797 3	−2.639 6	−1.654 1	−2.784 1	−2.442 5	−3.509 8
DW 统计量	0.114 5	0.441 8	0.101 4	0.573 5	0.271 9	0.850 5

注：括号内为标准误，括号外为回归系数，回归系数与标准误之比为变量 t 检验值

* $p<0.05$；** $p<0.01$；*** $p<0.001$（双尾检验）

与 1952～1977 年的回归结果不同，模型 D1～模型 D6 的可决系数 R^2 都在 0.98 以上，表明各个模型的拟合优度相差不大。基本的趋势都是引入虚拟变量

T_3 的模型 D2、模型 D4、模型 D6 分别优于没有引入 T_3 的模型 D1、模型 D3、模型 D5。

表 5-7 的结果表明，模型 D2、模型 D4、模型 D6 中资本产出弹性依次下降。引入有效劳动后，资本产出弹性从模型 D2 中的 0.942 1 下降到 0.899 4，引入人力资本的外部效应后，进一步下降到 0.835 6。相应的劳动（有效劳动）产出弹性从 0.057 9 上升到 0.100 6、0.164 4。

从而可以得到各自的经验生产函数。新古典增长模型（模型 D2）的经验生产函数为

$$Y_t = A(t) K_t^{0.9421} (L_t h_t)^{0.0579}$$

有效劳动增长模型（模型 D4）的经验生产函数为

$$Y_t = A(t) K_t^{0.8994} (L_t h_t)^{0.1006}$$

人力资本外部性增长模型（模型 D6）的经验生产函数为

$$Y_t = A(t) K_t^{0.8356} (L_t h_t)^{0.1644} h_t^{0.5546}$$

可见，当不考虑人力资本，尤其是不考虑人力资本的外部效应时，模型估计存在着较大的区别。

这 6 个模型的可决系数都较高。根据 AIC 准则和回归系数的统计显著性水平，人力资本外部性增长模型 D6 的 AIC 为 -3.509 8，且各回归系数均在 0.001 的统计水平显著，优于其他模型的拟合结果。

因此，本书认为 1978～2007 年中国的经济增长对应的经验生产函数与人力资本外部性增长模型（模型 D6）的结果相符。也就是说，在 1978～2007 年中国经济增长遵循的经验生产函数形式为

$$Y_t = A(t) K_t^{0.8356} (L_t h_t)^{0.1644} h_t^{0.5546}$$

利用模型 C4 对 1952～1977 年估计的和模型 D6 对 1978～2007 年估计的 $\ln Y_t$ 的预测值及 $\ln Y_t$ 的实际数据，可得到 1952～2007 年对数化 GDP 的联合预测值序列与实际值序列。如图 5-6 所示，通过分段回归得到联合模型 C4 和模型 D6 对 $\ln Y_t$ 的估计效果与未分段混合回归模型 B4 的估计效果基本一致，但分段函数的拟合更加准确。而且，他们的结果除个别年份与实际值略有差异外，基本与实际值吻合。估计结果表明，选择分段回归及引入时间虚拟变量 T_2、T_3 是符合现实情况的。

（三）对全周期和分段估计的 AR（1）调整

国内目前在模型选择方面还很少有比较充分的说明，本书在上一小节较为详细地介绍了模型选择过程，希望完整地说明增长理论模型可能具有阶段特征。模型筛选过程表明，对 1952～2007 年进行全周期估计时宜采用劳动增强型新古典增长模型，1952～1977 年的数据也适宜这样一种拟合关系，拟合 1978～2007

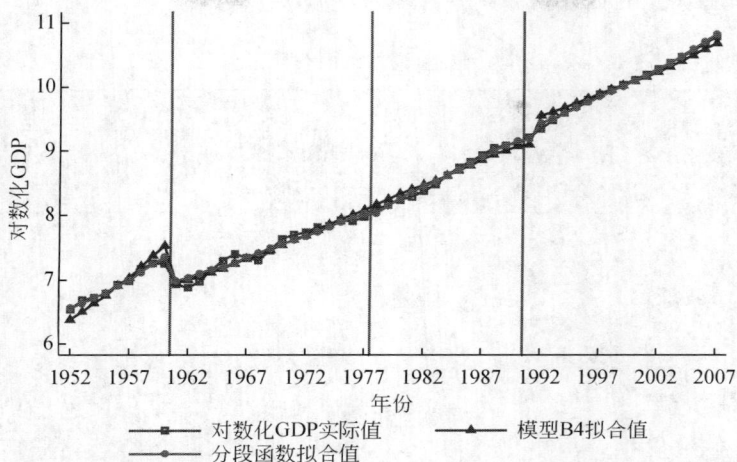

图 5-6　对数化国内生产总值 $\ln Y_t$ 模型预测值与实际值（1952～2007 年）

年的经济增长宜采用人力资本增长模型。

　　但是，上述分析忽略了一个重要问题，即用 OLS 回归进行时间序列分析时残差和它的滞后值相关的问题。菲利普斯认为，对于时间序列数据而言，通常存在着非平稳的特征，利用常规 OLS 方法进行推断时存在着严重的问题（张晓峒，2000）。如果用 OLS 所估计的回归模型的 DW 值非常小，而表示模型拟合优度的可决系数 R^2 的值又非常大，说明拟合的回归模型是有问题的（张晓峒，2000）。前面提到的全周期生产函数模型和分段联合生产函数模型都存在这个问题。全周期生产函数模型的 DW 值为 0.711 5，而 R^2 达到了 0.994 7；分段生产函数（1952～1977 年）的 DW 值为 1.012 6，R^2 达到了 0.970 9，分段生产函数（1978～2007 年）的 DW 值为 0.850 5，R^2 达到了 0.997 9。因此，可能存在着残差序列自相关问题。根据 DW 值大于或小于 2，可以判断这种序列相关是正相关还是负相关。前述模型的 DW 值都小于 2。因此，存在着序列正的自相关。利用 STATA 9.0，发现前述研究中确实存在着残差序列正自相关现象。

　　一阶自回归修正技术 AR（1）是处理序列相关的一种常用方法。因此，这里引入 AR（1）尝试对上一小节的分析进行调整。假设模型估计的残差 u_t 服从

$$u_t = \rho\, u_{t-1} + \varepsilon_t$$

　　本书利用这一技术重新估计了前述的全周期生产函数模型和分段联合生产函数模型。经过 AR（1）处理后，模型的拟合得到了进一步优化。张晓峒（2004）指出，当 DW 值小于 1.5 时，分析的可靠性就存在风险了。如表 5-8 所示，全周期生产函数估计和分段估计的结果中 DW 估计值分别为 2.019 3、1.543 6、1.914 0，基本消除了序列相关对估计结果可靠性的影响。因此，经过

AR（1）过程调整的估计结果具有较好的可靠性。

表 5-8　以 $\ln Y_t$ 为因变量增加 AR（1）过程后的回归结果

变量	全周期模型	分段估计	
	劳动增强型新古典模型 （1952~2007 年）	劳动增强型新古典模型 （1952~1977 年）	人力资本增长模型 （1978~2007 年）
$\ln K_t$	0.693 5 ***	0.365 3 ***	0.826 0 ***
	(0.036 9)	(0.058 9)	(0.023 0)
$\ln(L_t h_t)$	0.306 5 ***	0.634 7 ***	0.174 0 ***
	(0.036 9)	(0.058 9)	(0.023 0)
$\ln h_t$	——	——	0.610 3 ***
			(0.082 8)
T_1	−0.588 8 ***		——
	(0.044 8)		
T_2	−0.602 8 ***	−0.412 4 ***	
	(0.039 3)	(0.048 3)	
T_3	0.397 7 ***		0.187 4 ***
	(0.036 7)		(0.021 5)
u_{t-1}	0.649 7 ***	0.538 6 *	0.595 2 ***
	(0.108 2)	(0.195 1)	(0.162 4)
常数项	−1.326 1 ***	−2.602 3 ***	−2.663 0 ***
	(0.147 8)	(0.233 9)	(0.197 1)
样本量	55	25	30
DW 统计量	2.019 3	1.543 6	1.914 0

注：在系数受约束的回归分析中，STATA 不报告 R^2 和调整的 R^2 值，但根据前面对模型筛选的分析，有理由相信引入 AR（1）后得到了更好的拟合模型；括号内为标准误，括号外为回归系数，回归系数与标准误之比为变量 t 检验值

* $p<0.05$；** $p<0.01$；*** $p<0.001$（双尾检验）

本书将其作为最终的拟合结果进行分析。对于全周期估计，得到的经验生产函数为

$$Y_t = A(t) K_t^{0.6935} (L_t h_t)^{0.3065}$$

这一弹性估计值高于目前大多数研究中的弹性估计或主观设定。例如，沈坤荣（1997）设定资本产出弹性为 0.4，本书估计比之高出近 30 个百分点；估计较高的是张军和施少华（2003），资本的产出弹性也只有 0.6，本书结果依然较高。结果较高的原因在于本书采用的劳动指标是有效劳动，他们的估计中，

沈坤荣主观地设定了资本产出弹性，张军和施少华的估计中只考虑了普通劳动力。另外，本书的资本存量增长率也高于他们的研究。从数据和模型形式上看，王金营（2001）和魏立萍（2005）的研究与本书类似，采用了有效劳动的概念。王金营的有效劳动模型中的产出弹性估计结果更高，达到了 0.794，魏立萍的估计为 0.73，均高于本书的结果。他们的估计区间分别为 1978～1998 年、1978～2001 年。郑京海等（2008）基于向量误差修正模型（vector error correction model，VEC）的估计发现资本的产出弹性在 0.726 和 0.842 之间。他们的文献中还引述说中国社会科学研究院的季度经济模型中资本系数被设定为 0.85。因此，本书的结果并没有超出经验讨论的范围。

对于分段联合函数，得到的经验生产函数为

$$Y_t = \begin{cases} A(t)K_t^{0.3653}(L_t h_t)^{0.6347}, & 1952 \leqslant t \leqslant 1977 \\ A(t)K_t^{0.8260}(L_t h_t)^{0.1740}h_t^{0.6103}, & 1978 \leqslant t \leqslant 2007 \end{cases}$$

对于改革开放之前的经验生产函数，资本产出弹性较低，只有 0.365 3，与沈坤荣（1997）设定资本产出弹性为 0.4 的结果基本一致，与 Hall 和 Jones（1999）、李静等（2006）、陆云航和张德荣（2007）的主观选择确定产出弹性为 1/3 也相差不大，但低于大多的主观选择或回归确定的数值 0.5、0.6。

对于改革开放之后的经验生产函数，一方面，资本产出弹性达到了 0.835 6，远高于其他研究的估计，劳动产出弹性也不高；另一方面，引入平均人力资本的概念后，发现人力资本变量 h_t 的弹性系数达到了 0.610 3，远远高于有效劳动的产出弹性 0.164 4。这似乎意味着人力资本对经济增长的外部效应较大，远远大于人力资本作为生产要素的内部效应 0.174 0。

通过引入 AR（1）技术，发现全周期估计和分段联合估计在结果上几乎没有差异，对于增长数据的拟合效果都非常好。相对于图 5-6，估计结果与实际数据更加契合，如图 5-7 所示。

本书中引入全周期估计和分段生产函数的估计，这是对中国经济增长在改革开放前后具有差异化发展模式的思考。Nelson 和 Phelps（1966）指出，简单地将人力资本作为生产要素引入生产函数可能是一种设定错误，Benhabib 和 Spiegel（1994）对此亦有论及。本书认为，是否将人力资本引入生产函数需要看生产函数的形式，同时要考虑到经济增长的阶段性特征，不同的发展阶段中人力资本的作用可能是不一样的。人力资本既可能是 Lucas（1988）指出的内部效应的承担者，也可能是外部效应的始作俑者。换句话说，将人力资本作为外部效应引入生产函数，其实体现了 Nelson 和 Phelps（1966）的观点。不同时期增长理论模型不同，则说明不同要素的作用可能存在着阶段性特征。例如，人力资本影响生产率的效果可能需要人力资本积累到一定程度之后才会发生。当前的研究往往忽略了这一点。本书的分段函数表明，在改革开放后，人力资本

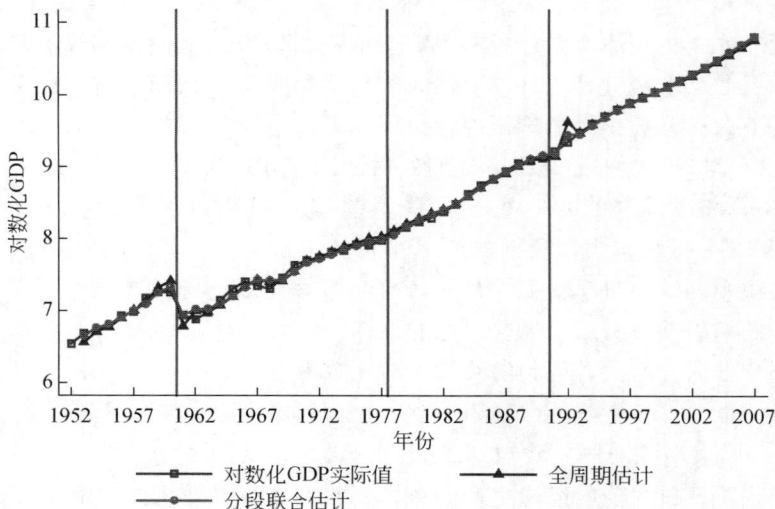

图 5-7　经 AR（1）过程处理后的 lnY，模型预测值与实际值（1952～2007 年）

在生产函数中被"激活"了，具有了所谓的外部效应。彭国华（2007）也提到了人力资本的门槛效应问题，并指出考量人力资本与 TFP 的关系还需要注意到人力资本的构成。华萍（2005）的分析表明，人力资本确实对 TFP 变动有影响，人力资本的学历层次结构对 TFP 的影响有差异。

本书发现，如果将研究的年份限定在改革开放之后，采用新增长模型具有更好的数据拟合性。大多数研究缺乏这样的考虑，要么只引入了新古典模型，要么只使用新增长模型，忽略了中国增长事实与理论间的关系。所以，本书既回答了 Nelson 和 Phelps（1966）所谓的模型设定错误问题，也在一定程度上为分析中国不同阶段经济增长采用适宜的理论模型提供了一个新的选择。

四　要素贡献和全要素生产率

（一）计算全要素生产率

Solow（1957）认为，新古典增长模型计算得到的余值是对技术进步程度的核算。人们通常将这个余值称为索洛余值，又称为全要素生产率。根据有效劳动模型和人力资本外部性增长模型，本书确立了全周期经验生产函数和分段联合生产函数。据此可以得到 TFP 及 TFP 的增长率 TFPG。

根据生产函数 $Y = A(t)F(K, L)$，可以直接确定 TFP，即

$$TFP = A(t) = Y/F(K, L)$$

根据全周期经验生产函数，有

$$A(t) = Y_t / \left[K_t^{0.6935} (L_t h_t)^{0.3065} \right]$$

根据分段联合生产函数，有

$$A(t) = \begin{cases} Y_t / \left[K_t^{0.3653} (L_t h_t)^{0.6347} \right], & 1952 \leqslant t \leqslant 1977 \\ Y_t / \left[K_t^{0.8260} (L_t h_t)^{0.1740} h_t^{0.6103} \right], & 1978 \leqslant t \leqslant 2007 \end{cases}$$

由此得到两种估计方法下的全要素生产率时间序列，两种估计结果的变动趋势如图 5-8 所示。

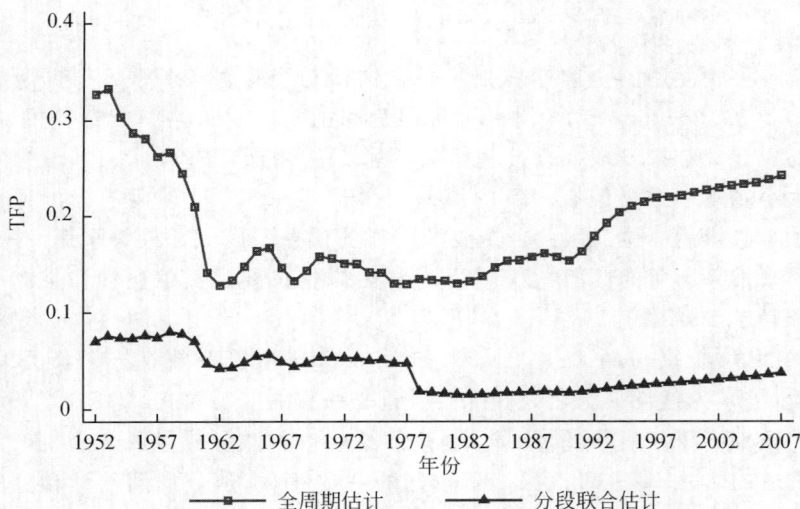

图 5-8　基于生产函数的 TFP 估计（1952～2007 年）

总体看来，分段估计的 TFP 在年度间的变动更加平滑一些，估计值也明显低于全周期估计的 TFP 值。由于分段函数在 1977～1978 年没法连续起来。因此，在这两年存在着一个 TFP 突变。两种估计下，TFP 的变动模式基本没有区别，波动状态也基本一致。由此看来，正如 OECD（2001）指出的那样，生产率是一个多用途的概念，TFP 的含义可能不仅是技术进步的代名词那么简单。

因此，有理由相信 TFP 分析的重要任务不是发现绝对值的变化，而是探求其在不同时期、不同国家或地区之间相对变化的程度。当然，更多的研究是从 TFP 对经济增长的贡献角度，进一步探讨中国经济增长的模式问题。这是下一小节要做的工作。

（二）计算全要素生产率增长率

计算 TFP 的增长率 TFPG 有两种方式。第一种方式，根据上一小节计算的 TFP 直接计算：

$$\text{TFPG} = \left[\frac{A(t+1)}{A(t)} - 1\right] \times 100\%$$

第二种方式，利用本章推导的 TFP 增长率公式进行计算。对于有效劳动模型，有

$$\text{TFPG} = \frac{\dot{A}(t)}{A(t)} = \frac{\dot{Y}_t}{Y_t} - \alpha\frac{\dot{K}_t}{K_t} - (1-\alpha)\frac{(\dot{L_t h_t})}{L_t h_t}$$

对于人力资本外部性模型，有

$$\text{TFPG} = \frac{\dot{A}(t)}{A(t)} = \frac{\dot{Y}_t}{Y_t} - \alpha\frac{\dot{K}_t}{K_t} - (1-\alpha)\frac{(\dot{L_t h_t})}{L_t h_t} - \gamma\frac{\dot{h}_t}{h_t}$$

对于本书中使用的全周期和分段联合估计的经验生产函数，根据两种计算方式可得到 1952～2007 年两个序列的 TFP 和 1953～2007 年 4 个序列的 TFP 增长率。对比计算结果发现，直接利用第一种方法估计 TFPG 时，其与第二种方法数值大小基本一致，但有一定的误差。由于第一种方法使用的产出弹性值只精确到了小数点后 4 位。因此，造成了明显的误差。因此，最终采用 TFP 增长核算公式来推算历年的 TFP 增长率，这样可以保证要素贡献份额和生产率贡献份额之和等于 100%。

将 GDP 增长率与两个生产函数估计的 TFP 增长率放在同一图形中考察（图 5-9）。图 5-9 表明，三者之间保持了近乎一致的变动模式，GDP 增长率在整个时期一致地高于 TFP 的增长率，由全周期生产函数和分段联合的生产函数估计得到的 TFP 增长率之间也保持了较好的一致性①。从全周期估计和分段估计的 TFP 增长率大小上看，二者在改革开放前和改革开放后显示出交替变化的特征。1952～1977 年，分段联合函数的 TFP 增长率估计值要高于全周期生产函数的估计值。这种差异在改革开放之后逆转，变为全周期估计的 TFP 增长率高于分段函数的估计。

根据相关分析，分段联合估计的 TFP 增长率与 GDP 增长率之间有着略强一些的相关关系，二者的相关系数在 0.955 3 左右，全周期估计的 TFP 增长率与 GDP 增长率之间的相关系数只有 0.899 3。这从一个侧面说明采用分段估计是一种更合理的选择。如果对 GDP 增长率与 TFP 增长率做简单的回归分析，会发现全周期估计 TFP 每增长 1 个百分点，会带动 GDP 增长 0.87 个百分点；分段估计的 TFP 每增长 1 个百分点，会带动 GDP 增长 0.94 个百分点。大多数研究也发现了类似现象。例如，李京文等（2007a）考察 1953～1995 年生产率变动与中国经济增长率变动关系时，发现生产率变动与经济增长率变动保持一致。张

---

① 由于分段生产函数涉及 1977 年与 1978 年之间的函数衔接问题，在这里采用 1979 年和 1977 年平均的增长率来替代 1978 年的 TFP 增长率。

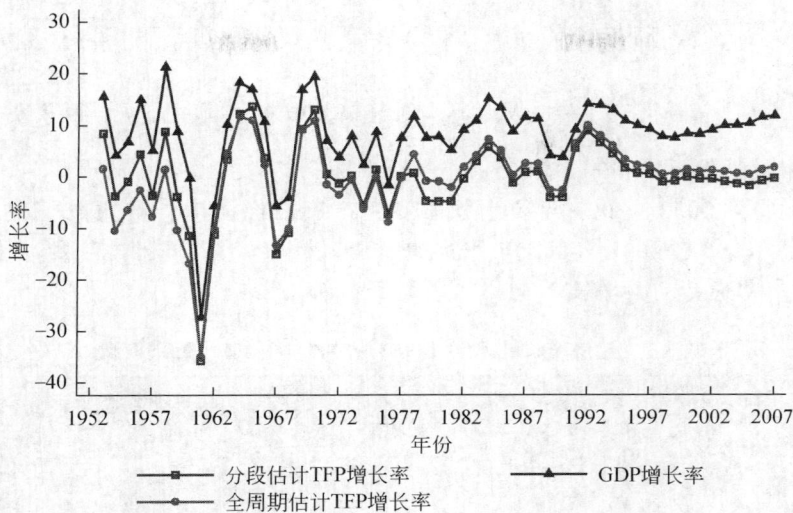

图 5-9 中国经济增长率与全要素生产率增长率测算（1953～2007 年）

军和施少华（2003）发现，1952～1998 年 TFP 增长率对 GDP 增长率的弹性系数为 1.123，这意味着 TFP 每增长 1 个百分点，GDP 将多增长 12.3 个百分点。但李京文等人使用的是增长核算方法，而张军和施少华使用的是回归分析方法，这两种方法在结果上与本书基本一致。

（三）要素积累与生产率贡献

对于有效劳动模型，设定 $\alpha + \beta = 1$，增长率平衡公式为

$$\frac{\dot{Y}_t}{Y_t} = \frac{\dot{A}(t)}{A(t)} + \alpha \frac{\dot{K}_t}{K_t} + \beta \frac{\dot{(L_t h_t)}}{L_t h_t}$$

两边同时除以 GDP 增长率，可得

$$100\% = \frac{\dot{A}(t)}{A(t)} \bigg/ \frac{\dot{Y}_t}{Y_t} + \alpha \frac{\dot{K}_t}{K_t} \bigg/ \frac{\dot{Y}_t}{Y_t} + \beta \frac{\dot{(L_t h_t)}}{L_t h_t} \bigg/ \frac{\dot{Y}_t}{Y_t}$$

右边第一项 $\frac{\dot{A}(t)}{A(t)} \bigg/ \frac{\dot{Y}_t}{Y_t}$ 是生产率增长对经济增长的贡献份额 S_{TFPt}。

右边第二项 $\alpha \frac{\dot{K}_t}{K_t} \bigg/ \frac{\dot{Y}_t}{Y_t}$ 是资本对经济增长的贡献份额 S_{Kt}。

右边第三项 $\beta \frac{\dot{(L_t h_t)}}{L_t h_t} \bigg/ \frac{\dot{Y}_t}{Y_t}$ 是有效劳动对经济增长的贡献份额 S_{Lt}。

要素贡献份额与生产率贡献份额之和等于 100%。对于人力资本外部性模型，同样可得

$$100\% = \frac{\dot{A}(t)}{A(t)}\bigg/\frac{\dot{Y}_t}{Y_t} + \alpha\frac{\dot{K}_t}{K_t}\bigg/\frac{\dot{Y}_t}{Y_t} + (1-\alpha)\frac{(\dot{L_t h_t})}{L_t h_t}\bigg/\frac{\dot{Y}_t}{Y_t} + \gamma\frac{\dot{h}_t}{h_t}\bigg/\frac{\dot{Y}_t}{Y_t}$$

右边最后一项 $\gamma\frac{\dot{h}_t}{h_t}\big/\frac{\dot{Y}_t}{Y_t}$ 是人力资本对经济增长的贡献率 S_{ht}，要素贡献份额与生产率贡献份额之和等于 100%。

据此得到 1953～2007 年要素积累和生产率对经济增长的贡献情况，如表 5-9所示。1953～2007 年 GDP 平均增长率为 8.05%，资本存量增长率为 10.47%，普通劳动力增长 2.41%，人力资本增长 2.14%。

表 5-9　经济增长的源泉（1953～2007 年）：基于回归模型

时间	所有年份 (1953～2007 年)	改革开放之前 (1953～1977 年)	改革开放之后 (1978～2007 年)
增长率/%			
GDP	8.05	5.93	9.44
资本存量	10.47	12.16	8.84
有效劳动	4.61	5.04	3.98
♯普通劳动	2.41	2.60	2.19
♯人力资本（作为要素）	2.14	2.38	1.74
人力资本（作为外部效应）	2.14	2.38	1.74
TFP	-0.62	-4.05（-1.71）	2.08（0.38）
贡献份额/%			
资本存量	90.20	142.21（74.91）	64.94（77.35）
有效劳动	17.55	26.05（53.94）	12.92（7.34）
♯普通劳动	9.18	13.43（27.83）	7.11（4.04）
♯人力资本内部效应	8.14	12.30（25.47）	5.64（3.21）
人力资本外部效应		—	（11.25）
TFP	-7.75	-68.26（-28.85）	22.13（4.06）

注：1. 括号外数据为全周期生产函数的估计结果，括号内的数据为分段生产函数估计结果。对全周期生产函数，资本产出弹性为 0.685 4，劳动产出弹性为 0.314 6。对分段生产函数，1952～1977 年资本产出弹性为 0.419 0，有效劳动（普通劳动力和人力资本乘积）的产出弹性为 0.581 0；1978～2007 年资本的产出弹性为 0.835 6，有效劳动产出弹性为 0.164 4，人力资本外部效应产出弹性为 0.554 6。分段生产函数没有所有年份的估计。区别于第四章的估计，人力资本增长速度采用了复利方式的平均增长率，从数据本身来看，算术平均增长率与之相近

2. 有效劳动被分解为普通劳动和人力资本的内部效应。二者之和不等于有效劳动的增长率（或贡献份额），这是因为在分解有效劳动的过程中忽略了普通劳动和人力资本对产出的共同作用

对于全周期生产函数，根据估计的产出弹性系数及增长核算公式可以得到

1953~2007 年的 TFP 增长率为－0.62％。从而可以得到资本、劳动、TFP 对产出增长的贡献，分别为 90.20％、17.55％、－7.75％。另外，对有效劳动的贡献进行了分解，可得到普通劳动力的平均贡献为 9.17％，人力资本作为要素体现出的内部效应贡献为 8.14％。

改革开放前后要素贡献和生产率贡献出现了明显的变化。改革开放之前，尽管各项要素的增长率相对于改革开放后都较快，但 GDP 增长率却明显低于改革开放之后。例如，资本存量增长率比改革开放后高出 3.32 个百分点，普通劳动增长比改革开放后高出 0.41 个百分点，人力资本增长比改革开放后高出 2.38 个百分点，而改革开放之前 GDP 增长率比改革开放后低 3.51 个百分点。这个现象说明，改革开放前要素投入增长较快却没有取得应有的增长绩效。从 TFP 增长率来看，改革开放前的 TFP 增长率为－4.05％（－1.71％），远低于改革开放后平均 2.08％（0.38％）的增长率[①]。要素投入增长率较快而 GDP 增长率偏低，这是导致整个估计区间生产率为负值的根本原因。对于全周期估计结果，1952~1977 年的经济表现是导致整个时期 TFP 负增长的根本原因。

无论是全周期生产函数估计还是分段生产函数的估计结果都表明，改革开放之前，要素积累是主导经济增长的重要因素，突出地表现为资本和劳动的贡献份额之和超过了 168％（129％）。其中，资本贡献份额高达 142％（75％），而 TFP 增长的贡献为－68％（－29％）。

改革开放后，这种形势得到了扭转。全周期估计的要素贡献份额在 65％ 左右，但有效劳动的贡献份额进一步下降到 13％ 左右，TFP 的贡献上升到 22％；分段估计中引入了人力资本的外部效应，TFP 的贡献被压缩到 4.06％，它的贡献被人力资本分担，人力资本的贡献达到了 11.25％。对比全周期估计和分段估计的结果，发现分段估计的资本贡献份额达到 77％，比全周期估计上升了 12 个百分点左右，有效劳动贡献份额为 3.2％，下降了 2.4 个百分点。这是一个有趣的现象，这意味着人力资本作为外部效应时，增强了物质资本的产出效应，同时压缩了普通劳动的贡献，为 Lucas（1988，1990）的理论分析提供了有力佐证。

人力资本发挥了要素功能和效率功能，推动了中国经济增长。分析表明，1953~2007 年人力资本作为要素的平均贡献为 8.14％；其中，改革开放之前达到了 12.30％（25.47％），高于改革开放后的 5.64％（3.21％）。1978~2007 年分段估计与全周期估计结果表明，人力资本外部效应为 11.25％，高于人力资本的内部效应 3.21％，也高于有效劳动 7.34％ 的贡献份额。人力资本的外部效应成为物质资本之后促进经济增长的第二大源泉。如果加上人力资本的内部效应，人力资本对经济增长的贡献达到了 14.46％。虽然这一贡献值远远低于物质资本

---

① 括号外为全周期估计结果，括号内为分段函数估计结果，后同。

77.35％的贡献，但已经占到 GDP 增长的 1/7 左右。

比较而言，劳动增强型新古典增长模型和人力资本增长模型得到的 TFP 估计都比较低，即使是 TFP 贡献为正的改革开放时期，其贡献份额也只有 22.13％（4.06％）。如果将人力资本的外部效应和内部效应与 TFP 的贡献合并考虑，这一贡献达到了 27.7％（18.5％），不容忽视。

为了分析产出弹性变化对要素积累和生产率贡献的影响，本书引入不同产出弹性设定下进行的增长核算。参照沈坤荣（1997）设定情境 S1（0.4，0.6），即设定资本产出弹性为 0.4，劳动产出弹性为 0.6；参照 Wang 和 Yao（2003）、徐家杰（2007）、李京文等（2007a），设定情境 S2（0.5，0.5），即设定资本产出弹性为 0.5，劳动产出弹性为 0.5；参照张军和施少华（2003）设定情境 S3（0.6，0.4），即设定资本、有效劳动的产出弹性分别为 0.6、0.4。将三种设定用于整个估计区间，有关结果如表 5-10 所示。

表 5-10　经济增长的源泉（1953～2007 年）：基于新古典增长模型的核算

时间	所有年份（1953～2007 年）			改革开放之前（1953～1977 年）			改革开放之后（1978～2007 年）		
	S1	S2	S3	S1	S2	S3	S1	S2	S3
增长率/％									
TFP	1.10	0.51	−0.08	−1.96	−2.67	−3.38	3.52	3.03	2.54
贡献份额/％									
资本存量	52.02	65.03	78.04	82.02	102.53	123.04	37.46	46.82	56.19
有效劳动	34.36	28.63	22.91	50.99	42.50	34.00	25.30	21.08	16.86
♯普通劳动	17.96	14.97	11.98	26.31	21.92	17.54	13.92	11.60	9.28
♯人力资本内部效应	15.95	13.29	10.63	24.08	20.07	16.05	11.06	9.22	7.37
TFP	13.61	6.34	−0.94	−33.02	−45.03	−57.03	37.25	32.10	26.95

注：S1、S2、S3 对应的资本产出弹性分别为 0.4、0.5、0.6，对应的劳动产出弹性分别为 0.6、0.5、0.4

表 5-10 表明，三种情景下的结果有明显差异。1953～2007 年，对于情境 S1（0.4，0.6），TFP 增长率为 1.10％，产出贡献率为 13.61％；情境 S2 中，TFP 增长率为 0.51％，产出贡献率下降为 6.34％；情境 S3 中，TFP 增长率为 −0.08％，产出贡献为 −0.94。因此，资本产出弹性设定值越大，TFP 增长率就越小，TFP 的产出贡献份额就越低。从增长核算公式来说，由于资本的增长率高于其他要素的增长率，因此出现了这种现象。在中国情境下，资本增长率高于同期产出增长率、TFP 增长率。因此，TFP 增长率与资本产出弹性之间出现了反向变动的情况。

在三种情境下，改革开放前后 TFP 增长率的估计仍然分野鲜明。例如，改革开放之前的 TFP 增长率均为负，但随着资本产出弹性从 0.4 增加到 0.6，TFP 增长率从－1.96 下降到－3.38，下降了近 1.4 个百分点；改革开放之前的 TFP 增长率均为正，但随着资本产出弹性从 0.4 增加到 0.6，TFP 增长率从 3.52 下降到 2.54，下降了近 1 个百分点。与之对应的是，有效劳动贡献份额也随着资本产出弹性的增加而下降。从核算公式来看，这是一个必然的结果。

总体上，在新古典增长核算中，资本是最主要的产出贡献者，在三种情境下的贡献份额都大于劳动或生产率的贡献份额。改革开放之前，资本贡献份额在 80％以上，劳动贡献份额介于 30％～50％，生产率贡献份额在－33％到－60％之间。改革开放之后，资本贡献份额介于 40％～60％，劳动贡献份额介于 15％～25％，生产率贡献份额在 25％到 40％之间。这与前面回归分析得到的 TFP 在改革开放前后的变动模式是一致的，即改革开放之前 TFP 贡献为负，改革开放之后 TFP 贡献为正。由于回归分析中资本产出弹性更高，因此加剧了两种结果之间的反差。

通常的增长核算局限于资本和劳动两个变量。本书引入了人力资本，如果仍然采用增长核算方法，需要很"武断地"设定人力资本的弹性系数。例如，Wang 和 Yao（2003）将普通劳动作为一个变量，将有效劳动作为人力资本的代理变量，分别设定资本产出弹性为 0.5、普通劳动的产出弹性为 0.5、有效劳动的产出弹性为 0.5。但这种设定缺乏理论的支持。尽管如此，为了比较相关结果，本书参照 Wang 和 Yao（2003）的做法，对人力资本增长模型进行类似设定，即有效劳动的产出弹性为 0.5、平均受教育年限的产出弹性为 0.5、资本产出弹性为 0.5，从而对 TFP 增长率和贡献份额进行估计。有关结果如表 5-11 所示。在新的设定下，整个周期、改革开放之前、改革开放之后的 TFP 增长率分别为－0.56％、－3.86％、2.16％，其贡献份额分别为－6.96％、－65.09％、22.88％。

表 5-11　经济增长的源泉（1953～2007 年）：基于新增长理论模型

时间	所有年份 （1953～2007 年）	改革开放之前 （1953～1977 年）	改革开放之后 （1978～2007 年）
增长率/％			
TFP	－0.56	－3.86	2.16
贡献份额/％			
资本存量	65.03	102.52	46.82
有效劳动	28.63	42.49	21.08
♯普通劳动	14.97	21.92	11.60
♯人力资本内部效应	13.29	20.07	9.22
人力资本外部效应	13.29	20.07	9.22
TFP	－6.96	－65.09	22.88

注：三种情况下均设定资本、劳动和人力资本的产出弹性为 0.5

这种设定下的估计结果与新古典三种情境中的 S3 相近（S3 假定资本产出弹性为 0.6、劳动产出弹性为 0.4）。这一结果与回归分析中的全周期生产函数的估计结果几乎相同，但要素贡献份额在资本和劳动之间的分布发生了变化，资本贡献份额下降了 20 个百分点以上，劳动贡献份额上升了 10 个百分点。一个更明显的变化是，人力资本的外部效应和内部效应同时明显提升。如果将人力资本的外部效应和内部效应合计计算，那么全周期估计时，二者对经济增长的贡献达到了 26.58％；分段估计时，改革开放前的贡献达到了 40.14％，改革开放后的贡献达到了 18.44％。

（四）人力资本内部外部效应分析

分析表明，要素积累对经济增长的贡献远远大于生产率增长的贡献，资本的贡献是要素积累贡献的主导因素，劳动力的作用非常有限。换一个角度看，分段生产函数得到的 1978～2007 年的人力资本增长模型表明，人力资本的产出弹性高达 0.610 3，是有效劳动产出弹性的 3 倍以上。这意味着，尽管普通劳动力对产出的贡献份额较低，但人力资本的作用还是不容忽视的。那么，人力资本在生产函数中究竟发挥了多大的作用，它对生产率又有什么样的影响呢？撇开上小一节从增长贡献份额角度的考虑，下面利用对生产函数的边际分析并从生产率大小的变化角度来讨论人力资本的内部效应和外部效应。

对外部效应功能——效率功能而言，只有引入了平均人力资本 h_t^γ 的人力资本增长模型才能体现出来。外部效应体现在两个方面：一是直接效应，二是间接效应。

首先看直接效应。由于只有人力资本增长模型中出现了人力资本的乘数效应，这种分析只能限定于分段估计的 1978～2007 年。在人力资本增长模型中，直接效应体现为人力资本作为生产要素的乘数因子进入生产函数模型，即从生产函数 $Y_t = A(t)K_t^a(L_t h_t)^\beta h_t^\gamma$ 中可以观测到这种直接效应。对于分段联合生产函数对应的人力资本外部性模型，直接使用 $A(t)h_t^\gamma$ 与 $A(t)$ 进行比较，如图 5-10 所示。γ 指人力资本外部性模型中估计的人力资本 h_t^γ 对应的参数。

人力资本以外部效应方式进入生产函数后，不仅改变了生产函数的参数，还压缩了全要素生产率的大小。在外部效应存在的情况下，生产函数中的 TFP 被压缩到远低于有效劳动模型下的 TFP 水平，但如果将人力资本的外部效应作为生产率变动的一部分，则合计的 TFP 水平远高于有效劳动模型的估计。因此，本书认为人力资本的这一效应是其对生产函数效率功能的直接体现。

人力资本的外部效应也可以乘数形式——人力资本乘数因子 h_t^γ 出现，具体表现为对生产函数的效率的提升（图 5-11）。这种乘数效应，可以理解为引入人力资本后，人力资本增长模型的全要素生产率与人力资本 h_t 共同作用形成的生

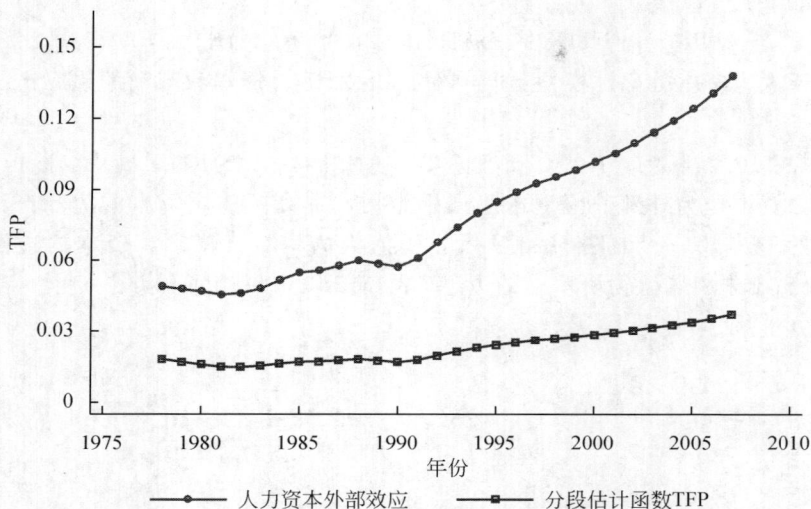

图 5-10 人力资本的效率功能——对 TFP 的提升效应（1978～2007 年）

产率相对于有效劳动模型中生产率的倍数。

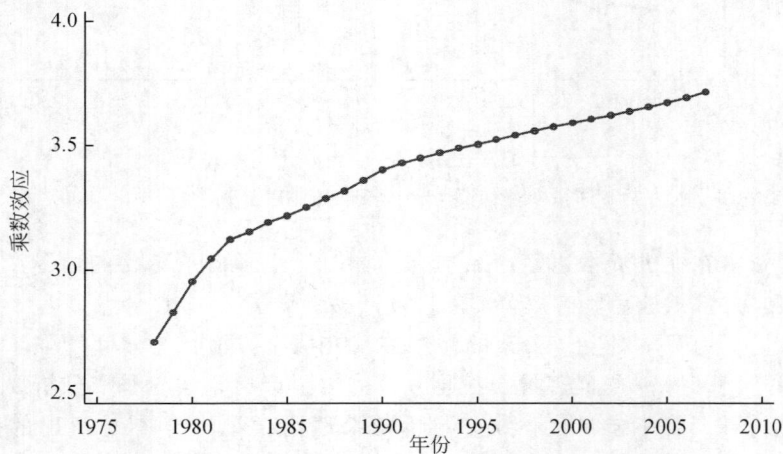

图 5-11 人力资本的效率功能——对 TFP 的乘数效应（1978～2007 年）

在人力资本外部性增长模型中引入人力资本外部效应后，使得 1978～2007 年原有效劳动模型中平均的 TFP 值从 0.022 9 上升到 0.078 9 左右，平均提升了 3.39 倍。数据显示，人力资本的外部效应随着时间的推移而不断扩大，到 2007 年时已经从 1978 年的 2.71 倍上升到了 3.72 倍。

接下来看间接效应。间接效应体现为人力资本提升资本边际产品和劳动边际产品。未引入人力资本效应之前，对于有效劳动模型，资本和劳动的边际产品分别如下：

$$\mathrm{MP}_{K_t} = \alpha A(t)K_t^{\alpha-1}(L_th_t)^{\beta}, \quad \mathrm{MP}_{L_t} = \beta A(t)K_t^{\alpha}(L_th_t)^{\beta-1}$$

对于人力资本外部性模型 $Y_t = A(t)K_t^{\alpha}L_t^{\beta}h_t^{\beta+\gamma}$，资本和劳动的边际产品分别如下：

$$\mathrm{MP}_{K_t} = \alpha A(t)K_t^{\alpha-1}(L_th_t)^{\beta}h_t^{\gamma}, \quad \mathrm{MP}_{L_t} = \beta A(t)K_t^{\alpha}(L_th_t)^{\beta-1}h_t^{\gamma}$$

人力资本作为外部效应引入生产函数后，提高了物质资本的边际产品，具有正向的产出效应。如图 5-12 所示，引入人力资本效应后，资本的边际产品 MP_{K_2} 要高出未引入人力资本前的边际产品 MP_{K_1} 约 19 个百分点。

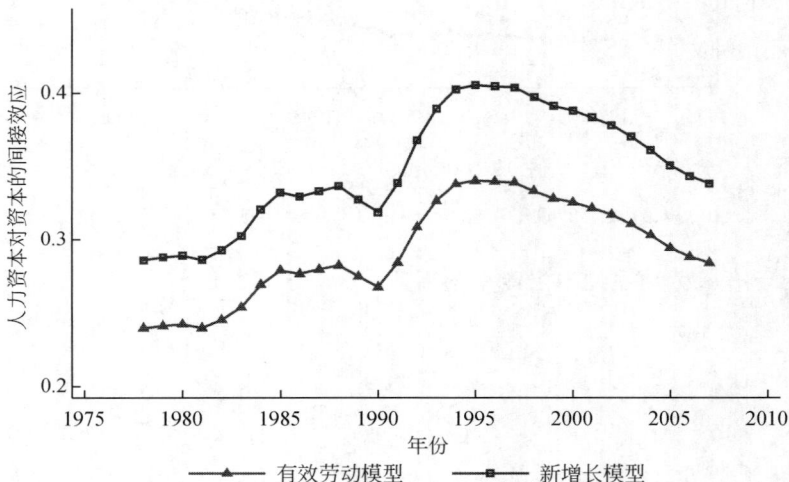

图 5-12　人力资本间接效率功能——资本的边际产品提升（1978～2007 年）

人力资本在促进资本边际产品提升的同时，也降低了劳动的边际产出。引入人力资本外部效应后，有效劳动的边际产品下降了 43 个百分点。

因此，人力资本对生产要素的作用体现在两个方面：一方面增强了物质资本的边际产出；另一方面削弱了普通劳动的边际产出。这与本书分析要素积累与 TFP 贡献时得到的结论一致，即新增长理论模型中资本对产出的贡献为 77.35%，要大于有效劳动模型中资本对产出的贡献，但同时普通劳动对产出的贡献为 4.04%，要小于有效劳动模型中资本对产出的贡献。

这一事实说明，人力资本更多的是与资本发生互补作用，人力资本的外部效应功能主要体现为增强了资本的效率，而人力资本对于普通劳动作为生产要素的功能没有明显促进。

人力资本的要素功能指人力资本作为生产要素时带来的边际产品（图 5-13）。在有效劳动模型中，由于不存在独立的人力资本因素，通过对 L_th_t 加以分解可

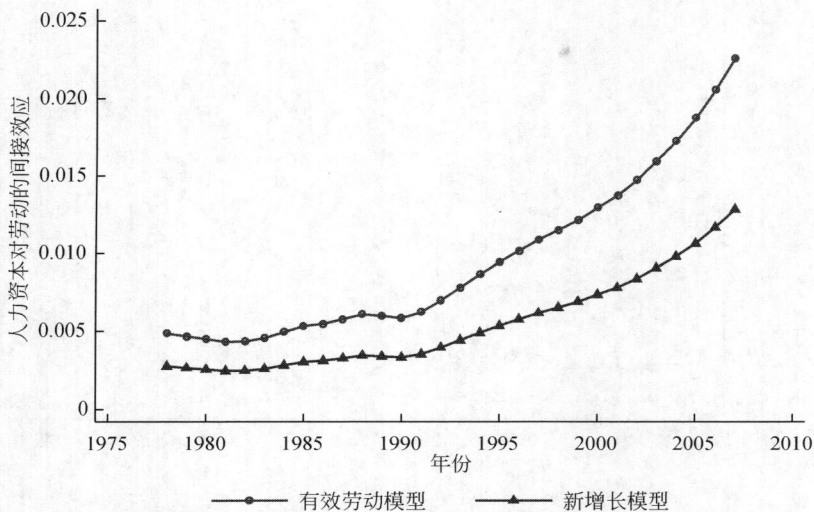

图 5-13　人力资本间接效率功能——劳动的边际产品提升（1978～2007 年）

以将人力资本 h_t 分解出来[①]，从而得到人力资本的边际产品：

$$MP_{h_t} = \beta A(t) K_t^{\alpha} L_t^{\beta} h_t^{\beta-1}$$

同时可得，在人力资本增长模型中的人力资本的边际产品（注意，这里没有将人力资本的外部效应分解到边际产品中）：

$$MP_{h_t} = \beta A(t) K_t^{\alpha} L_t^{\beta} h_t^{\beta+\gamma-1}$$

由此可以得到两个时间序列的人力资本的边际产品。如图 5-14 所示，在新古典增长模型中人力资本的边际产品要远远大于新增长模型中人力资本的边际产品。

这说明，人力资本的内部效应不如人力资本的外部效应作用那么鲜明。因此，仅仅将人力资本作为生产要素引入到生产函数中可能也是一种模型设定错误。因此，本书部分地接受 Nelson 和 Phelps（1966）的观点，认为人力资本应当主要以外部效应的形式引入生产函数，但同时也需要兼顾人力资本的要素功能。

---

① 本书是第一次尝试讨论人力资本功能的定量化问题。从处理方法来看，存在一个问题：因为平均受教育年限作为人力资本的代理变量，在有效劳动模型中是与普通劳动力作为一个合成变量进入模型的，而分解后的模型中将平均受教育年限作为外部效应引入到新古典增长模型中，这在解释上带来了一定的混淆。另外，根据模型选择的原理，我们放弃了传统中引入普通劳动的新古典增长模型，采用了有效劳动模型和人力资本增长模型，会对生产率和要素贡献产生影响。

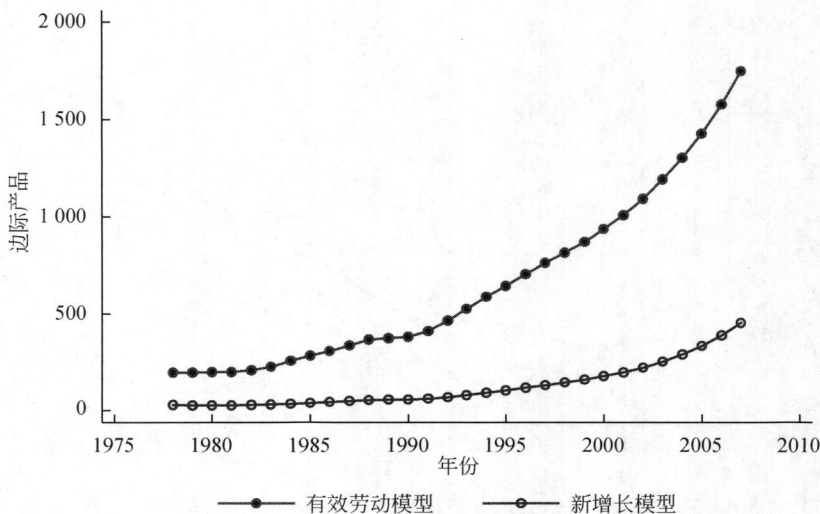

图 5-14　人力资本的要素功能——边际产品形式（1978～2007 年）

　　上述分析过程表明，将人力资本的内部效应和外部效应同时引入生产函数对于中国改革开放之后的增长事实分析是一个合适的选择。人力资本的作用既包括了效率功能（直接效应和间接效应），也包括了要素功能，但效率功能明显地大于要素功能，而且人力资本对于物质资本有着较强边际产出提升效应。

第四节　与其他研究文献结果的比较

　　什么是经济增长的源泉？要素积累还是生产率贡献？这是国内外学者长期关注的话题。自 Solow（1957）研究指出美国 1909～1949 年生产率对经济增长的贡献高达 87.5％以来，这种关注就从来没有退出学者的视野，本书在第一章和第二章中对此已经有过介绍。

一　国外研究文献分析

　　首先看一下国外的相关研究成果。世界银行的 *World Development Report 1991* 报告了一些国家和地区在 1960～1987 年关于要素积累和生产率贡献的估计结果（张克中，2003：4），如表 5-12 所示。

表 5-12　部分国家地区要素积累与生产率贡献　　　　（单位：%）

	资本	劳动	TFP
发达国家（1960～1985 年）			
美国	23	27	50
德国	23	－10	87
日本	36	5	59
英国	27	－5	78
法国	27	－5	78
发展中国家或地区（1960～1987 年）			
撒哈拉以南非洲	73	28	0
东亚	57	16	28
欧洲、中东及北非	58	14	28
拉丁美洲	67	30	0
南亚	67	20	14
总计	65	23	14

　　表 5-12 表明，发达国家的资本的产出贡献率不超过 40%，TFP 的贡献率通常在 50% 以上。例如，美国的资本贡献份额为 23%、德国为 23%、英国为 27%、日本为 36%；同时劳动的贡献份额较低甚至为负，如美国为 27%、德国为 －10%、英国为 －5%、日本为 5%；但 TFP 对经济增长的贡献率非常高，美国超过了 50%，英国达到了 78%，日本也高达 59%，最高的德国甚至达到了 87%。对于发展中国家和地区，明显地呈现出另一种模式：资本成为主要的贡献因素，而劳动力和 TFP 的贡献都比较低。例如，东亚国家的资本贡献份额达到了 57%，南亚达到了 67%，但同期的 TFP 贡献份额为 28% 和 14%。

　　对比发达国家、发展中国家和地区可以发现，发达国家的资本贡献率已经相对稳定地处于 30% 左右，要素贡献份额总体在 50% 以下，甚至在 20% 左右，生产率的贡献份额则在 50% 甚至 80% 以上。欠发达地区的要素贡献份额基本保持在 80% 左右，甚至达到 100%。总体上，本书分析与发达国家的表现模式相异，与欠发达的国家或地区的模式相近。

　　Young（1995）对"亚洲四小龙"的研究同样显示出 TFP 贡献具有阶段性演变的特征。例如，1966～1990 年中国香港地区 GDP 增长率达到了 7.3%，资本的贡献为 42.3%，劳动贡献为 27.6%，TFP 贡献为 30.1%；同期新加坡 GDP 增长率为 8.5%，资本贡献为 73.1%，劳动贡献为 31.6%，TFP 贡献为 －4.7%（张克中，2003）。新加坡的情况与本书估计结果基本一致。郑玉歆（2007）指出，在 Young（1995）的研究中，新加坡的 TFP 增长率远远低于中国香港和中国台湾的原因在于，新加坡在 20 世纪 70 年代斥巨资修建了一个大型国际机场，造成固定资产在短期内增长较快，从而导致 TFP 的贡献率较低。

处于不同发展阶段的不同国家的 TFP 贡献率表现出两种截然不同的模式，为郑玉歆（2007）的 TFP 贡献与发展阶段相关的观点提供了论据。林毅夫和任若恩（2006c）指出，以同样的方式来研究一个国家的不同的发展阶段，会发现早期的 TFP 较低，而达到发展阶段后期的 TFP 将会较高。换一个角度看，如果分析发达国家在进入发达阶段之前的 TFP 贡献率的话，该发达国家当时的 TFP 贡献率仍然会比较低，而要素贡献份额会比较大。美国和日本的经济发展史验证了这一命题。这主要是由于发达国家拥有庞大的资本存量（郑玉歆，2007）。其背后的逻辑在于，进入发达阶段之前资本的绝对数量较小，资本增长率在进入发达阶段之前比较高；进入发达阶段后资本的绝对量较大，资本增长率会比较低，从而依据增长核算公式得到的要素积累和生产率增长对经济增长的贡献会出现两种截然不同的模式。

二 国内研究文献比较

关于中国要素积累与生产率贡献的研究著述非常丰富。总体来看，对中国的研究最早涉及 20 世纪 50 年代初期，直到近年文献依然很丰富。大多数研究以 1977 年或 1978 年为界将对中国的研究划分为两个时段，称之为改革开放之前和改革开放之后。基于此，从研究区间是否覆盖较为完整的年份和研究中是否引入人力资本变量的角度，本书对沈坤荣（1997）、沈利生和朱运法（1999）、王小鲁（2000）、王金营（2001）、Chow 和 Lin（2002）、张军和施少华（2003）、Wang 和 Yak（2003）、李静等（2006）、谭永生（2007）、陆云航和张德荣（2007）、徐家杰（2007）、郑京海等（2008）、胡鞍钢等（2008）等研究成果进行了归纳与整理，作为文献比较的基础，如表 5-13 所示。

表 5-13　对国内要素积累与生产率贡献研究的总结　　（单位：%）

作者	发表年份	研究年份	资本	劳动	人力资本	TFP
沈坤荣	1997	1953～1994	50.8	22.3	—	27.0
		♯1952～1978	62.6	26.8	—	10.6
		♯1979～1994	38.7	17.5	—	43.8
Chow 和 Lin	2002	1952～1998	70.3	12.8	—	17.0
		♯1952～1978	79.3	15.4	—	5.3
		♯1978～1998	62.9	10.6	—	26.5

续表

作者	发表年份	研究年份	资本	劳动	人力资本	TFP
张军和施少华	2003	1952~1998	—	—	—	13.9
		♯1952~1978	—	—	—	−3.9
		♯1979~1994	—	—	—	28.9
Wang 和 Yao	2003	1953~1999	50.9	19.0	29.8	0.2
		♯1953~1977	55.0	25.1	46.3	−26.4
		♯1978~1999	47.7	15.9	11.0	25.4
沈利生和朱运法	1999	1982~1995	67.5	—	30.6	1.9
王金营（模型1）	2001	1978~1998	66.5	—	7.8	25.7
（模型2）		1978~1998	55.2	—	16.5	25.7
王小鲁	2000	1979~1999	61.5	9.76	—	17.5
李静、孟令杰和吴福象	2006	1952~2002			42.9	57.1
		1952~2002			46.8	52.2
		1978~2002			53.4	45.5
谭永生	2007	1978~2004	54.2	5.5	8.3	32.0
陆云航和张德荣	2007	1987~2004	15.2		24.5	60.3
胡鞍钢、郑京海和高宇宁等	2008	1987~2005	56.2	9.8		34.01
徐家杰	2007	1978~2006				34.0
本书						
(1) 全周期估计		1953~2007	89.1	9.4	8.4	−7.2
		♯1953~1977	140.5	13.8	12.6	−67.3
		♯1978~2007	64.2	7.3	5.8	22.6
(2) 分段估计		♯1953~1977	85.9	25.5	23.3	−35.3
		♯1978~2007	78.2	3.8	13.3	4.6
(3) 新古典 TFP$^{0.4}$		1953~2007	52.0	18.0	16.0	13.6
		♯1953~1977	82.0	26.3	24.1	−33.0
		♯1978~2007	37.5	13.9	11.1	37.2
(4) 新古典 TFP$^{0.5}$		1953~2007	65.0	15.0	13.3	6.3
		♯1953~1977	102.5	21.9	20.1	−45.0
		♯1978~2007	46.9	11.6	9.2	32.1
(5) 新古典 TFP$^{0.6}$		1953~2007	78.0	12.0	10.6	−0.9
		♯1953~1977	123.0	17.5	16.1	−57.0
		♯1978~2007	56.2	9.3	7.4	26.9

续表

作者	发表年份	研究年份	资本	劳动	人力资本	TFP
(6) Lucas TFP$^{0.5}$		1953~2007	65.0	15.0	26.6	−7.0
		♯1953~1977	102.5	21.9	40.1	−65.1
		♯1978~2007	46.8	11.6	19.4	22.9

注：1. 带"—"的为原文中未提供，或没有采用该变量

2. 陆云航和张德荣（2007）研究中的 TFP 贡献为本书推算。Chow 和 Lin（2002）的 TFP 为时间趋势与余值贡献之和。李静等（2006）的研究估计结果为要素投入贡献和 TFP 贡献，资本产出弹性取值分别为 1/3、0.4、0.5。胡鞍钢等（2008）的资本、劳动贡献为权数据估算，这一数据与郑京海等（2008）的数据为同一来源

3. 人力资本一栏中，王金营的模型 1 中为有效劳动的贡献，模型 2 中为人力资本的内外部贡献之和。对于本书的 6 种估计结果，均将有效劳动分解为普通劳动和平均受教育年限的内部效应，在劳动一栏中仅汇报普通劳动对产出的贡献，在人力资本一栏中根据是否包括人力资本的外部效应，汇报平均受教育年限表示的人力资本的内部效应和（或）外部效应。在规模报酬不变假定下，（3）～（6）项分别设定资本的产出弹性为 0.4、0.5、0.6、0.5，用 TFP 的右上标表示

对于改革开放之前这个时段的研究表明，资本是最主要的贡献因素（李静等人的研究例外，他们采用了较为不同的估计办法），贡献份额基本上分布于55％～80％，本书的估计结果基本在 50％～140％，如表 5-13 所示。但谁是经济增长的第二重要要素却不好确定，如 Chow 和 Lin（2002）的估计中，劳动的贡献为 15.4％，高于 TFP 的贡献率（5.3％）；而沈坤荣的估计中，劳动的贡献达到了 22.3％，低于 TFP 的贡献率（27.0％）。在 Wang 和 Yak（2003）的研究中，引入了普通劳动、有效劳动（作为人力资本的替代变量）。他们发现人力资本是第二位的贡献因素，达到了 29.8％，劳动的贡献达到了 19.0％，TFP 的贡献只有 0.2％。沈利生和朱运法（1999）的研究同样发现有效劳动的贡献达到了 30.6％，是第二位的贡献因素。

本书所估计的 TFP 的贡献份额为负，这是因为估计的资本产出弹性较高，同时资本增长率也较高。资本的产出弹性较高并不是一个令人意外的结果。例如，郑京海等（2008）基于向量误差修正模型的估计发现，资本的产出弹性在0.726 和 0.842 之间。他们还引述指出，中国社会科学研究院的季度经济模型中资本的产出弹性设定为 0.85。根据 Acemoglu（2007）的观点，本书发现资本的份额相对增加，可能意味着技术变化是资本体现型的。因此，仅仅从生产率贡献大小角度并不能对技术进步和经济增长的持续问题做出有效的判断。

对于改革开放之后这个时段的研究表明，资本的重要性有所下降，个别研究中 TFP 的贡献率已经超过了资本对产出的贡献率，如沈坤荣（1997）、Wang和 Yao（2003）的研究。但总体来看，资本的产出贡献仍然在 50％以上，TFP的贡献则大约在 25％以上，其余为劳动力和人力资本的贡献。

这些文献基本上都表明，要素积累是中国经济增长的主要源泉，生产率贡献的作用日益重要。但在一些细节上有着明显的差异，这些差异主要体现在三个方面：一是生产函数选择上的差异。如李静等（2006）、陆云航和张德荣（2007）的研究，他们将生产函数进行了变换，采用基本与 Hall 和 Jones（1999）一致的 TFP 分解方法。陈宗胜和黎德福（2007）的研究中也采用了基本一致的方法。这种方法中采用的生产函数形式与 Solow（1957）的新古典生产函数区别较大。二是产出弹性确定方式上的差异。如前所述，当资本产出弹性较高时，对于中国这样一个资本存量较低、年增长率较高的国家，自然会得到较低的 TFP 增长率和 TFP 贡献份额。三是数据估计方法带来的差异。不同的研究对 GDP、资本存量、劳动力、人力资本采用了不同的核算方式。例如，一些研究中采用消费者价格指数对 GDP、当年投资量进行平减，一些研究则引入了 GDP 缩减指标、固定资产投资价格指数；对资本存量的估计方法各有不同，在折旧率、当年投资量、研究基年的选择上存在着较大的差异；有的研究对劳动力数量变动异常进行了调整，有的则没有调整；有的研究将劳动力与有效劳动视为对等的概念处理；有的研究估算得到的人力资本存量水平比较低。对此，前述各个章节中都有所论及。本书认为，影响最大的是对资本存量的估计和产出弹性系数的估计。例如，当年投资量的选择直接影响到资本存量的大小，导致资本存量基年数据及各年数据差异较大。

如果从学术研究回到政府目标，当前估计的 TFP 的贡献率仅仅在 20％ 和 40％ 之间，相比《国家中长期科学和技术发展规划纲要（2006—2020 年）》（国务院，2006）提出的 2020 年科技进步贡献率要达到 60％ 的目标，可谓前路漫漫。更何况发达国家的 TFP 贡献率也不是绝对地超过了 60％，政策目标的选取需要有更坚实的国情基础和理论基础。郑玉歆（2007）指出，利用 TFP 贡献率这一指标时应当谨慎，对于中国这样的发展中国家更是如此。我国当前还处于一个资本积累的阶段，只有在达到更高的资本存量水平以后（这意味着资本存量的增长率将不再可能保持当前这样的高速度增长，从而降低资本对产出的贡献率），这一目标才可能实现。

第五节　小　　结

Kaldor（1957）指出，传统的共识认为决定经济增长率的因素包括了储蓄倾向、发明和创新及人口的增长。但事实上，经济增长越来越决定于多种因素的共同作用。本章的研究无力覆盖这么宏大的范围，只试图按照传统的研究轨迹来回答经济增长的源泉是要素积累抑或生产率贡献？通过建立全周期的劳动增强型新古典生产函数和分段联合估计的经验生产函数，得到了一个基本的估计。本章结论包括以下三个方面。

（1）中国经济增长具有阶段性特征，改革开放成为中国经济增长事实适应增长模型的一个分水岭。模型筛选过程表明，如果将 1952～2007 年作为一个整体进行分析，采用劳动增强型新古典模型具有较好的数据拟合作用，这也同样适用于对 1952～1977 年的数据分析；对于 1978～2007 年的经济增长，选择 Lucas（1988）的引入物质资本、人力资本的新增长理论模型具有较好的解释力。国内的研究大多直接设定分析框架为新古典增长模型或新增长理论模型，极少就此进行探讨。本书在这方面是一个有益的尝试。

（2）资本是中国经济增长的真正主宰，TFP 对产出的贡献在逐渐提高。投资仍然是中国经济增长的主要源泉。而且，无论是改革开放之前还是改革开放之后，资本都是增长的主要贡献力量，但较改革开放前贡献略有下降。TFP 的贡献则从改革开放前的负值转变为 20％的正贡献。尤其在引入有效劳动和人力资本概念后，本书估计的资本产出弹性和资本的产出贡献份额都高于其他研究。这与中国经济增长由资本驱动这一事实的观察一致。但是，根据林毅夫和任若恩（2006c）及郑玉歆（1999，2007）的观点，中国还处于和发达国家截然有别的一个资本积累阶段，TFP 的贡献率不能完全地捕捉技术进步带来的影响。

（3）对于改革开放后的增长数据分析表明，人力资本作为外部效应进入生产函数对提升资本的边际产出有重要作用，但对提升普通劳动的边际产出贡献不大，这为 Lucas（1993）关于物质资本与人力资本的关系的论述提供了一个有力佐证。人力资本增长模型中资本产出弹性较高和人力资本作为外部效应的产出弹性也较高的事实表明，中国目前正处于一个人力资本与物质资本互补性较强的经济增长阶段。因此，单纯地将 TFP 作为中国是否存在技术进步的依据是片面的。研究发现，人力资本对经济增长的贡献在逐渐凸显，但作为所谓经济增长"引擎"的潜力还没有完全得到体现。人力资本的外部效应远远大于人力资本作为生产要素的内部效应这一实证结果表明，对人的投资具有较强的社会收益。人力资本要成为经济增长的"引擎"，需要进一步加大积累力度。

第六章

基于各省数据的生产率变动研究

第一节　引　言

　　研究全要素生产率的传统方法是引入总量生产函数，对经济总量的时间序列数据进行分析。生产函数通常将投入和产出以一定的函数形式联系起来，并在生产函数中考虑到时间变化的影响，Solow（1957）称这个变化为技术进步。这就是第五章中使用的生产函数。使用这种方法的优点在于，可以通过回归分析求得资本和劳动的产出弹性，得到全要素生产率及其增长率的估计，从而为探讨要素积累和生产率增长对经济增长的贡献大小提供基础。如果只做资本和劳动的两要素分析，可以假定规模报酬不变并对资本和劳动的产出弹性赋值，从而估算要素贡献和生产率增长的贡献。第五章考虑了资本和劳动之外的人力资本因素，是为了避免对人力资本弹性系数的主观赋值并区分人力资本的内部效应和外部效应。因此，引入了统计回归的办法来估算弹性系数[①]。这也正是回归分析的优点所在。然而，利用时间序列数据分析要素积累和生产率变动面临着理论上、技术上和现实中的一些问题。

　　首先，生产函数的理论预设对本类研究尤其是对中国研究有着明显的影响。新古典生产函数假定生产行为在竞争环境中进行，即要素价格和产品价格外生给定；同时假定生产者可以实现利润最大化，对生产函数强加了规模报酬不变的假定。但这样的假定通常在发达国家都不能完全满足，对中国而言更加困难。这是因为中国特色社会主义市场经济体系的建设还处于一个不断改进和优化的阶段。因此，以完善的市场竞争为预设前提的参数估计方法应用于中国情景需要慎重。

　　如果按照生产函数的理论预设，研究中以统计平均为基础的生产函数估计就存在问题，因为经验生产函数在技术上并非是有效的。参数估计中通常利用统计平均来估计生产函数，没有区分来自于技术进步和技术效率提升对生产率变动的影响，也缺乏较好的微观基础。生产可能性集和生产前沿面是描述厂商

　　[①]　Wang 和 Yao（2003）、郑京海和胡鞍钢（2005）的研究通过赋值设定了人力资本的产出弹性，但这样的方法具有较大的主观性。例如，Wang 和 Yao（2003）对资本、普通劳动、人力资本三者都设定产出弹性值为 0.5，其中，人力资本为普通劳动与平均受教育年限乘积，这样处理的结果是人力资本对产出的贡献份额较高。

技术的基本微观经济理论，探讨的是资源配置的效率和产出的关系问题。生产可能集描述在当前的技术水平下，所有可行的投入产出向量的集合。经济学大师 Gerard Debreu（1951），生产前沿面描述在当前技术水平下有效率的投入产出向量，即给定投入和其他产出不变时某一种产出的最大值，或给定产出和其他投入不变时投入的最小值，即技术有效的投入产出向量集合。从经济学概念看，生产函数被定义为投入的生产要素与所能生产的最大产量之间的函数关系，体现的是一个要素价格与边际生产力相结合的理论上的生产前沿。但以总量生产函数理论为基础的估计通常得到的是一个统计平均的生产函数，反映的是各种要素与平均产出之间的数理关系，并非严格意义上的生产函数，即通常的生产函数从理论上直接背离了技术有效的假定。Koopmans（1951）指出，福利经济学研究的问题可以分为两类，首当其冲的就是生产中资源的有效配置问题①。在第五章的研究中则忽略了效率问题。

其次，时间序列回归分析方法在技术上对数据有着较严格的要求。第五章分析的一个不利因素在于，时间序列数据本身的一些特性使得分析面临着风险。一些研究采用了增长核算办法对产出弹性赋值，以规避回归分析的风险，如李京文等（2007a）的研究。一些研究由于没有探讨时间序列分析中的一些基本概念而受到了质疑，如沈利生（2004）对《世界经济》杂志 2004 年发表的一篇文章没有列出 DW 检验值提出了质疑。第五章通过引入 AR（1）技术消除了一阶正相关带来的影响，但统计上的风险并没有完全消除。

最后，中国这样一个庞大的经济体拥有众多的省级行政单位②，这些行政单位无论是经济规模还是地理区位、发展阶段都存在着较大的差异性。中国经济的发展，尤其是改革开放以来的发展，本质上是一部不平衡发展的经济史。在实现发展的路径上，在效率与公平之间进行了取舍，虽然赢取了效率，但却放弃了改革开放以前社会普遍存在的公平。例如，林毅夫等（1998）、蔡昉和都阳（2000）利用不平等指数的研究发现，地区之间的差异越来越突出。最近的研究同样表明，地区间人均收入差距扩大的现象还在延续（徐现祥等，2004；陈钊等，2008）。因此，全国综合数据时间序列分析忽略了区域间存在较大差异的事实。

可见，尽管时间序列分析具有一定的优点，但理论上、技术上、现实上都要求在研究中做出更进一步的选择。本章将引入一个能够较好地对这三者进行妥协的方法来研究中国经济发展过程中的生产率增长问题。这就是面板数据

---

① 其次是物品或收入的分配问题。

② 在第三章中已经指出，无论是全国数据还是各省数据，我们的分析只涉及内地的省级行政单位，不包括港澳台，但本章中将重庆、西藏、海南均纳入了分析框架。

DEA 方法。DEA 方法作为一种非参数估计方法，广泛应用于运筹学和经济学领域中。它本质上仍然是以投入产出为基础的生产函数方法，研究的是决策单元（decision making units，DMU）的产出效率。但它不需要假定生产函数的形式，也不需要引入很强的行为与制度假设（郑京海等，2005）。因此，对数据本身的要求不像 OLS 回归分析时那么严格。例如，Balk（2007）指出，一定情形下，新古典的行为和制度假定在 DEA 模型中也可以得到控制。同时，DEA 方法可以区分生产率增长过程中的技术进步与技术效率提升，还可以对区域间的差异进行探讨。从理论上看，经济系统在时间和空间上是一个复杂的整体，DEA 的优势就在于可以直接将中国作为一个整体与区域的局部联系起来，体现出一种系统的思想（吴育华等，1995）。

面板数据分析兼有了时序数据和截面数据的优点，不仅可以考虑到一些动态关系，还可以分析截面异质性（Wooldridge，2002）。得益于面板数据 DEA 方法的优点，一方面可以回避生产函数形式的理论预设问题，另一方面可以开展区域差异研究。然而，当前文献中同时运用参数估计和非参数估计方法来探讨要素贡献和生产率增长的研究还不多见。从这个角度看，本书也可以弥补当前研究的一些缺憾。

第五章引入资本、劳动和人力资本变量，研究了 1952～2007 年中国经济增长的事实与模型问题，建立了全周期生产函数和分段联合生产函数。研究发现，改革开放前后中国经济适用于不同的增长理论模型。本章限于各省人力资本数据的可得性和可信度，将重点以改革开放后的时期（1978～2007 年）为研究期间，基于各省数据来探讨人力资本与中国生产率增长变动的问题。本章结构安排如下：首先简要介绍面板数据 DEA 的理论和方法；其次对模型数据来源加以说明并描述有关变量；再次利用 DEA 方法对 1978～2007 年的各省数据进行实证研究；然后与国内有关研究文献进行比较；最后做一个简要的小节。

第二节 面板数据 DEA 方法

DEA 方法以数学规划理论为基础，是测量效率的非参数估计办法。Greene（2008）认为，DEA 方法的理论渊源可追溯到 Debreu（1951）、Farell（1957）的研究。DEA 方法最初由著名的运筹学家 Charnes 等（1978）提出，最初的模型为 C^2R，可以用来评价部门间的相对有效性（因此，被称为 DEA 有效）。从生产函数角度看，最初的模型用来研究具有多个输入，特别是具有多个输出的"生产部门"同时为"规模有效"与"技术有效"的方法。自 1978 年产生以来，DEA 方法已经在世界范围内多个行业和领域中得到应用和发展，分布的学科包括了经济学、数学、管理科学和运筹学等，涉及的应用领域包括了工业、农业和公共部门等（Ali et al.，2004；Fried et al.，2008）。目前，DEA 已成为评价具有相同类型投入和产出的若干个生产或非生产部门决策单元相对效率的有效方法。

Charnes 等（1978）最初提出的 DEA 模型 C²R 基于一个分式规划。经过变换后可以得到一个与之等价的线性规划，根据对偶理论可以进一步得到一个对偶规划。这个对偶规划具有直接的经济意义，它与生产可能集和相应的生产前沿面相联系。判断一个 DMU 是否为 DEA 有效①，本质上是判断该决策单元是否落在生产可能集的生产前沿面上。生产前沿面实际上是指由观察到的决策单元的投入数据和产出数据所构成的包络面的有效部分，这是数据包络分析得名的原因（魏权龄，2004）。

DEA 通常从投入导向（input-orientated）和产出导向（output-orientated）两个角度来测量技术效率。投入导向的分析相当于回答"在不改变产出量的情况下，需要按比例地减少多少的投入量"，而产出导向的分析相当于回答"在不改变投入量的情况下，会按比例地减少多少的产出量"（Coelli，1996）。因此，产出导向的测量关注给定的投入向量和给定的生产技术下，获得最大的产出水平（Coelli et al.，2005），投入导向的测量关注给定产出水平下投入最少的问题。当引入距离函数（distance function）来测量投入和产出导向的技术效率时，二者是一致的（Coelli，1996）。在实证研究中，大多采用 Fare 等（1994）构建的基于 DEA 的 Malmquist 生产率变化指数来讨论生产率变动问题。Coelli 等（2005）指出，当生产函数的规模收益不变时，对于 Malmquist 生产率指数而言，两种分析角度计算出的距离函数是一致的。这给面板数据 DEA 带来了便捷性，不再需要考虑采用产出导向或投入导向进行分析的问题。但国内研究大多还是利用产出导向的 Malmquist 生产率指数来研究 TFP 变化问题。

一 相关的重要概念介绍

Debreu（1951）对生产前沿面和生产可能集做了界定，目前这些概念在大多数文献中已经成为了标准内容，例如，Coelli 等（2005）、Fried 等（2008）等关于效率和生产率的著作对此做了阐述。根据与本书的紧密程度，下面选择性地介绍 DEA 中的一些基本概念。

（1）生产率。生产率是指产出与投入的数量之比。当只有一种投入和一种产出时，对生产率的计算是很简单的。但通常情况下，都面临着多种投入对应一种产出的问题或者多种投入对应多种产出的问题。在 DEA 中提到的生产率，

---

① 决策单元间的相对有效性称为 DEA 有效。

通常是指全要素生产率 TFP，它是对生产函数中所有要素的生产率的度量（Coelli et al.，2005：3）。经常使用的劳动力生产率指标其实是一种局部的生产率度量指数，或者称有偏的生产率，第二章曾对此有所论及。

（2）生产前沿。生产前沿是指投入和产出的联系，它代表技术水平下利用一定投入量可以得到的最大的产出（魏权龄，1988，2004；Coelli et al.，2005）。以单一投入要素为例，如图 6-1 所示，曲线 OF' 代表了生产前沿，B 和 C 是生产前沿面上表示技术有效的产出。一个厂商的产出为 A，位于生产前沿面的下方。那么，这个厂商的产出在技术上是没有效率的，因为从技术上讲，能够在不增加投入的情况下将产出扩大到 B 点。这就是生产前沿与技术效率的关系，即技术上可以实现生产前沿上的产出量，你达到了就是技术有效，否则就不是技术有效（Coelli et al.，2005）。

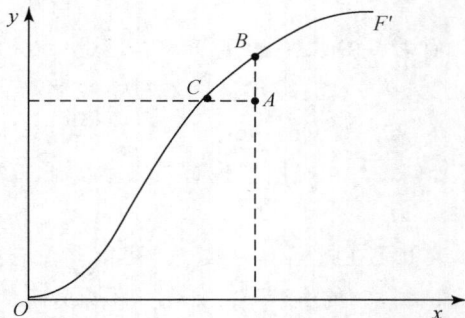

图 6-1　生产前沿面和技术效率的关系

资料来源：Coelli et al.，2005：4

（3）生产可能集。生产可能集指所有在生产上可行的投入产出组合。如图 6-1 所示，生产可能集包括了生产前沿曲线 OF' 与坐标横轴 x 之间所有的点集。因此，生产前沿是生产可能集的子集，而且是具有技术效率的子集（Coelli et al.，2005）。Fried 等（2008）引入了更规范的数学表述来讨论生产可能集中投入与产出关系的问题。

（4）技术效率与生产率。以图 6-1 为基础，以单要素投入和单一产出为例，如图 6-2 所示，从原点 O 引入三条射线 OA、OB、OC。射线的斜率为 y/x，这就是对生产率的一个测量。李善同等（2002）指出，生产函数代表的是一个行业在最好的硬件和管理技术下所能达到的最大产出，而许多经济主体在给定投入之下的实际产出水平往往小于潜在产出。实际产出与潜在产出水平之间的差距大小，就体现了技术效率的高低。

如果厂商从经营运行的 A 点移动到技术有效的 B 点，射线的斜率会变大，这意味着 B 点的生产率更高。然而，当厂商从 A 点移动到 C 点，射线 OC 作为

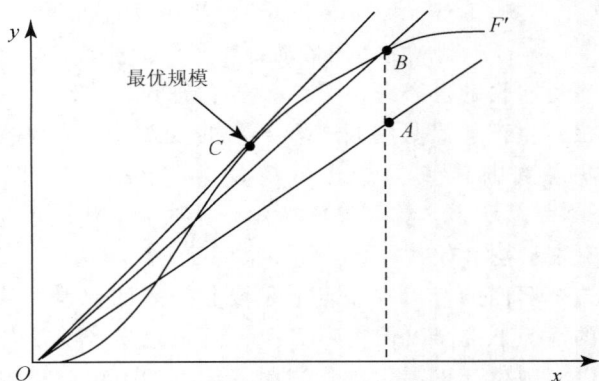

图 6-2　生产率、技术效率和规模经济的关系

资料来源：Coelli et al.，2005：5

生产前沿面的切线，拥有着最高水平的生产率。因此，C 点达到了所谓的规模经济。在 C 点的产出成为（技术上的）最优规模，在生产前沿面及以下的其他任何点的生产率都低于 C 点。对 Charnes 等（1978）的 C^2R 模型，当生产可能集满足锥性公理时 DEA 有效，在规模上也有效，达到了通常规模收益不变的状态（魏权龄，2004）。

　　由此可见，一个决策单元在技术上有效，但可能并没有实现规模经济，还可以通过向最佳规模逼近而提高它的生产率。如图 6-2 所示，A 点不是 DEA 有效的，B 点和 C 点是 DEA 有效的，A 点向 B 点和 C 点移动能够同时实现技术有效提升和生产率提高，B 点向 C 点移动则仅仅是提高了生产率但没有改进技术效率。

　　（5）配置效率。与技术有效相关的一个概念是配置效率。配置效率指给定投入要素价格的前提下，以最小的成本选择出一种投入要素（如资本和劳动）的组合方式来生产给定数量的产出，但由于宏观层面的要素价格缺乏基础数据，本书不讨论配置效率的问题。

　　（6）技术进步或技术变化。前述概念没有讨论技术在时间演进过程中的变化。Solow（1957）对总量生产函数的技术变化分析实质上包括了技术随时间变化的概念。这里借用 Solow 研究中的图示来说明技术变化和生产前沿面的关系，如图 6-3 所示。如果以年为单位①，可观察到从 $t=1$ 到 $t=2$ 生产前沿面整体向上移动了，从 P_1 到 P_2 这个过程就体现了技术随时间的变化。

　　当观察到生产率从一个点变换到另一个点，这并不意味着技术效率的必然提升或技术必然变化，还可能是产出向最佳规模经济逼近带来的影响，或是这

　　①　当然，生产函数中的技术变化可能是连续的，也可能是间断的。

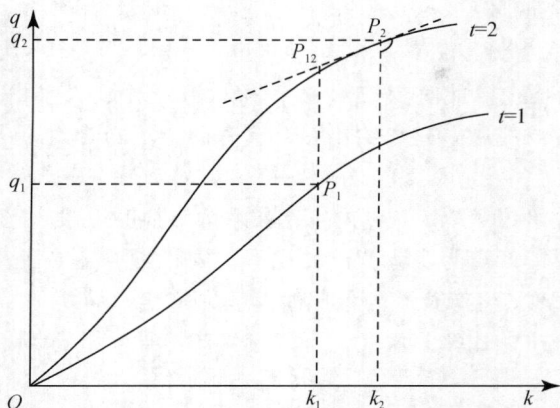

图 6-3　技术变化与生产前沿面移动

资料来源：Solow R M. 1957. Technical change and the aggregate
production function. The Review of Economic and Statistics，39（3）：313

三者共同作用的结果。

因此，技术有效不代表规模有效，规模有效不代表技术水平最高。它们之间既有紧密的联系，也有着明确的界限。

二 Malmquist 生产率指数

Solow（1957）引入的增长余值是核算全要素生产率及其变化的传统方法。Coelli 等（2005）介绍了测量 TFP 变化的一系列指数，其中包括 Hicks-Moorsteen TFP（HM TFP）指数、基于可获利性比率的 TFP 指数、Malmquist TFP 指数。郑京海和胡鞍钢（2005）指出，在国内外的研究中使用较多的还是 Malmquist TFP 指数。本书也用 Malmquist 指数来探讨中国及各省的生产率增长变化问题。Fare 等（1994）提出了产出导向的 Malmquist 指数，Coelli（1996）及 Coelli 等（2005）等的文章和教材对该指数做了较权威和实用的阐述，国内学者郑京海和胡鞍钢（2005）、杨向阳和徐翔（2006）等在研究中国经济或部门经济时也引述了有关方法。本书将直接利用这些研究成果对 Malmquist 指数法加以介绍，更详细内容可以参阅有关文献。

借鉴郑京海和胡鞍钢（2005）的表述，参照 Fare 等（1994）的做法来定义 Malmquist 指数。假定在每个时刻 $t = 1, \cdots, T$，生产技术 S^t 将要素投入 x^t（$x^t \in R_+^N$）转化为产出 y^t（$y^t \in R_+^M$），用集合表示为

$$S^t = \{(y^t, x^t): x^t \text{ 可以生产 } y^t\}$$

S^t 指生产可能集，其中每一个给定投入的最大产出子集就是生产技术的前沿，即前面提到的生产前沿（面）。另外，t 时刻的产出距离函数可以定义为

$$D_0^t(y^t, x^t) = \inf\{\theta: (y^t/\theta, x^t) \in S^t\} = (\sup\{\theta: (\theta y^t, x^t) \in S^t\})^{-1}$$

$D_0^t(y^t, x^t) \leqslant 1$ 当且仅当 $(y^t, x^t) \in S^t$，$D_0^t(y^t, x^t) = 1$ 当且仅当 (y^t, x^t) 位于生产前沿面上，此时的技术效率为 1，即投入一定时做到了产出最大。为了定义 Malmquist 指数，这里给出一个含有两个不同时刻的距离函数：

$$D_0^t(y^{t+1}, x^{t+1}) = \inf\{\theta: (y^{t+1}/\theta, x^{t+1}) \in S^t\}$$

这个距离函数给出了以 t 时刻的生产技术为参照时，投入产出 (y^{t+1}, x^{t+1}) 所能达到的最大可能产出与实际产出的比率。同样可以定义距离函数 $D_0^{t+1}(y^t, x^t)$，即以 $t+1$ 时刻的生产技术为参照时，投入产出 (y^t, x^t) 所能达到的最大可能产出与实际产出的比率。由此，可以定义产出导向型的 Malmquist 指数：

$$M_0(x_t, y_t, x_{t+1}, y_{t+1}) = \left[\frac{D_0^t(y_{t+1}, x_{t+1})}{D_0^t(y_t, x_t)} \times \frac{C_0^{t+1}(y_{t+1}, x_{t+1})}{D_0^{t+1}(y_t, x_t)}\right]^{1/2}$$

这个指数其实是两个产出导向的 Malmquist TFP 指数的几何平均值。其中，一个指数是时期 t 的技术，另一个指数是时期 $t+1$ 的技术（Coelli, 1996）。上式表明，计算 Malmquist 指数 M_0 需要计算四个距离函数，这包括了四个线性规划问题（LP problems），以求取公式中的四个距离函数的值。

首先，假定技术具有规模收益不变的性质。例如，第一个 LP 用于求出 CRS 下产出导向的距离 $d_0^t(x_t, y_t)$。

$$\text{LP1:} [D_0^t(x_t, y_t)]^{-1} = \max_{\phi, \lambda} \phi$$
$$\text{s.t.} \quad -\phi y_{i,t} + Y_t \lambda \geqslant 0$$
$$x_{i,t} - X_t \lambda \geqslant 0$$
$$\lambda \geqslant 0$$

其余三个 LP 问题可以相应得到，即

$$\text{LP2:} [D_0^{t+1}(x_{t+1}, y_{t+1})]^{-1} = \max_{\phi, \lambda} \phi$$
$$\text{s.t.} \quad -\phi y_{i,t+1} + Y_{t+1} \lambda \geqslant 0$$
$$x_{i,t+1} - X_{t+1} \lambda \geqslant 0$$
$$\lambda \geqslant 0$$

$$\text{LP3:} [D_0^t(x_{t+1}, y_{t+1})]^{-1} = \max_{\phi, \lambda} \phi$$
$$\text{s.t.} \quad -\phi y_{i,t+1} + Y_t \lambda \geqslant 0$$
$$x_{i,t+1} - X_t \lambda \geqslant 0$$
$$\lambda \geqslant 0$$

$$\text{LP4:} [D_0^{t+1}(x_t, y_t)]^{-1} = \max_{\phi, \lambda} \phi$$
$$\text{s.t.} \quad -\phi y_{i,t} + Y_{t+1} \lambda \geqslant 0$$
$$x_{i,t} - X_{t+1} \lambda \geqslant 0$$
$$\lambda \geqslant 0$$

需要注意的是，这些 ϕ 和 λ 对于四个 LP 问题而言可能会取不同的值。具体的算法将利用 CEPA 开发的 DEAP 2.1 软件实现，有关内容请参见 Coelli（1996），不再赘述。

Malmquist 指数 $M_0 > 1$ 意味着从时间 t 到时间 $t+1$，TFP 正增长，$M_0 < 1$ 意味着 TFP 负增长，$M_0 = 1$ 意味着 TFP 没有增长。当决策单元 DMU 在两个时期都技术有效时，计算 Malmquist 指数相对简单。但如果存在着非技术有效时，观察到的 Malmquist 生产率变化有不同的潜在诱因，它既可能是由于技术效率变化带来的，也可能是技术变化带来的。这就需要区分技术效率变化和技术变化带来的影响。Malmquist 指数正好具有这种性质。在不变规模收益假定下，它可以分解技术效率变化指数（technical efficiency change，TEC）和技术变化指数（technical change，TC）两者的乘积，其分解过程如下：

$$M_0(x_t,\ y_t,\ x_{t+1},\ y_{t+1}) = \frac{D_0^{t+1}(y_{t+1},\ x_{t+1})}{D_0^t(y_t,\ x_t)} \times \left[\frac{D_0^t(y_{t+1}x_{t+1})}{D_0^{t+1}(y_{t+1},\ x_{t+1})} \times \frac{D_0^t(y_t,\ x_t)}{D_0^{t+1}(y_t,\ x_t)} \right]^{1/2}$$

其中，技术效率变化对应于

$$\text{TEC} = \frac{D_0^{t+1}(y_{t+1},\ x_{t+1})}{D_0^t(y_t,\ x_t)}$$

技术变化对应于

$$\text{TC} = \left[\frac{D_0^t(y_{t+1}x_{t+1})}{D_0^{t+1}(y_{t+1},\ x_{t+1})} \times \frac{D_0^t(y_t,\ x_t)}{D_0^{t+1}(y_t,\ x_t)} \right]^{1/2}$$

技术进步指生产函数所代表的生产前沿面向产出增加方向上的移动，技术进步与生产前沿面的关系如图 6-3 所示；技术效率的提高对应于在给定要素投入水平下，实际产出向生产前沿上技术有效点的移动，如图 6-1 中从 A 点向 B 点的移动。与 Malmquist 指数 M_0 一样，对技术效率变化指数和技术变化指数而言，大于 1 意味着较上一年有改善，小于 1 意味着退化，等于 1 意味着没有变化。

上述的分解是基于规模收益不变的假定做出的。Fare 等（1994）指出，技术效率变化指数还可以通过可变规模收益与不变规模收益假定的差别，进一步地分解为纯技术效率指数（pure technical efficiency change，PEC）和规模效率指数（scale efficiency change，SEC）[①]。纯技术效率是指实际产出与可变规模收益生产前沿上产出的比值，而技术效率是实际产出与不变规模的收益情况下生产前沿产出的比值。规模效率可以定义为这两个技术效率之间的比值，规模效率的改善表现为要素投入量沿着生产前沿向最佳投入产出规模方向的移动，如图 6-2 中点 B 向点 C 的移动。

然而，Fare 等（1994）提出的技术效率分解方法在近年来受到一些批评。

---

① 技术效率分解有多种方法，如 Fare 和 Grosskopf 在 1996 年将其分解为投入偏差、产出偏差和数量组分。为了解释的便利，这里采用 Fare 等（1994）的分解办法，尽管对此还存在许多争议（Coelli et al, 2005: 293）。

主要的批评在于，如果存在着规模效率，这意味着生产技术应该是规模收益可变的（Variable returns to scale，VRS）。但 Fare 等（1994）的方法中提到的技术变化反映的是不变规模收益 CRS 的生产前沿，不是 VRS 前沿。因此，规模收益的性质对于 TFP 测量有着重要的影响。Grifell-Tatje 和 Lovell 在 1995 年利用一种投入和一种产出的例子证明，如果假设技术是 VRS 的，那么利用 Malmquist 指数来计算的 TFP 变化可能是不正确的（Coelli et al.，2005：293）。尽管还有一些研究拓展了规模效率的测量办法，鉴于这些争论的存在，本书只讨论 Malmquist 生产率变化及分解为技术效率和技术变化两种情形①。

第三节　数据来源和描述性分析

一　数据来源

本书分析所使用的基本数据来源于第三章和第四章中估计的物质资本存量数据、人力资本数据，以及劳动力数据和有效劳动数据。地区国内生产总值来自于《新中国五十五年统计资料汇编》、近年的中国统计年鉴及各省市统计年鉴。地区国内生产总值利用地区生产总值指数构建地区 GDP 缩减指数得到 1978年不变价，缩减指数的构建办法与第五章全国 GDP 价格缩减指数的构建办法相同。重庆市缺乏 1978～1992 年的地区生产总值指数，但基于重庆市与四川省的天然关系，重庆市的地区生产总值指数用四川省相应数据直接替代。

DEA 模型对生产函数的形式和变量的量纲没有具体要求。为了与第五章进行对照，本章引入 Solow 模型、有效劳动模型和人力资本外部性模型来计算 Malmquist 生产率指数，并将生产率进一步分解为技术进步与技术效率，探讨不同理论模型和方法下各类结果及差异。

二　数据描述

各省数据覆盖了 1978～2007 年地区层面的 GDP、资本存量、劳动力、平均受教育年限及有效劳动力等变量。本章的主要目的是利用各省数据对中国整体经济进行分析，这一小节对各省加总的 GDP、资本存量、劳动力、有效劳动力

---

① 事实上，利用 DEAP 2.1 软件计算出来的投入导向的 Malmquist 生产率指数与产出导向的 Malmquist 生产率指数没有差异，其分解得到的技术效率变化指数和技术变化指数也没有差异。差异主要表现在 VRS 情况下距离函数结果会有不同，从而导致纯技术效率、规模效率结果存在着差异。

变量、各省平均的受教育年限及其增长率进行描述，并与全国综合数据进行对比①。

比较综合数据 GDP 和各省加总 GDP。全国综合的 GDP 在 1978 年为 3 264.7亿元（1952 年不变价），到 2007 年时达到 48 942.1 亿元（1952 年不变价）。各省加总的 GDP 在 1978 年为 3 483.6 亿元（1978 年不变价），到 2007 年达到 71 686.9 亿元（1978 年不变价）②。

数据显示，全国综合的数据与各省数据之间的差异随着改革开放的进程而加剧，这一点与在第三章中研究物质资本时的发现类似，即基于全国综合数据的物质资本存量与各省加总的资本存量之间的差异随着改革开放的进程而加剧。从差异变化的模式看，这种差异增大主要发生在 1990 年以后。这种差异也可以从增长率变化的角度加以分析。如图 6-4 所示，全国及各省数据得到的总量 GDP 的增长率变化模式极为相似。在 1990 年以前，两种方法计算下的增长率几乎相同，其后各省加总 GDP 的增长率一致地高于全国 GDP 的增长率，1990～2007 年各省加总的 GDP 增长率比全国增长率要高出 1.9 个百分点，2004 年更是高出 3.6 个百分点。国家统计局近几年在发布统计数据时，通常都声明地方 GDP 的增长率高于全国 GDP 增长率③。本书加总计算的结果与官方声明基本一致。

比较综合数据资本存量和各省加总资本存量，如图 6-5 所示。1978 年全国综合的资本存量估计为 9 428.5 亿元（1952 年不变价），到 2007 年时达到 119 572.4亿元（1952 年不变价）。各省加总的资本存量在 1978 年为 4 116.0 亿元（1978 年价），到 2007 年达到 130 402.3 亿元（1978 年价）。由于各省的固定资本投资价格缩减指数与全国数据存在着较大的差异，而且二者计算的基年不同、折旧率不同。因此，二者缺乏坚实的基础。但资本存量变化的趋势与 GDP 变化的模式相似，地方加总的资本存量（由于各省的价格缩减指数存在不一样的差异，各省的资本存量事实上也是不可加的）在早期小于全国资本存量，但随着时间推移，差距越来越小，到 2004 年前后，地方加总数据超过了全国资本存量。从资本存量的增长率看，全国综合的增长率一直低于各省加总数据的增长率，1979～2007 年平均低出 3.5 个百分点，但二者的变动模式基本一致。

---

① 由于计算各省不变价 GDP 的价格平减指数不同，各省数据事实上不能简单加总。作为一个粗略的比较，我们不再对此加以区分。资本存量也存在同样的问题。

② 虽然二者计算的基年不同，鉴于 1978 年之前 GDP 缩减指数没有大的变化，可以认为二者之间具有较好的可比性。

③ 北京大学中国国民经济核算研究中心研究员蔡志洲介绍说，在分级核算体制下，各地的 GDP 核算容易受到地方政府干预，特别是在投资等方面，出于政绩考虑，容易存在高估现象。新华网，2007-01-18，http://news.china.com/zh_cn/news100/11038989/20070118/13887005.html。

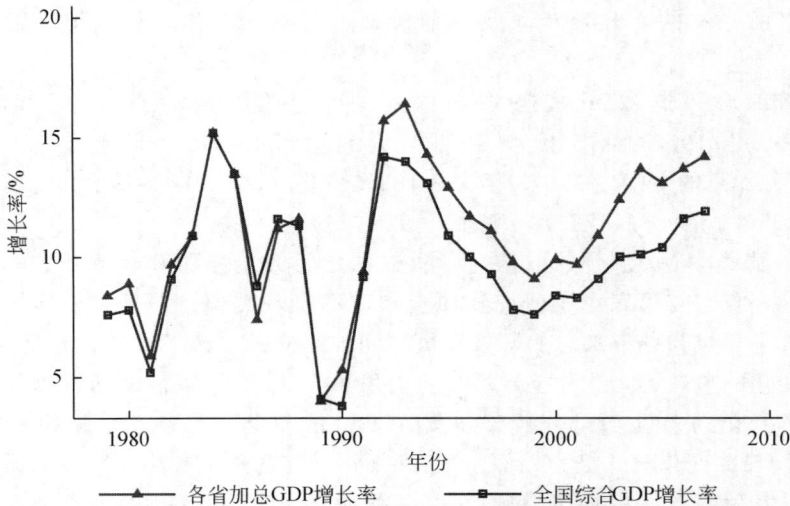

图 6-4　全国综合 GDP 与各省加总 GDP 增长率的比较

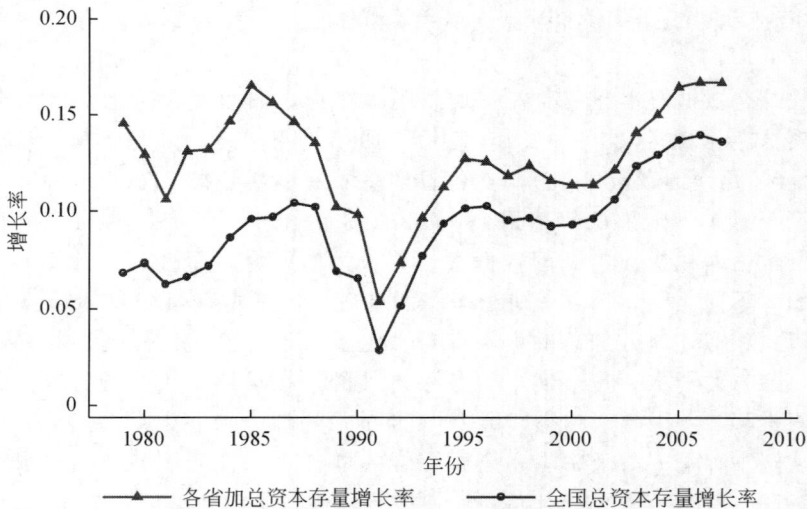

图 6-5　全国综合资本存量与各省加总资本存量增长率的比较

比较综合数据劳动力和各省加总劳动力，如图 6-6 所示。1978 年全国从业劳动力为 40 152 万人，到 2007 年时达到 76 990 万人；相对应的各省加总的劳动力数量为 40 149.6 万人和 74 594.7 万人。总体上看，二者差距不大，各省加总劳动力略低于全国从业人口劳动力的数据，但在改革开放之初，二者基本一致，随着改革开放推进，全国劳动力统计与各省加总数据的差距开始拉大，到 2007 年时，这一差距有所缩小。

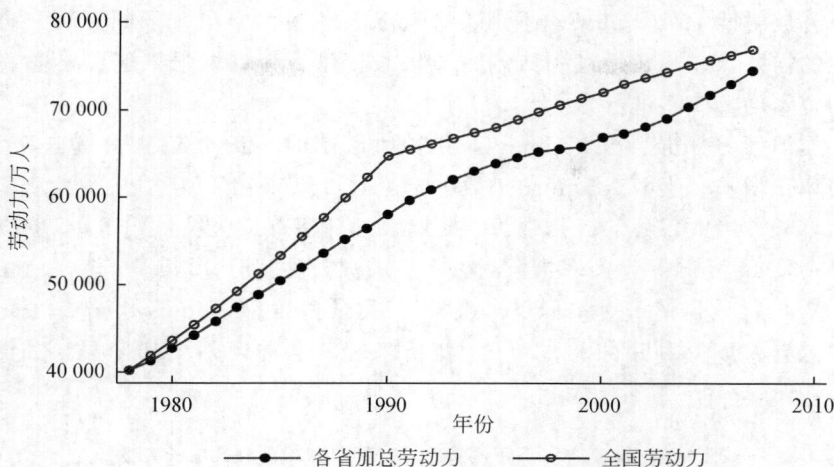

图 6-6　全国从业劳动力与各省加总劳动力比较

比较综合数据人力资本和各省加总人力资本。对于平均受教育年限，全国从业人员（15～60 岁）的平均受教育年限在 1978 年为 5.116 4 年，2007 年为 8.594 0 年；各省平均的从业人员受教育年限（6 岁以上人口）为 4.663 9 年，2007 年为 8.340 6 年。总体来看，二者差距不大，且保持着相对平稳持续的上升趋势。

比较综合数据有效劳动指标和各省加总指标。由于受教育年限数据变动平稳，有效劳动力（全国综合数据指从业劳动力和 15～60 岁人口的平均受教育年限的乘积，各省加总数据指从业劳动力和 6 岁以上人口的平均受教育年限的乘积）的变动模式与普通劳动力的变动模式一致。

第四节　模型选择与实证结果报告

Malmquist 指数利用面板数据来分析生产率变化问题。分析中，把中国内地的 31 个省（直辖市，自治区）作为一个个决策单元 DMU，运用 Fare 等（1994）提出的 Malmquist 生产率指数方法来估计中国 TFP 的变动状况。本书使用 Coelli 开发的 DEA 软件 DEAP 2.1 来计算 Malmquist 指数。DEAP 2.1 报告 Malmquist 生产率变化指数、技术效率变化指数、技术变化指数，以及不同省份不同年的有关距离函数的估计值等。

一　模型初步结果

第五章指出，1952～2007 年整个区间适用于劳动增强型新古典增长模型，而改革开放时期 1978～2007 年适用于新增长理论模型。出于不同方法下研究结果对照的需要，在本章继续引入新古典增长模型、劳动增强型新古典增长模型和人力资本增长模型进行分析。

根据前面的分析，当 Malmquist 指数大于 1 时，意味着 TFP 增长率为正，即生产率正增长；当 Malmquist 指数小于 1 时，意味着 TFP 增长率为负，即生产率负增长；当 Malmquist 指数等于 1 时，意味着 TFP 没有增长，即生产率没有提高[①]。Malmquist 生产率指数减去 1 后的数值为 TFP 增长率。

如表 6-1、图 6-7 所示，DEA 方法下三类模型的 Malmquist 生产率变化指数有一些差异。如果利用累积的 TFP 增长来看，这种区别更加明显，如图 6-8 所示。

表 6-1　DEA 方法下不同模型 1979～2007 年 TFP 增长变动

年份	Malmquist 指数（M_0）			累积的生产率增长		
	新古典增长模型	劳动增强型新古典增长模型	人力资本增长模型	新古典增长模型	劳动增强型新古典增长模型	人力资本增长模型
1979	0.962	0.962	0.996	0.962	0.962	0.996
1980	0.984	0.978	1.011	0.947	0.941	1.007
1981	0.972	0.966	0.989	0.920	0.909	0.996
1982	0.990	0.987	1.013	0.911	0.897	1.009
1983	0.990	0.987	1.008	0.902	0.885	1.017
1984	1.020	1.022	1.041	0.920	0.905	1.059
1985	0.980	0.986	1.004	0.901	0.892	1.063
1986	0.937	0.940	0.955	0.845	0.839	1.015
1987	0.980	0.981	0.993	0.828	0.823	1.008
1988	1.002	1.001	1.011	0.829	0.824	1.019
1989	0.966	0.964	0.970	0.801	0.794	0.988
1990	0.977	0.975	0.981	0.783	0.774	0.970
1991	1.039	1.036	1.041	0.813	0.802	1.009
1992	1.080	1.078	1.085	0.878	0.864	1.095
1993	1.075	1.074	1.082	0.944	0.928	1.185
1994	1.046	1.044	1.053	0.988	0.969	1.248

① 岳书敬、刘朝明认为，当 Malmquist 生产率指数小于 1 时，不能简单地解释为技术退步，还应当考虑到 DEA 仅是依据数据来计算 TFP 指数，没有考虑到制度、创新等因素的影响及随机效应。因此，TFP 小于 1 可能是随机效应造成的。

续表

年份	Malmquist 指数（M_0）			累积的生产率增长		
	新古典 增长模型	劳动增强型新 古典增长模型	人力资本 增长模型	新古典 增长模型	劳动增强型新 古典增长模型	人力资本 增长模型
1995	1.033	1.030	1.040	1.020	0.998	1.298
1996	1.029	1.026	1.037	1.050	1.024	1.346
1997	1.024	1.020	1.027	1.075	1.045	1.382
1998	1.013	1.009	1.017	1.089	1.054	1.406
1999	1.006	1.001	1.008	1.096	1.055	1.417
2000	1.010	1.005	1.013	1.107	1.061	1.435
2001	1.011	1.006	1.016	1.119	1.067	1.458
2002	1.006	1.001	1.013	1.125	1.068	1.477
2003	1.002	0.999	1.012	1.128	1.067	1.495
2004	0.998	0.996	1.009	1.125	1.063	1.508
2005	0.990	0.988	1.000	1.114	1.050	1.508
2006	0.991	0.989	1.000	1.104	1.038	1.508
2007	0.997	0.996	1.002	1.101	1.034	1.511
全国平均	1.003	1.001	1.014	1.003	1.001	1.014

资料来源：Malmquist 生产率指数为 DEAP 2.1 软件结果

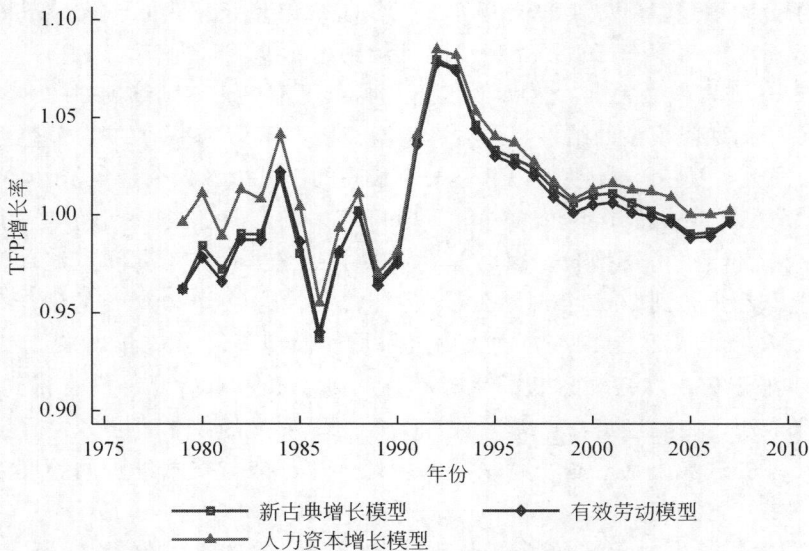

图 6-7　三类模型下 DEA 方法求得的 TFP 增长变化

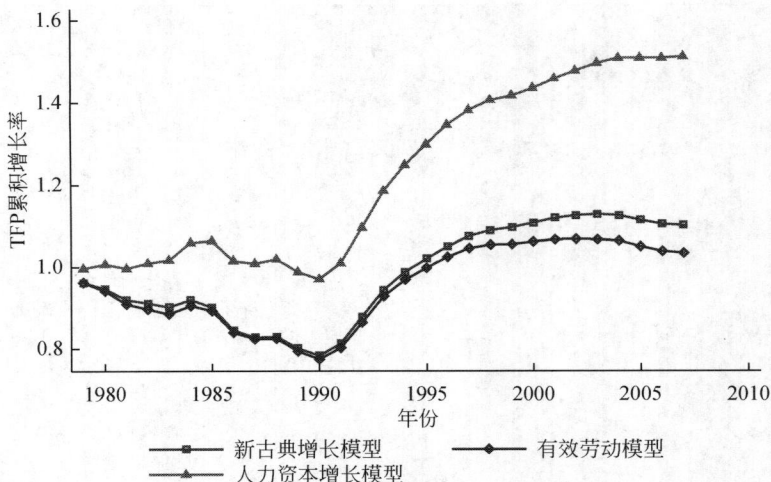

图 6-8　三类模型下 DEA 方法求得的 TFP 累积增长

新古典增长模型下，平均的 TFP 增长率为 0.3％。逐年来看，直到 1994 年之前累积的生产率都低于 1，这意味着此期间生产率没有得到提高，反而下降了；1995～2003 年，生产率持续增长，尽管有的年份增长迅速，有的年份增长不大；累积 TFP 增长率在 2003 年达到最大值以后，TFP 增长率开始下滑，2004～2007 年的 TFP 增长略低于 0，意味着生产率开始下降。

对于劳动增强型新古典增长模型，平均的 TFP 增长率为 0.1％。结果显示，改革开放后生产率下滑严重，这种状况延续到了 1995 年，其后 TFP 一直上升，2002 年时达到累积最大值，然后 TFP 开始持续下滑并一直延续到 2007 年。

区别于前两类模型的结果，人力资本增长模型下历年平均的 TFP 增长率也达到了 1.4％，是三类模型中 TFP 增长率最高的。其中，仅个别年份（1979 年、1981 年、1986 年、1987 年、1989 年、1990 年）的 TFP 增长率小于 0，其余年份的生产率都出现了正增长。因而，累积的生产率虽然在年度间有波动，但总体呈现上升趋势，到 2007 年时达到最大值 1.511。这说明 2007 年的生产率水平相对于 1978 年提高了 51.1％。在人力资本增长模型下，2004 年以来 TFP 增长率也几乎处于停滞状态，累积的生产率在达到 1.5 左右后几乎没有得到提升。模型结果表明，中国经济在改革开放以后经历了明显的技术进步，但目前看来这种生产率的进步面临着越来越艰难的境地。这可能与技术进步的难度越来越大有关（韦尔，2007）。

从 TFP 增长率大于零（Malmquist 指数大于 1）的年份数量来看，新古典增长模型、劳动增强型新古典增长模型和人力资本增长模型下 TFP 增长大于 1

的年份分别达到 15 年、14 年和 23 年，可见引入人力资本后 TFP 增长效应得到了加强。根据前面的分析，如果指数 M_o 大于 1，意味着生产率提高了，如果小于 1 意味着生产率降低了，如果等于 1 意味着生产率不变。所以至少有一半的时间，中国的生产率在提高。

总体看来，人力资本外部性模型下 Malmquist 生产率增长高于另两类模型下的 Malmquist 生产率增长水平，详细情况如表 6-1、图 6-7、图 6-8 所示。

二　模型的比较与选择

为了对比回归分析方法和 DEA 方法的研究结果，下面将两种方法共计五个模型下得到的 TFP 增长率进行一个比较分析，希望第五章的结果可以为本章选择哪一类增长理论对应的 DEA 模型提供佐证。图 6-9 展示了两种方法共计五种模型下的 TFP 增长变动模式。结果表明，尽管采用的方法和理论模型不同，但 DEA 方法下的最终估计结果与统计回归方法下的结果基本一致，生产率变动模式也大致相同。主要的差别在于 TFP 增长率的水平有差异，OLS 方法下的劳动增强型新古典增长模型估计的 TFP 值较高，总体上位于所有曲线的上面，但 DEA 方法下的人力资本增长模型的 TFP 增长率水平在 1995 年前后最高，仅在 2005～2007 年落后于 OLS 方法下的劳动增强型新古典增长模型的估计结果。OLS 方法下估计的人力资本增长模型在 1992 年以前保持在五条曲线的中间，但之后 TFP 增长率基本保持在最低水平。

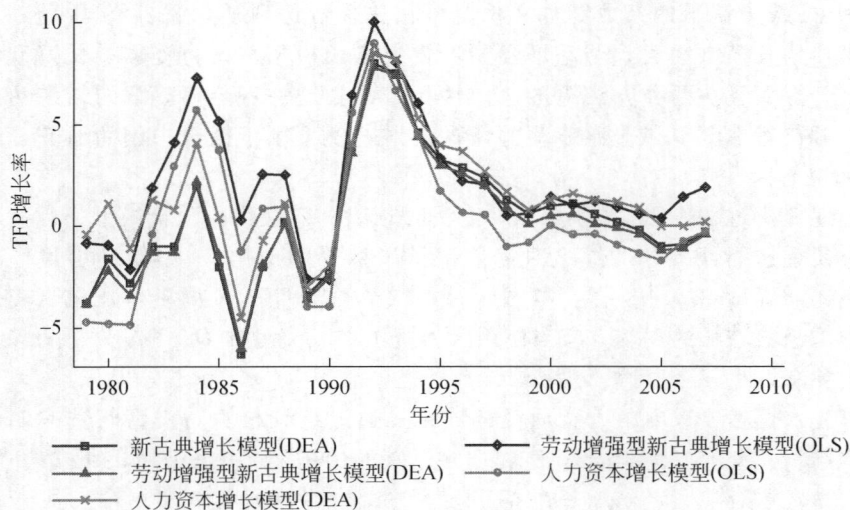

图 6-9　DEA 估计结果与 OLS 估计结果下 TFP 增长的对比

上述比较仍然难以对模型的优劣做出判断。因此，引入相关分析进行探讨，希望考察估计值之间是否有一些内在的联系，结果如表 6-2 所示。相关分析表明，在同一种方法下模型之间的估计结果具有很高的相关系数，如 DEA 方法下的新古典增长模型、劳动增强型新古典增长模型、人力资本增长模型之间的相关系数都在 0.96 以上，OLS 方法下的劳动增强型新古典增长模型、人力资本增长模型的相关系数也在 0.98 以上。两种方法下各个模型之间的相关系数则保持在 0.76~0.82 的相关水平上。

表 6-2　DEA 方法和回归方法计算的全国各年 TFP 增长率结果的相关分析

| 方法 | 增长模型 | DEA | | | OLS | |
		新古典增长模型	劳动增强型新古典增长模型	人力资本增长模型	劳动增强型新古典增长模型	人力资本增长模型
DEA	新古典增长模型	1.000 0				
	劳动增强型新古典增长模型	0.996 4	1.000 0			
	人力资本增长模型	0.966 5	0.970 0	1.000 0		
OLS	劳动增强型新古典增长模型	0.765 8	0.805 6	0.822 2	1.000 0	
	人力资本增长模型	0.769 1	0.808 4	0.788 8	0.984 5	1.000 0

从结果来看，DEA 方法下的劳动增强型新古典增长模型和 OLS 方法下的人力资本增长模型相关系数达到了 0.808 4，OLS 方法下的劳动增强型新古典增长模型和 DEA 方法下的人力资本增长模型相关系数达到了 0.822 2。因此，相对于新古典增长模型而言，劳动增强型新古典增长模型、人力资本增长模型具有比较优势，而且在两种方法下的一致性比较高。这一点与第五章的结果达成了一致，即仅考虑资本和普通劳动的新古典增长模型用于拟合中国的研究是不适宜的。

上述分析过程表明，应用 DEA 方法时难以确定最优的分析模型。因此，利用这类研究选择什么样的模型时需要谨慎。尽管 DEA 方法不能确定最优的模型，但还需要做出一个抉择。本书认为，DEA 方法下的人力资本比较真实地反映了中国经济增长的现实，应当使用人力资本增长模型作为 DEA 分析的理论背景，主要有以下三个原因。

首先，仍然要重申第五章研究的成果。通过统计检验对模型筛选表明，人力资本增长模型较好地拟合了改革开放以来的中国经济增长事实。改革开放以来，人力资本对中国经济增长发挥了要素功能和效率功能两重效应，或者称内部效应和外部效应。人力资本的外部效应远远大于人力资本的内部效应。因此，将人力资本纳入改革开放时期的增长研究是一种相对合理的选择。

其次，中国自改革开放以来，存在着生产率提升的证据。例如，易纲等（2002）认为，中国经济在改革开放以前效率极为低下，严重束缚了中国经济的活力，改革开放后非公经济迅猛发展，从而使个人能够在效用最大化的目标下并使企业能够在利润最大化的目标下有效地提高生产率。举一个简单的例子可以说明中国存在生产率提升的事实：20年前人们通常使用油墨铅印的书稿资料，20年后几乎满世界都可以找到激光打印机。这样的例子比比皆是。因此，中国经济存在着生产率提高的事实是非常明显的。

最后，从DEA分析的结果来看，只有引入了人力资本外部效应的人力资本增长模型体现出了中国经济增长存在着生产率明显提升的事实（TFP增长了51%）。本书认为，相对于其他两个模型中TFP年均增长0.3%或0.1%的结果，TFP年均增长1.4%是对中国经济增长的一个相对真实的反映。

Bernanke和Gurkaynak（2001）指出，长期增长与储蓄率这样的行为变量有关，这种相关很难用外生的增长来解释。因此，在实证研究中应当关注内生增长的模型。因此，本书认为，内生增长理论框架下的人力资本增长模型更适合中国情境，或者说适合本书中的宏观数据。

三 TFP 对经济增长的贡献

人们在利用 DEA 方法开展研究时，很少对 TFP 对产出的贡献加以分析。事实上，如果假定产出的贡献由 TFP 增长和要素积累实现，参照增长核算的办法仍然可以得到要素积累与生产率贡献在经济增长中的作用，只是无法区分出资本、劳动等生产要素的贡献。这里用各省加总的 GDP 增长率来代替全国综合的 GDP 增长率，以此作为核算的基础。

根据增长核算，如表6-3所示，1979～2007年TFP平均增长率为1.40%，加总平均的GDP增长率为10.5%，TFP对产出的平均贡献份额为13.3%，从而要素平均贡献份额为86.7%。可见，DEA方法下要素积累仍然是中国经济增长的主要源泉，与第五章回归分析的结果基本一致。李善同等（2002）运用扩展的索洛模型研究了中国经济增长中的生产率。他们发现，过去20年全要素生产率对中国经济增长平均贡献为13.5%，与本书的结果基本一致，但理论背景却大不相同。

考虑到全国各省加总的资本存量增长率为12.28%，而劳动力增长仅为1.87%（有效劳动的增长率为4.00%）、人力资本增长率为1.92%，即使设定资本的产出弹性为1/3（根据第二章和第五章的分析，这是各类研究中资本产出弹性设定的低限值），资本的贡献份额依然高达38.9%。因此，在DEA方法下资本积累仍然是经济增长的最重要因素。

表 6-3　1979~2007 年 Malmquist TFP 指数法经济增长的源泉核算　（单位:%）

年份	各省加总 GDP 增长率	TFP 增长	TFP 贡献份额	要素贡献份额
1979	8.4	−0.40	−4.8	104.8
1980	8.9	1.10	12.4	87.6
1981	5.9	−1.10	−18.6	118.6
1982	9.7	1.30	13.4	86.6
1983	10.9	0.80	7.3	92.7
1984	15.2	4.10	27.0	73.0
1985	13.5	0.40	3.0	97.0
1986	7.4	−4.50	−60.8	160.8
1987	11.2	−0.70	−6.3	106.3
1988	11.6	1.10	9.5	90.5
1989	4.0	−3.00	−75.0	175.0
1990	5.3	−1.90	−35.8	135.8
1991	9.4	4.10	43.6	56.4
1992	15.7	8.50	54.1	45.9
1993	16.4	8.20	50.0	50.0
1994	14.3	5.30	37.1	62.9
1995	12.9	4.00	31.0	69.0
1996	11.7	3.70	31.6	68.4
1997	11.1	2.70	24.3	75.7
1998	9.8	1.70	17.3	82.7
1999	9.1	0.80	8.8	91.2
2000	9.9	1.30	13.1	86.9
2001	9.7	1.60	16.5	83.5
2002	10.9	1.30	11.9	88.1
2003	12.4	1.20	9.7	90.3
2004	13.7	0.90	6.6	93.4
2005	13.1	0.00	0.0	100.0
2006	13.7	0.00	0.0	100.0
2007	14.2	0.20	1.4	98.6
全国平均	10.5	1.40	13.3	86.7

　　不同年份生产率贡献份额有着较大的差异。改革开放初期生产率贡献在波
动中提高，到 1984 年达到第一个最大值 27.0%，随后进入一个基本是贡献严重
为负的时期，到 1989 年时生产率的贡献甚至达到−75%。1989 年、1990 年正
好是中国经济紧缩的时期（张军，施少华，2003）。随后中国的 TFP 增长和贡

献份额进入最佳时期，贡献份额在 1991～1996 年保持在 30％以上，1992 年、1993 年甚至高达 50％以上。1996 年以后，生产率增长逐年稳步下降，到 2004 年后生产率基本处于维持状态。要素贡献份额也随着生产率贡献份额的变化而逐年波动，但总体上要素贡献是增长的主要源泉，如图 6-10 所示。

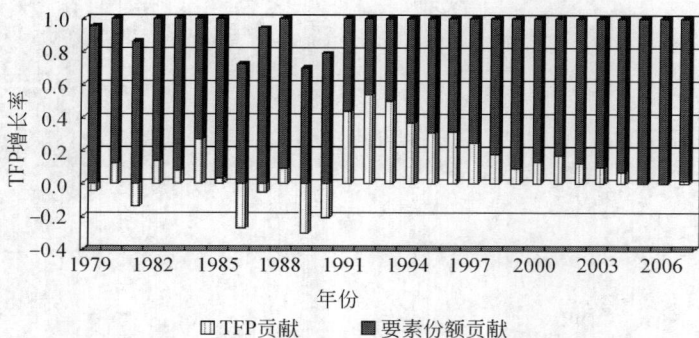

图 6-10　DEA 估计结果与 OLS 估计结果下 TFP 增长的对比

四　TFP 增长变化的源泉

Malmquist 生产率指数可以分解为技术效率变化和技术变化（技术进步）。技术效率变化指在投入一定的情况下，产出向着生产前沿或最优规模逼近，这意味着资源利用效率提高了。技术进步指生产前沿曲线向上推移，表示要素投入转换为产出的技术水平发生了明显的变化。下面利用人力资本外部性模型下的 Malmquist 生产率指数来分析 1979～2007 年生产率变化的来源。

表 6-4 列出了 1979～2007 年的 Malmquist 指数及其分解的具体结果。数据显示，1978～2007 年中国 TFP 年均几何增长率为 1.4％。根据中国计划经济的模式，每 5 年划分为一个时期，结合 TFP 的年度变化来讨论 TFP 增长变化模式。上一节已经提到，1979～1990 年 TFP 增长波动较大，增长率时而正增长，时而下降，处于一种不稳定的状态。例如，"六五"时期（1981～1985 年）的平均增长率为 1.1％，"七五"时期（1986～1990 年）的平均生产率只达到了 1985 年时的 98.2％；1990 年以后直到 2007 年，生产率进入完全正增长的新时期，且整个"八五"期间（1991～1995 年）的平均增长率达到了 6.0％，"九五"期间（1996～2000 年）有所下降，但也达到了 2.0％，"十五"期间（2001～2005 年）的平均生产率增长了 1.0％。因此，近 20 年来生产率提高明显，但改善的速度正在下降。

表 6-4 1979～2007 年 Malmquist 方法下技术效率和技术变化

年份	技术效率变化 (1)=(2)×(3)	纯技术 效率（2）	规模效率 变化（3）	技术进 步率（4）	生产率增长 (5)=(1)×(4)
1979	0.983	0.987	0.996	1.013	0.996
1980	1.012	1.009	1.004	0.999	1.011
1980/1978	0.997	0.998	1.000	1.006	1.003
1981	0.999	0.983	1.017	0.989	0.989
1982	1.036	1.035	1.001	0.977	1.013
1983	1.028	1.028	1.000	0.981	1.008
1984	1.034	1.025	1.009	1.006	1.041
1985	1.005	1.006	0.999	1.000	1.004
"六五"时期	1.020	1.015	1.005	0.991	1.011
1986	1.024	1.026	0.998	0.933	0.955
1987	1.027	1.031	0.997	0.967	0.993
1988	1.014	1.007	1.007	0.996	1.011
1989	1.006	1.005	1.002	0.964	0.970
1990	0.992	0.991	1.001	0.990	0.981
"七五"时期	1.013	1.012	1.001	0.970	0.982
1991	0.973	0.977	0.996	1.071	1.041
1992	0.975	0.981	0.994	1.113	1.085
1993	0.982	0.982	1.000	1.103	1.082
1994	0.995	0.992	1.003	1.058	1.053
1995	1.022	1.017	1.005	1.018	1.040
"八五"时期	0.989	0.990	1.000	1.072	1.060
1996	1.032	1.028	1.005	1.004	1.037
1997	1.014	1.009	1.005	1.013	1.027
1998	1.019	1.013	1.005	0.999	1.017
1999	1.001	1.001	1.000	1.007	1.008
2000	1.005	1.005	1.000	1.008	1.013
"九五"时期	1.014	1.011	1.003	1.006	1.020
2001	0.995	0.996	1.000	1.021	1.016
2002	0.996	0.997	0.999	1.017	1.013
2003	0.990	0.994	0.997	1.022	1.012
2004	0.984	0.992	0.992	1.025	1.009

续表

年份	技术效率变化 (1)＝(2)×(3)	纯技术 效率 (2)	规模效率 变化 (3)	技术进 步率 (4)	生产率增长 (5)＝(1)×(4)
2005	0.997	1.000	0.997	1.004	1.000
"十五"时期	0.992	0.996	0.997	1.018	1.010
2006	0.984	0.989	0.995	1.016	1.000
2007	0.982	0.987	0.995	1.021	1.002
2007/1978	1.004	1.001	1.003	1.011	1.014

注：在这里报告了纯技术效率和规模效率，但鉴于 DEAP 软件的局限及理论上的争议，书中不对其进行分析，有兴趣可以参阅一下

资料来源：利用 DEAP 2.1 软件 Malmquist 指数法计算。每个时期平均值为几何平均值

关于技术效率变化指数，数据显示 1978～2007 年中国技术效率年均几何增长率为 0.4%，即 30 年技术效率提高了 0.4 个百分点。分时期平均值看，1978～1980 年及从"六五"时期直到"十五"时期，技术效率提高分别为 -0.3%、2.0%、1.3%、-1.1%、1.4%、-0.8%。因此，技术效率提升的趋势不明显，整体上是一个波动中发展的过程，但自 1995 年以来，技术效率恶化的状况一直延续到现在。这表明在现有技术下的投入并没有达到最优化，是一个值得忧虑的过程。

关于技术进步指标，数据显示 1978～2007 年中国技术进步年均几何增长率为 1.1%，是 TFP 增长的主要贡献者。分时期平均值看，1978～1980 年及从"六五"时期到"十五"时期，技术进步率分别达到 0.6%、-0.9%、-3.0%、7.2%、0.6%、1.8%，即进入改革开放大约 15 年后，中国经历了较为明显的技术进步。例如，1991 年、1992 年、1993 年的技术进步率分别达到了 7.1%、11.3%、10.3%，并且"九五"时期的技术进步率平均达到了 7.2%，是一个较大的成就。

可见，生产率变动具有一定的阶段性特征。田国强（2008）认为，中国的改革开放可划分为三个阶段：第一个阶段是改革开放的前 13 年（1978～1991 年），这是一个拨乱反正和商品经济阶段；第二个阶段是第二个 13 年（1992～2005 年），这是提出建设市场经济体制阶段；第三个阶段就是胡锦涛 2005 年提出构建社会主义和谐社会后的时期。因此，如果将改革开放 30 年划分为不同的阶段将有助于对 TFP 增长、技术效率和技术进步率之间关系的理解。

根据田国强的阶段论绘制了 1979～2007 年生产率变动的图形，如图 6-11 所示。总体来看，TFP 增长、技术进步两个指数的变化模式基本一致，技术效率指数变化模式与生产率变化没有明显关系，甚至呈现反向变动关系。从田国强（2008）的三阶段来看，第一阶段各个指标没有明确的变化模式，总体上技术效

率增长明显，体现出"文化大革命"后拨乱反正对提升经济效率的正面效果，但同期的技术进步不明显。这说明第一阶段的增长有赖于投入产出的效率提高而不是技术进步，这也许就是易纲等（2002）提出的制度变迁——改革开放带来的成果。

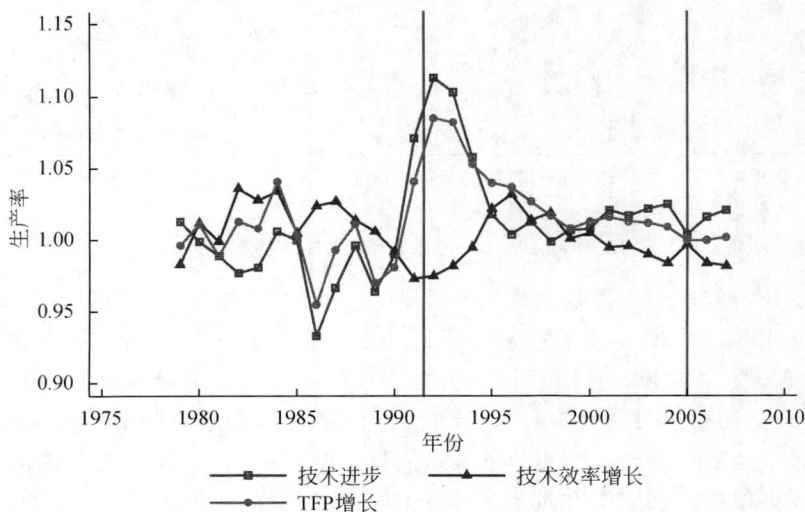

图 6-11　Malmquist 指数法下生产率变动趋势

　　第二阶段，尤其是小平同志南方谈话前后，从 1992 年开始的技术进步对生产率增长的正面效应明显。这一时期，资本尤其是外资在中国经济中的作用开始凸显，技术进步的重要源泉可能是资本积累产生的效果，即第二阶段的生产率增长可能包括了体现型技术进步对经济增长带来的影响。但数据显示，技术进步对生产率增长的贡献越来越小，自 1992 年技术进步率达到 11.3% 以来，进步的速度越来越慢，到 2005 年时技术进步水平只有 0.4 个百分点。

　　自 2005 年以后，进入田国强所谓的第三阶段——和谐发展阶段。2007 年技术进步率为 2.1%，仍然维持了一个正的增长水平，高于改革开放时期 1.4% 的 TFP 增长率和 1.1% 的技术进步率水平。但考虑第二、第三阶段整体，1992～2007 年技术效率的平均增长率为负。也就是说，改革开放的第二阶段以来，出现了技术效率恶化的局面，实际产出与潜在的产出水平的距离越来越远。对比于 GDP 的增长率，这意味着投入增多了，但产出水平并没有达到最优。这种粗放的增长方式不利于经济社会的全面协调可持续发展，是中央政府提出科学发展观、要求转变经济发展方式的原因之一。

　　相关分析表明，1979～2007 年的生产率变化指数、技术进步指数的相关系数达到了 0.867 1；技术效率指数与生产率变化是负相关，相关系数为

—0.199 3，二者不具有较强的相关性。1979～2007 年技术效率为 0.4％，技术进步为 1.1％，生产率增长为 1.4％（0.4％和 1.1％二者相加不等于 1.4％，这是因为 Malmquist 指数法下，它们是乘积关系）。如果用技术效率、技术进步对生产率增长的相对贡献来表示，可以发现技术进步对生产率增长的贡献率大致是技术效率的贡献的 2.75 倍，技术效率对生产率的贡献不足 1/4。

因此，本书认为，技术进步主导了生产率的变化，是中国经济生产率增长的主要源泉。

五 区域和各省 TFP 差异

为了比较不同区域和省份 TFP 变动的差异，参考蔡昉和都阳（2000）、张焕明（2004）、杨向阳和徐翔（2006）等的做法，本书将考察的 31 个内地省（自治区、直辖市）进一步划分为东中西部三大地区[①]（不含港澳台）：东部地区包括北京、天津、河北、辽宁、上海、江苏、浙江、山东、福建、广东和海南 11 个省（自治区、直辖市）；中部地区包括山西、吉林、黑龙江、安徽、江西、河南、湖北和湖南 8 个省；西部地区包括内蒙古、广西、重庆、四川、贵州、云南、西藏、陕西、甘肃、青海、宁夏和新疆 12 个省（自治区、直辖市）。内蒙古和广西进入了国家西部大开发的名单。因此，将其归入西部地区。

如表 6-5 所示，1978～2007 年生产率的平均增长率从高到低依次是东部地区 3.0％、中部地区 0.7％、西部地区 0.6％。东部地区高于全国平均水平 1.6 个百分点，中部和西部地区则落后全国水平 0.7、0.8 个百分点。因此，东部地区主导了全国生产率的增长，中西部地区则拖了全国生产率增长的后腿，没有跟上东部地区生产率增长的步伐。进一步地，东部地区 TFP 增长主要来自于技术进步，达到了 2.8％，技术效率增长仅为 0.2％；中部地区的增长主要来自于技术效率，增长了 0.6％，技术进步了 0.2％，技术效率变化贡献了生产率增长的 75％左右。西部地区的增长仍然是技术效率的贡献大于技术进步的贡献，二者分别贡献了生产率增长的 60％和 40％。

因此，从东中西部地区来看，东部地区的生产率增长以技术进步为主，而中西部地区的生产率增长以技术效率提升为主，东部地区的技术进步是全国生产率增长的源泉。

---

① 国家统计局将东北三省单独列为一个区域进行归类。与本书相比，东部地区就少了辽宁省，中部地区少了黑龙江省和吉林省。另外，新疆建设兵团其实也是一个相对独立的统计单元，但通常的研究中都不将其纳入分析。2007 年 12 月 9 日引自 http：//www. stats. gov. cn/was40/gjtjj _ detail. jsp? searchword＝％B6％AB％D6％D0％CE％F7％B2％BF＆channelid＝6697＆record＝13。

表 6-5　中国内地 31 个省（直辖市、自治区）1979～2007 年的 Malmquist 指数

年份	技术效率变化 (1)＝(2)×(3)	纯技术 效率（2）	规模效率 变化（3）	技术进 步率（4）	生产率增长 (5)＝(1)×(4)
东部地区	1.002	1.002	1.000	1.028	1.030
北京	0.984	0.985	0.998	1.058	1.041
天津	1.010	1.010	1.000	1.008	1.019
河北	1.003	1.003	1.000	1.019	1.022
辽宁	1.000	1.000	1.000	1.010	1.011
上海	1.000	1.000	1.000	1.035	1.035
江苏	1.000	1.000	1.000	1.078	1.078
浙江	0.999	0.998	1.001	1.033	1.032
山东	0.999	0.999	1.000	1.050	1.048
福建	1.020	1.018	1.002	0.989	1.008
广东	1.009	1.009	1.000	1.041	1.051
海南	1.001	1.000	1.001	0.990	0.992
中部地区	1.006	1.004	1.001	1.002	1.007
山西	1.020	1.018	1.001	0.994	1.014
吉林	1.007	1.007	1.000	0.987	0.994
黑龙江	1.002	1.001	1.001	1.010	1.012
安徽	0.998	0.994	1.004	0.995	0.993
江西	0.998	0.995	1.003	1.013	1.011
河南	0.998	0.998	1.001	1.016	1.015
湖北	1.006	1.005	1.001	1.001	1.007
湖南	1.016	1.015	1.001	0.997	1.013
西部地区	1.003	1.003	1.000	1.002	1.006
内蒙古	1.003	1.003	1.000	0.989	1.005
广西	1.020	1.018	1.001	0.985	1.005
重庆	0.979	0.979	1.000	0.974	0.954
四川	0.997	0.997	1.000	1.019	1.016
贵州	1.016	1.009	1.006	0.999	1.015
云南	1.008	1.002	1.006	1.006	1.014
西藏	0.985	1.000	0.985	1.017	1.002
陕西	1.021	1.019	1.002	0.989	1.010
甘肃	1.013	1.007	1.007	1.005	1.018

续表

年份	技术效率变化 (1)＝(2)×(3)	纯技术 效率（2）	规模效率 变化（3）	技术进 步率（4）	生产率增长 (5)＝(1)×(4)
青海	0.983	0.985	0.997	1.024	1.006
宁夏	1.001	1.004	0.997	1.024	1.025
新疆	1.015	1.015	1.000	0.989	1.004
东部	1.002	1.002	1.000	1.028	1.030
中部	1.005	1.004	1.001	1.003	1.006
西部	1.003	1.003	1.000	1.002	1.006
全国	1.004	1.003	1.001	1.011	1.014

资料来源：DEAP 2.1 软件计算结果；东中西部地区均值为作者计算

东部地区生产率增长水平最高的是江苏省，年均达到了 7.8％，而且这种增长完全是技术进步带来的；海南省出现了负增长，生产率下降了 0.8％左右，这种下降主要是由于技术进步不足。中部地区生产率增长水平最高的是河南省，达到 1.5％，其增长来自于技术进步，达到了 1.6％，同时技术效率为－0.2％；安徽、吉林等省生产率出现了负增长，分别下降了 0.7、0.6 个百分点，这主要源于技术效率的下降。西部地区生产率增长水平最高的是宁夏回族自治区，达到了 2.5％，主要来源于技术进步的 2.4 个百分点；重庆市出现了负增长，生产率平均下降了 4.6 个百分点，其中技术效率下降了 2.1％，技术进步负增长达到了 2.6％。

对各省的技术进步、技术效率与生产率变化指数的相关分析表明，TFP 增长与技术进步有着较强的相关关系，相关系数达到了 0.881 8，且在 0.001 的统计水平上显著，表明技术进步与生产率变化之间有极强的显著正相关关系。技术效率变化与 TFP 变化的相关系数仅为 0.097 5，且在 0.05 的统计水平上不显著。有关结果如表 6-6 所示。

表 6-6　各省的生产率增长、技术效率变化、技术进步的相关分析

项目	TFP 变化	技术进步	技术效率变化
TFP 变化	1.000 0		
技术进步	0.881 8 ***	1.000 0	
	(0)		
技术效率变化	0.097 5	−0.382 7 *	1.000 0
	(0.595 7)	(0.030 6)	

* $p < 0.05$；*** $p < 0.001$

对各省有关指数的相关分析表明，技术进步是生产率增长的主要源泉，技

术效率与生产率变动缺乏明确的相关关系。这与前面对全国生产率变化、技术进步、技术效率变化的分析结果一致。

上文利用 1978～2007 年的总平均指数分析了东中西部地区和省际的生产率差异，但对 1979～2007 年各个区域和省市的生产率增长变动模式还缺乏清晰的认识。下面进一步利用东中西部地区①的 Malmquist 指数的年度数据来研究生产率变动的源泉。1979～2007 年全国和东中西部地区的 TFP 变动模式如图 6-12 所示。总体来看，东中西地区 TFP 增长变化的模式基本一致，但在水平上有差异，东部地区的生产率增长稳定地高于全国平均水平和中西部地区。改革开放的初期，区域之间生产率的差异并不明显，甚至某些时期中西部地区的生产率还高于东部地区，但整体上较改革开放初期没有大的波动。这种相对没有规则的生产率增长变动基本延续到了改革开放第一阶段结束。进入第二阶段之后，东中西部地区的生产率迅速提升，并主导了全国生产率的变动模式。同期，中西部地区的生产率与东部地区开始拉大差距，这种差异在 1998 年后逐渐扩大。东部地区的生产率增长自 1995 年以后进入一个相对平稳的增长期，平均增长率保持在 3％～4％。中西部地区的生产率则明显下降，1998～2007 年中部地区生产率平均增长了 0.16％，西部地区则下降了 1.2 个百分点，出现负增长现象。

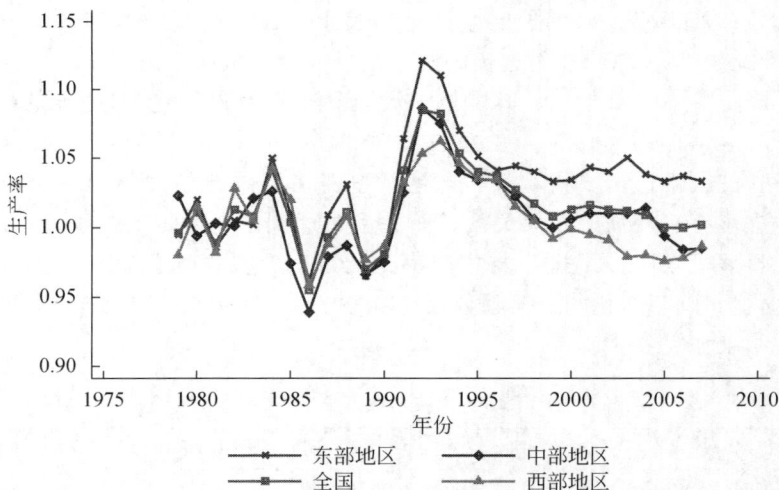

图 6-12　1979～2007 年全国和东中西部地区生产率增长

也就是说，在改革开放的第一个阶段，东中西部地区的生产率增长变动没

---

① 鉴于 31 个省（自治区、直辖市）不能一一详述，这里以东中西部来说明区域的差异，对于各省数据主要通过个别点评的方式加以说明。

有明显差异，在第二阶段则出现了明显的分异。这种状况用累积的生产率增长变动表示得更加清晰，如图 6-13 所示。分析表明，东部地区的生产率累积增长了 137.3%，高出全国平均水平 86.2 个百分点；中部地区只有 23.4%，西部地区则只有 14.9%，远低于全国平均的 51.1%。从变动模式上看，1979～1985 年（相当于改革开放初期）东中西部地区的生产率基本没有增长，但整体上中部地区的生产率水平处于领先地位；1985 年以后，中部地区的生产率开始出现下滑，其生产率不仅低于东部地区，还低于西部地区；1990 年以后，东部地区的生产率迅速提高，中西部地区生产率有所提高，但这种生产率共同提高仅仅维持到1995 年左右，随后中西部地区的生产率增长开始趋于停滞，而东部地区继续保持了 3%～4% 的增长态势并延续至今。另外，中部地区的生产率自 1985 年开始下滑以后，虽然在 1991 年也恢复了正增长，但一直到 2002 年左右累积的生产率增长才追赶上西部地区。

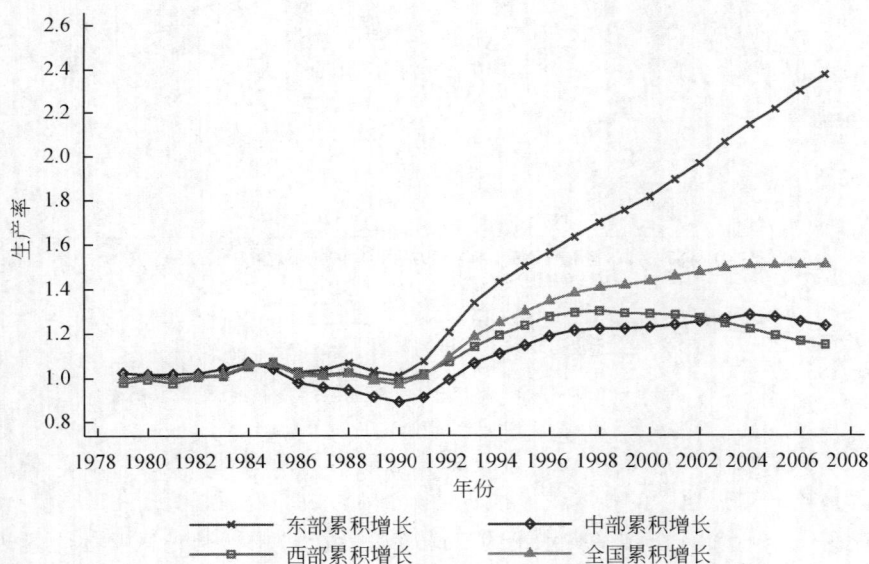

图 6-13 1979～2007 年全国和东中西部地区生产率累积增长

总体上，全国及各个地区的技术效率改进幅度不大，中西部地区技术效率增长率优于东部地区：东部地区平均增长了 0.2%，落后于全国平均水平 0.1 个百分点；中部增长了 0.6%，高出全国 0.3 个百分点；西部增长了 0.3%，与全国平均水平持平。

具体来看，改革开放的第一阶段（1978～1991 年），东部地区的技术效率提升了 0.4%，中部地区达到 1.2%，西部地区为 1.4%，同期全国平均为 1.3%。因此，改革开放初期对于中西部地区而言是一个效率明显提升的过程。改革开放的第二阶段（1992～2004 年），东部地区的技术效率提升了 0.2％，中部达到 0.4％，西部则下降了 0.3％，同期全国平均为 0.1％。所以第二阶段的总体效率提升有限，固定的投入并没有向生产前沿面有效率地逼近。2005～2007 年，三个地区均出现了技术效率下滑的现象，东部地区下滑了 0.6％，中部下滑了 1.3％，西部下滑了 1.8％，全国平均下降了 1.2％。这同样是一个危险的信号，表明投入的技术效率进一步恶化。图 6-14 更清晰地表明了技术效率历年的变化趋势。

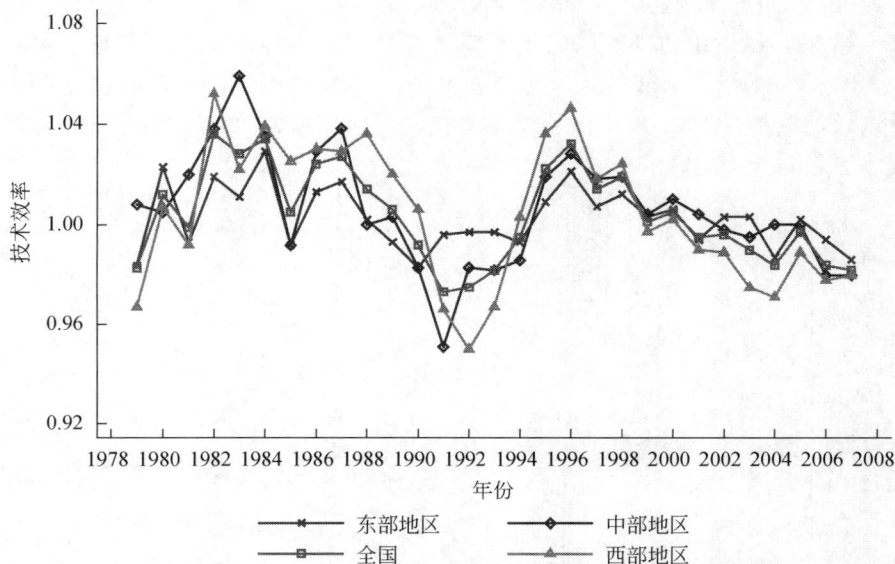

图 6-14 1979～2007 年全国和东中西部地区年度技术效率增长率

从累积变化来看（图 6-15），东中西部的技术效率都有所提升，但提高的幅度有所差异。东部地区的技术效率改善了 7.0％，中部地区提高了 17.6％，西部地区提高了 10.0％，全国平均水平为 10.6％。因此，中西部地区整体上表现为技术效率有效提升，东部地区的技术效率改善不足。

技术变化（生产前沿面的移动）总体来看与生产率的变动模式一致，各个地区的变化特点也趋于一致，不再赘述。有关变动模式如图 6-16 所示。

对比 1979～2007 年东中西部地区生产率、技术效率、技术进步增长变化的三个图形，可以发现三个地区的生产率与技术进步基本保持了一致变化的步调，而技术效率与前两者呈现出逆向的变化趋势，即技术进步与技术效率基本保持了相反方向的变化模式。技术进步快时，技术效率增长不足；技术进步不明显时，技术效率改善明显。

本书认为技术进步是主导东中西部地区生产率增长的决定因素，技术效率

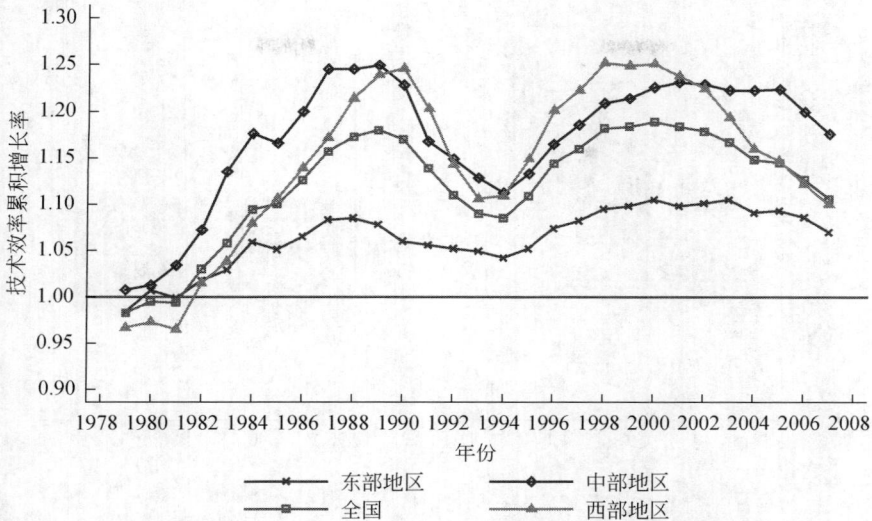

图 6-15　1979～2007 年全国和东中西部地区年度技术效率累积增长率

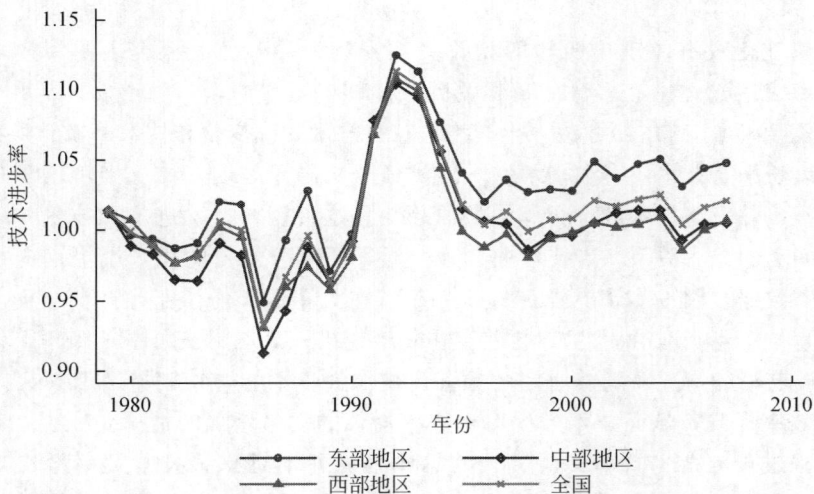

图 6-16　1979～2007 年全国和东中西部地区年度技术进步率

当前还没有成为中国经济的生产率增长的有力支撑，尽管在中西部地区生产率增长中技术效率已有着相对重要的地位。这一点通过散点图和回归拟合曲线可以看出，如图 6-17 所示。

技术进步率与生产率增长的关系图［图 6-17（a）］显示，技术进步与生产率增长的点集基本分布在 90％的拟合置信区间内，二者的正相关关系明显。散点图和回归拟合图［图 6-17（b）］表明，散点分布的范围较宽，技术效率变化

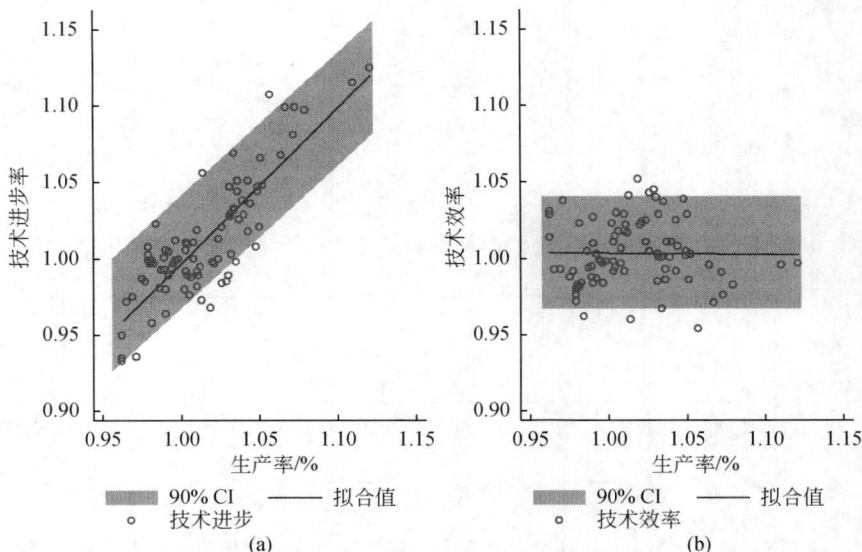

图 6-17　东中西部各省年均技术进步率与年均 TFP 增长的散点图

与生产率变化没有体现出明显的相关关系。对相关系数的探究表明，技术效率与生产率之间总体上有轻微的负相关关系。

　　但需要注意，DEA 方法下生产率增长是技术效率变化和技术进步的乘积，即生产率增长来自技术效率和技术进步。实证分析结果表明，中国经济增长过程中存在着技术效率与技术进步交替增长的趋势。这说明，技术进步和技术效率之间有着时间上的先后关系。当技术进步太快时，即部分省份的生产前沿面向前推进太快时（数据表明上海市、浙江省、广东省在大多数年份位于生产前沿面上，上海市一直位于生产前沿面上），自然存在着给定投入下实际产出增长跟不上发达省份的生产前沿的情况。随着时间的推移，技术进步不能够长期持续增长，因此出现技术效率提升，从而技术效率对生产率增长的贡献增加的情况。

　　技术进步与技术效率交替上升的总体趋势并不意味着技术效率增长与技术进步是一种非此即彼的关系。实证分析也发现，技术效率和技术进步率在一些年份同时实现了增长。例如，1996 年东部地区的生产率增长了 4.1%，其中技术效率增长了 2.1%，技术进步增长了 2.0%。中部地区 1995 年的生产率增长了 3.4%，技术效率提升了 1.9%，技术进步增长了 1.5%。但西部地区很少同时出现技术效率提升和技术进步增长的情况。

　　从发展的角度说，技术效率的提升有一个上限，这个上限取决于技术进步的水平，实际产出只能向潜在产出或规模经济的最大值逼近。如果不存在技术进步，依靠投入的增长模式需要拥有足够的自然资源、能源及劳动力投入，但这从长期来讲是难以持续的。所以持续的技术进步将有助于经济的增长,也可以为技术效率提升营造一个上升的空间。然而,当技术效率提升速度一直落后于技术进步速度时,会出现持续的效率恶化。对于资源有限的人类社会而言,这种增长模式无疑不是最优的选择。

第五节 与相关文献研究的比较

一 生产率变动模式和生产率贡献

Prescott (1997) 指出,全要素生产率是理解国家间收入差异的重要概念。因此,需要一个关于 TFP 增长的模型。Easterly 和 Levine (2001)、Klenow (2001) 则认为 TFP 应当成为经济增长研究的焦点所在。本章利用 DEA 方法尝试加入对 TFP 分析的焦点之争中,并对 1978~2007 年生产率变动模式及变动的源泉加以分析。

第五章指出,劳动增强型模型和人力资本增长模型下生产率的大小有较大差异。分段估计函数的全要素生产率估计值明显低于全周期函数的 TFP 估计值。本书认为,单纯地看待生产率本身并不能为增长分析带来更有价值的信息,生产率在年度间的变化及其对经济增长的贡献才是生产率研究应当关注的焦点。也就是说,TFP 分析的重要任务不是发现生产率的绝对变化,而是探求其在不同时期、不同国家或地区之间相对变化的程度(阿吉翁等,2004)。因此,本章在第五章基础上再次对生产率的变动模式和生产率对产出的贡献进行分析。

在研究区间大致相同的情况下,谭永生 (2007) 利用回归方法发现 1978~2004 年 TFP 的贡献率为 32.0%,徐家杰 (2007) 利用回归方法发现 1978~2006 年 TFP 的贡献率为 34.0%。第五章估计的 TFP 贡献也在 20% 以上,但本章的估计结果仅为 13.3%,本章估计结果较低。当然,这个估计并不是最低的,沈利生和朱运法 (1999) 发现 1982~1995 年的 TFP 贡献仅为 1.9%。换一句话说,前述的研究都发现要素积累对经济增长的贡献远大于生产率的贡献。这一点与 World Bank (1991) 对于发展中国家关于要素积累和生产率贡献的发现是一致的,与 Young (1995,2000) 对于"亚洲四小龙"和中国生产率的研究也基本一致。例如,Young (2000) 发现,中国 1978~1998 年经调整的产出增长率平均为 6.1%,TFP 增长率为 1.4%。因此,TFP 对产出的贡献率大致为 22.9%,大大低于要素积累对产出的贡献。

这个判断与 Easterly 和 Levine (2001) 的观点并不一致,他们认为索洛余值才是最重要的。国内研究中,李静等 (2006)、黎德福和陈宗胜 (2006) 及陆云航和张德荣（2007）的结果总体上支持生产率贡献更加重要的观点。例如，陆云航和张德荣（2007）发现 TFP 能够解释中国地区收入差距的 63%，总投入要素的差异仅仅解释了余下的 37%，其中物资资本约为 12%，人力资本约为 25%。李静等（2006）的研究中 TFP 贡献也在 50% 左右。其研究结果殊异于大多数的研究结果，主要是因为他们采取了与大多数研究不同的增长分解方法：一方面在于他们采用了劳动产出增长分解方法。Sargent 和 Rogriguez（2000）指出，研究长期的生产率问题，适宜于采用 TFP 而不是劳动生产率。因此，存在着一个指标选择上的差异。另一方面在于分解方法上他们采用了 Hall 和 Jones（1999）的哈罗德中性技术进步增长方程的变异形式，并将资本的产出弹性确定为 1/3 或 0.4。这种方法下的结果通常支持生产率贡献对于产出非常重要的结论。但是，这种方法与传统的增长源泉分析并不一致。Hall 和 Jones（1999）关注于利用这一模型国家间收入差异形成的成因，是一种横向的比较。因此，不能将这一结果作为生产率增长是经济增长更重要源泉的论据。

本章主要基于 DEA 方法完成，下面主要对利用 DEA 方法得到的有关结果进行回顾，考察在相同方法下结果的一致性问题。国内利用 DEA 进行各省数据分析的重要文献有林毅夫和刘培林（2003b）、颜鹏飞和王兵（2004）、郑京海和胡鞍钢（2005）、华萍（2005）、岳书敬和刘朝明（2006）、郑京海等（2008）、胡鞍钢等（2008）。但是，一些文献中并没有完整地列出相关的估计数据。因此，本书将主要对颜鹏飞和王兵（2004）、郑京海和胡鞍钢（2005）、岳书敬和刘朝明（2006）等的有关内容进行比较分析。

如表 6-7 所示，郑京海和胡鞍钢（2005）的研究中，1979～2001 年 TFP 的累积增长率达到了 2.114（原文中为 1.994 7，本书利用原文数据估算，由于四舍五入的缘故存在着误差），颜鹏飞和王兵（2004）发现 1978～2001 年累积增长率只有 1.054，本书相同区间的累积增长率达到了 1.458。岳书敬和刘朝明（2006）的研究年限太短，而且他们的估计结果在年度间明显地出现了波动和跳跃，缺乏与本书比较的基础。可见，郑京海和胡鞍钢（2005）估计的 TFP 增长率结果相对较高，颜鹏飞和王兵（2004）的结果相对较低，本书结果居于其间。

估计结果的差异可以更直观地从图形比较中观察到。如图 6-18 所示，本书对生产率增长变动的估计与颜鹏飞和王兵（2004）非常接近。相关分析表明，二者的相关系数达到了 0.757 4。根据田国强（2008）的阶段划分，在改革开放的第一阶段二者的相关性达到了 0.837 1，这从图形上显示得特别清晰，两条曲线几乎重合。郑京海和胡鞍钢（2005）的研究中第一阶段的估计结果较高，如 1978～1991 年比本书平均高出 4.79 个百分点，之后则明显低于本书的估计，平均低出 1.99 个百分点。

表 6-7 生产率变动的比较研究（1979～2007 年）

年份	TFP 增长率				TFP 累积增长率			
	郑京海和胡鞍钢（2005）	颜鹏飞和王兵（2004）	岳书敬和刘朝明（2006）	本书	郑京海和胡鞍钢（2005）	颜鹏飞和王兵（2004）	岳书敬和刘朝明（2006）	本书
1979	——	1.006 0	——	0.996	——	1.006	——	0.996
1980	1.086 6	1.028 3	——	1.011	1.087	1.034	——	1.007
1981	1.050 6	0.974 3	——	0.989	1.142	1.008	——	0.996
1982	1.076 2	1.011 7	——	1.013	1.229	1.020	——	1.009
1983	1.071 7	1.010 0	——	1.008	1.317	1.030	——	1.017
1984	1.109 1	1.040 3	——	1.041	1.460	1.071	——	1.059
1985	1.064 7	0.993 0	——	1.004	1.555	1.064	——	1.063
1986	1.006 0	0.949 7	——	0.955	1.564	1.010	——	1.015
1987	1.035 2	0.987 7	——	0.993	1.619	0.998	——	1.008
1988	1.044 7	1.007 7	——	1.011	1.692	1.006	——	1.019
1989	1.004 0	0.976 7	——	0.970	1.698	0.982	——	0.988
1990	1.013 9	0.989 7	——	0.981	1.722	0.972	——	0.970
1991	1.029 6	1.002 7	——	1.041	1.773	0.975	——	1.009
1992	1.064 8	1.037 7	——	1.085	1.888	1.011	——	1.095
1993	1.036 6	1.009 3	——	1.082	1.957	1.021	——	1.185
1994	1.028 2	1.011 3	——	1.053	2.012	1.032	——	1.248
1995	1.019 2	1.009 3	——	1.040	2.051	1.042	——	1.298
1996	1.020 0	1.015 7	——	1.037	2.092	1.058	——	1.346
1997	1.013 1	1.010 0	1.019 3	1.027	2.119	1.069	1.019	1.382
1998	0.994 0	0.997 7	1.037 3	1.017	2.106	1.066	1.057	1.406
1999	1.006 1	0.994 7	1.010 0	1.008	2.119	1.061	1.068	1.417
2000	1.001 0	0.997 3	1.030 0	1.013	2.121	1.058	1.100	1.435
2001	0.996 4	0.996 3	1.000 7	1.016	2.114	1.054	1.101	1.458
2002	——	——	0.996 7	1.013	——	——	1.097	1.477
2003	——	——	1.000 3	1.012	——	——	1.097	1.495
2004	——	——	——	1.009	——	——	——	1.508
2005	——	——	——	1.000	——	——	——	1.508
2006	——	——	——	1.000	——	——	——	1.508
2007	——	——	——	1.002	——	——	——	1.511

资料来源：相关文献及本书估计结果

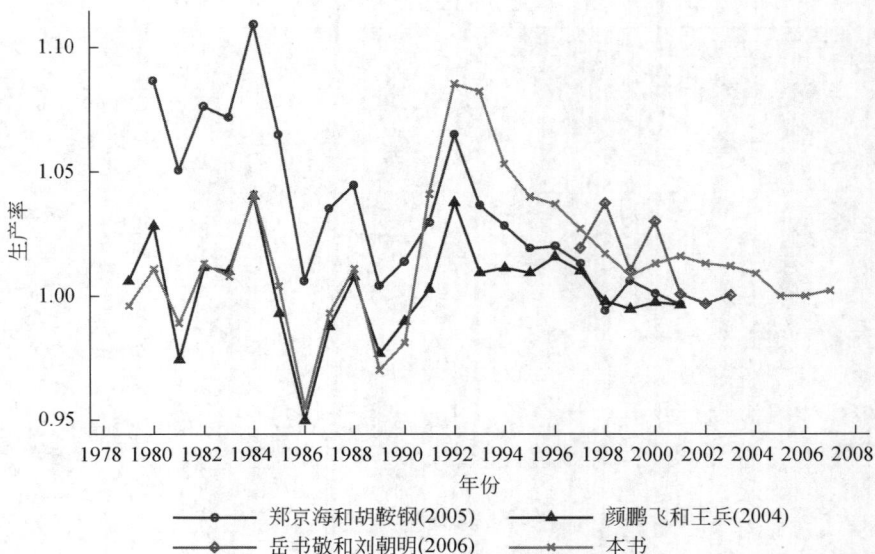

图 6-18　有关研究中生产率增长变动模式的比较

颜鹏飞和王兵（2004）指出，他们的研究与 Zheng 和 Hu（2004）（郑京海等，2005）在两个方面存在着差异：一是研究方法不同。颜鹏飞和王兵（2004）采用的是基于投入的 Malmquist 生产率指数，Zheng 和 Hu（2004）采用的是基于产出的 Malmquist 生产率指数。二是数据集不同。颜鹏飞和王兵（2004）数据集中的产出数据是以 1990 年为基期，资本存量的估算也不同；Zheng 和 Hu（2004）的数据集中的产出数据以 1978 年为基期，资本存量的估算采用了 Wang和 Hu（1999）的方法。

本书认为，造成他们研究结果差异的根本原因在于第二项：基年的选择不同和资本存量估计方法的差异。通常的研究中均选择 1952 年或 1978 年为研究基期，但个别研究将 1990 年作为研究的基期，如颜鹏飞和王兵（2004）的研究及张军和施少华（2003）的研究。目前基期选择对研究结论的影响还需要进一步地探讨。本书认为，这种影响可能会非常大。首先，在模型分析中，产出、资本存量等变量都是以价值形态出现，如果选择的基年不同，无论是 1952 年、1978 年还是 1990 年，对数化处理后二者的绝对量可能有较大差异。其次，对于劳动力或人力资本及其他变量，这会带来一个明显的问题。这些变量通常以非价值形态形式进入生产函数，无论基年如何选择都是一个固定的数值或变化模式。但这还需要实证分析的检验。

虽然不同的文献中对生产率增长变动的水平估计有差异，但生产率变动的模式趋于一致，如图 6-18 所示。改革开放的第一阶段生产率波动较大，第二阶段生产率在先出现了较高的增长之后逐渐回落，生产率的增长率逐渐降低。总体看来，TFP 增长目前出现了下降的趋势，这一结论与第五章的研究结果一致。

二 生产率变动的源泉

郑京海和胡鞍钢（2005）的研究中，1979～2001 年技术效率年均下降 0.07 个百分点，颜鹏飞和王兵（2004）的研究中技术效率年均上升了 1.36%，本书中技术效率上升了 0.41 个百分点，其中 1979～2001 年上升了 0.86 个百分点。从累积的技术效率来看，郑京海等估计的累积技术效率下降了 15.4%（原文中为 0.986 2，即只下降了 1.4%，原因同前），颜鹏飞等发现 1978～2001 年的技术效率提高了 30.6%，本书发现相同区间下技术效率提升了 18.4%。有关结果如表 6-8、图 6-19 所示。

表 6-8 技术效率变动的比较研究（1979～2007 年）

年份	技术效率				累积技术效率增长			
	郑京海和胡鞍钢（2005）	颜鹏飞和王兵（2004）	岳书敬和刘朝明（2006）	本书	郑京海和胡鞍钢（2005）	颜鹏飞和王兵（2004）	岳书敬和刘朝明（2006）	本书
1979	—	0.976 3	—	0.983	—	0.9763	—	0.983
1980	0.966 3	1.042 3	—	1.012	0.966	1.018	—	0.995
1981	0.974 9	1.017 3	—	0.999	0.942	1.035	—	0.994
1982	1.003 0	1.061 0	—	1.036	0.945	1.098	—	1.030
1983	1.023 7	1.058 0	—	1.028	0.967	1.162	—	1.058
1984	0.982 9	1.036 7	—	1.034	0.951	1.205	—	1.094
1985	0.957 2	0.978 7	—	1.005	0.910	1.179	—	1.100
1986	0.986 1	1.012 0	—	1.024	0.897	1.193	—	1.126
1987	1.015 7	1.030 0	—	1.027	0.911	1.229	—	1.157
1988	1.023 6	1.031 3	—	1.014	0.933	1.267	—	1.173
1989	1.003 3	1.044 7	—	1.006	0.928	1.324	—	1.180
1990	0.994 3	1.007 7	—	0.992	0.883	1.334	—	1.170
1991	0.951 7	0.967 0	—	0.973	0.878	1.290	—	1.139
1992	0.994 1	0.993 0	—	0.975	0.882	1.281	—	1.110
1993	1.005 5	1.008 3	—	0.982	0.890	1.292	—	1.090
1994	1.008 9	0.997 0	—	0.995	0.890	1.288	—	1.085
1995	0.999 4	0.996 7	—	1.022	0.895	1.284	—	1.109
1996	1.005 8	1.002 7	—	1.032	0.891	1.287	—	1.144
1997	0.995 9	0.996 0	1.010 3	1.014	0.884	1.282	1.010	1.160

续表

年份	技术效率				累积技术效率增长			
	郑京海和胡鞍钢（2005）	颜鹏飞和王兵（2004）	岳书敬和刘朝明（2006）	本书	郑京海和胡鞍钢（2005）	颜鹏飞和王兵（2004）	岳书敬和刘朝明（2006）	本书
1998	0.991 7	1.009 7	0.998 3	1.019	0.875	1.295	1.009	1.182
1999	0.989 6	1.007 7	1.001 3	1.001	0.866	1.304	1.010	1.184
2000	0.989 9	1.000 3	1.000 7	1.005	0.856	1.305	1.011	1.189
2001	0.988 6	1.000 7	0.989 3	0.995	0.846	1.306	1.000	1.184
2002	—	—	0.989 0	0.996	—	—	0.989	1.179
2003	—	—	1.022 3	0.990	—	—	1.011	1.167
2004	—	—	—	0.984	—	—	—	1.148
2005	—	—	—	0.997	—	—	—	1.145
2006	—	—	—	0.984	—	—	—	1.127
2007	—	—	—	0.982	—	—	—	1.106

资料来源：相关文献及本书估计结果

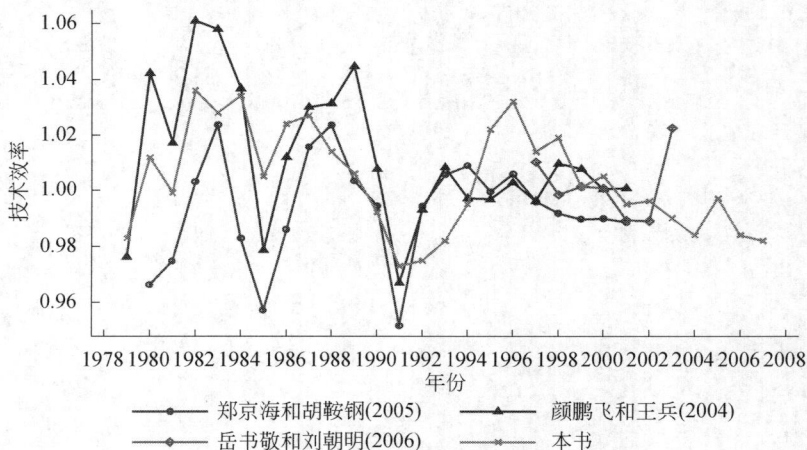

图 6-19　有关研究中技术效率增长变动模式的比较

　　技术进步率的变动与 TFP 增长变动率相似，郑京海和胡鞍钢（2005）的估计结果相对较高，颜鹏飞和王兵（2004）的结果较低甚至为负增长，本研究得到的估计值居中。郑京海等的研究中 1979～2001 年累积的技术进步率达到了 2.478（原文中为 2.026 4，误差原因同前），颜鹏飞等发现 1978～2001 年的累积增长率只有 0.816，这意味着这期间存在着技术退步现象。本书则发现相同区间的技术进步率达到了 1.234，整个区间技术进步率为 1.369。有关结果如表6-9 所示。

表 6-9 技术进步率变动的比较研究（1979～2007 年）

年份	技术效率				累积技术效率增长			
	郑京海和胡鞍钢（2005）	颜鹏飞和王兵（2004）	岳书敬和刘朝明（2006）	本书	郑京海和胡鞍钢（2005）	颜鹏飞和王兵（2004）	岳书敬和刘朝明（2006）	本书
1979	—	1.028 3	—	1.013	—	1.0283	—	1.013
1980	1.124 7	0.989 3	—	0.999	1.125	1.017	—	1.012
1981	1.077 4	0.959 7	—	0.989	1.212	0.976	—	1.001
1982	1.072 9	0.953 7	—	0.977	1.300	0.931	—	0.978
1983	1.046 9	0.956 0	—	0.981	1.361	0.890	—	0.959
1984	1.128 6	1.004 0	—	1.006	1.536	0.894	—	0.965
1985	1.112 2	1.016 3	—	1.000	1.708	0.908	—	0.965
1986	1.020 3	0.939 0	—	0.933	1.743	0.853	—	0.900
1987	1.019 2	0.960 3	—	0.967	1.777	0.819	—	0.871
1988	1.020 7	0.977 0	—	0.996	1.813	0.800	—	0.867
1989	1.000 7	0.935 0	—	0.964	1.815	0.748	—	0.836
1990	1.020 1	0.982 7	—	0.99	1.851	0.735	—	0.828
1991	1.082 1	1.037 0	—	1.071	2.003	0.762	—	0.886
1992	1.071 2	1.044 3	—	1.113	2.146	0.796	—	0.987
1993	1.031 3	1.001 3	—	1.103	2.213	0.797	—	1.088
1994	1.019 3	1.014 3	—	1.058	2.256	0.809	—	1.151
1995	1.020 1	1.011 0	—	1.018	2.301	0.818	—	1.172
1996	1.014 3	1.015 0	—	1.004	2.334	0.830	—	1.177
1997	1.017 3	1.015 7	1.010 0	1.013	2.374	0.843	1.010	1.192
1998	1.007 7	0.987 7	1.037 7	0.999	2.392	0.832	1.048	1.191
1999	1.016 4	0.987 3	1.008 3	1.007	2.432	0.822	1.057	1.199
2000	1.011 1	0.996 7	1.030 0	1.008	2.459	0.819	1.088	1.209
2001	1.007 8	0.995 7	1.012 3	1.021	2.478	0.816	1.102	1.234
2002	—	—	1.008 3	1.017	—	—	1.111	1.255
2003	—	—	0.979 0	1.022	—	—	1.088	1.283
2004	—	—	—	1.025	—	—	—	1.315
2005	—	—	—	1.004	—	—	—	1.320
2006	—	—	—	1.016	—	—	—	1.341
2007	—	—	—	1.021	—	—	—	1.369

资料来源：相关文献及本书估计结果

这种估计结果上的差异利用图形展示会更直观一些，如图 6-20 所示。郑京海等的研究在改革开放的第一阶段的估计结果较高，之后的年份则明显低于本书的估计。第一阶段，颜鹏飞等的结果与本书虽然很接近，但略低一些，第二阶段，他们的估计结果则显著地低于本书的结果。

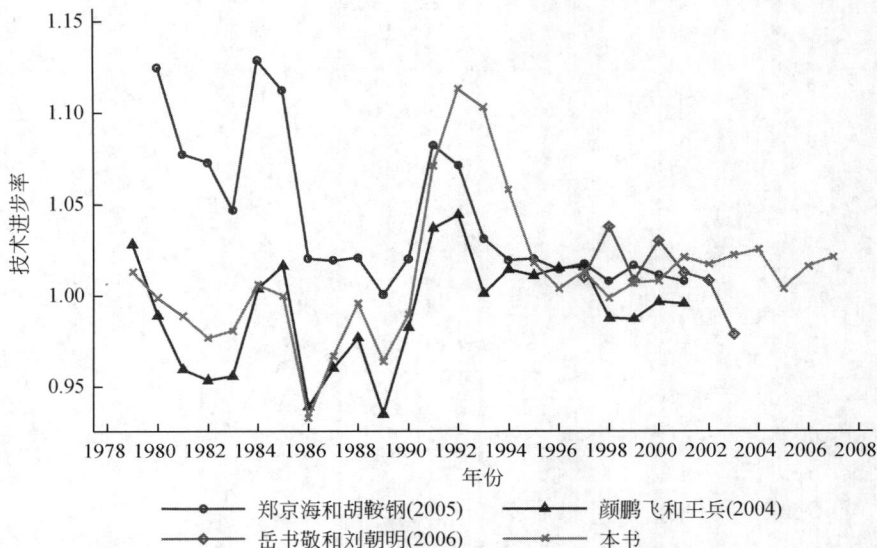

图 6-20 有关研究中技术进步率增长变动模式的比较

综上所述，郑京海和胡鞍钢（2005）、颜鹏飞和王兵（2004）得出了截然不同的结论。虽然他们的研究在生产率的增长方面没有大的差别，但在到底是技术进步还是技术效率推动中国生产率的增长上却出现了不同的认识。郑京海和胡鞍钢（2005）认为，中国经济增长在 1978～1995 年经历了一个 TFP 高增长期，达到了 4.6％；而在 1996～2001 年出现低增长期，只有 0.6％。其变化的具体特征为：技术进步速度减慢、技术效率有所下降。颜鹏飞和王兵（2004）认为，虽然中国 TFP 取得了增长，但增长的主要原因是技术效率的提高，由于技术进步减慢，1997 年之后 TFP 出现了递减现象。他们认为，根据技术进步率不能做出中国经济长期持续增长的判断。

本书的结论正好介乎其间。本书发现，1978～2007 年中国 TFP 增长率平均达到了 1.4％，技术效率提升了 0.4％，技术进步率达到了 1.1％，TFP 的增长源泉是技术进步率。但对于改革开放的不同阶段有着不同的变动模式。在第一阶段（1978～1991 年），TFP 增长了 1 个百分点，技术效率提高了 1 个百分点，但技术进步率下降了 0.9 个百分点。因此，第一阶段的 TFP 增长主要源于技术效率的提升，这与颜鹏飞和王兵的结论基本一致，但本书的估计结果相对低一些。在第二阶段（1992～2004 年），TFP 增长了 3.2 个百分点，技术效率提升了 0.08 个百分点,技术进步率达到了 3.1%。因此,第二阶段 TFP 增长主要源于技术水平的提高,这与郑京海和胡鞍钢的结论基本一致,但本书的估计结果相对低一些。

第六节　小　结

本章基于中国内地 31 个省份的面板数据,采用非参数估计的 DEA 方法,利用 Malmquist 生产率指数法分析了 1978~2007 年中国省际全要素生产率 TFP 的变动状况,并将 TFP 进一步分解为技术效率变化和技术变化。本章主要结论有以下四点。

(1) 基于人力资本外部性增长模型设定的 Malmquist 生产率指数分解结果表明,技术进步是全国 TFP 增长的主要因素,技术效率是 TFP 增长的次要因素。1978~2007 年中国 TFP 的平均增长率为 1.4%,其中技术进步的贡献达到 78.6%,技术效率变化的贡献为 21.4%。结合这一期间平均的 GDP 增长率 9.4%(各省平均为 10.5%),TFP 增长对经济增长的贡献率达到了 14.9% (13.3%),从而技术进步对经济增长的贡献为 11.7%,技术效率提升的贡献为 3.2%。

(2) 全国生产率的增长变动基本由技术进步变动的模式决定,技术效率变化对生产率增长没有显示出积极作用。技术水平和技术效率交替增长,总体上技术进步变动模式与生产率变动模式相近。1990 年以后,生产率和技术进步取得了明显提升,但 1997 年以后生产率增长的幅度逐年减弱,但累积的生产率增长仍然远高于改革开放的初期。

(3) 东中西部地区的生产率存在着明显差异,但在改革开放初期这种差异并不明显。1990 年以后,技术进步成为东部地区生产率增长的决定因素,中西部地区虽然经历了累积的生产率增长,但与改革开放初期相比生产率提高幅度不大,与东部地区差距越来越大。东部地区的生产率增长和技术进步是全国技术进步和生产率增长的源泉。

(4) 中国经济增长是技术进步和技术效率共同推进的结果,而非任一元素的单独贡献。这一实证分析结论与郑京海和胡鞍钢(2005)、颜鹏飞和王兵(2004)的研究发现有明显不同。总体上,中国经济增长由技术进步驱动,但技术效率在不同的阶段和区域发挥了重要的作用。从目前来看,中国经济面临着技术进步速度较快导致生产前沿面移动过快的问题,技术效率提高不够快成为经济增长的短板。

第七章

中国经济增长的历史、现状与未来

第一节　引　言

经济增长可以来自投入积累,也可以来自生产率的提高。无论是从一个国家的纵向视角,还是从不同国家的横向比较来看,中国近 30 年来的经济增长都是史无前例的 (World Bank, 1996)。人们甚至于开始讨论中国什么时候可以超过美国,成为世界经济的霸主。例如,林毅夫 (2006b) 预言,只要中国维持当前的增长速度,到 2030 年中国将是世界经济最强大的国家。这一预期的关键在于中国能够继续维持当前的高速增长。根据国家统计局公布公报,自 2008 年金融危机的冲击以来,2008~2011 年的经济增长速度分别为 9.0%、8.7%、10.3%、9.2%。2012 年,全国上半年 GDP 同比增速更是下滑到 7.8%。这让人们持续地怀疑,中国通过四万亿的投资拉动,保持的增长势头真的可以持续吗? 新的四万亿是否即将来临? 这样的增长势头可以持续吗? 一系列研究尝试回答这个问题并做出解释或预测①。

本书利用 1952~2007 年的全国综合数据进行了基于 OLS 回归的增长核算,利用 1978~2007 年全国各省数据进行了基于 DEA Malmqusit 指数方法的生产率变动及原因分析。研究发现,中国经济增长具有明显的阶段性特征,传统的 Solow (1957) 新古典增长核算方法需要人力资本的内部效应才能较好地拟合中国 1952~2007 年的经济增长数据,而 1978~2007 年的中国经济增长适宜于采用 Lucas (1988) 提出的两资本模型。对过去 55 年的时间序列数据的分析表明,要素积累是中国经济增长的源泉,TFP 的作用在改革开放时期得到了显现。Malmquist 生产率指数分析表明,改革开放以来中国经济存在着技术进步和效率提升的证据,技术进步是中国经济生产率增长的源泉。

第二节　历史与现状的再次回顾

深刻理解中国经济增长的事实,需要对 1952 年以来经济增长和生产率增长

---

① 经济增长源泉分析主要基于供给角度来探讨经济增长的可持续性存在着很多的缺陷。例如,当前金融风暴和经济危机就需要我们扩大研究的视野,而不是局限于单一视角。从当前中国政府提出的保增长、渡难关、上水平的号召来看,刺激并增大消费需求是保证持续增长的重要手段。

的一些细节予以剖析。本书重点探讨中国经济增长的源泉，而非致力于探讨中国经济增长的体制机制，以及影响要素积累和生产率增长的因素和外部环境问题。因此，这个剖析是简要的，主要结合研究结果及相关重要文献来进行。

如图 7-1 所示，中国的 GDP 增长率与 TFP 增长率几乎有着相同的变动模式。改革开放之前，TFP 增长波动较大。1960 年之前 GDP 算术平均增长率达到了 10.97%。即使是改革开放之后，这个增长速度也是较高的。同期 TFP 增长率为 1.37%，对产出贡献为 12.49%，与张军和施少华（2003）的估计结果接近。林毅夫等（1989）指出，我国在"一五"时期（1953～1957 年）和"二五"时期（1958～1962 年）确立了资本密集型的重工业优先发展战略。"一五"时期我国集中主要力量进行工业建设，主要围绕苏联帮助我国设计的 156 个建设项目进行，集中力量优先发展以能源、原材料、机械工业等基础工业为主的重工业。这 156 个项目奠定了新中国工业的基石（曾江，2009）。新中国成立初期，由于我国还处在不断学习和调整计划经济管理模式的阶段，从而造成 GDP 和 TFP 增长出现了明显波动，TFP 在经历大的增长之后总有一些降低（张军，施少华，2003）。

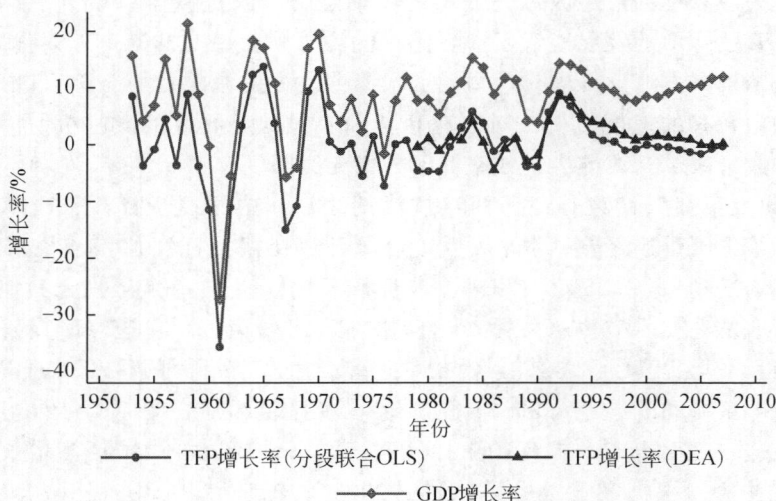

图 7-1　基于 DEA 与分段联合 OLS 估计的 TFP 增长

"二五"计划期间的 1960～1962 年，GDP 增长率为 -11.07%，TFP 增长率下跌更大，达到了 -19.45%，TFP 下降程度超过了产出的下降。张军和施少华（2003）认为，当时的自然灾害和中苏关系恶化是造成这一现象的主要原因。蔡昉和都阳（2003）则认为"大跃进"与这一灾难性后果有关。龚启圣（1998）在一篇综述文章中指出，粮食的过度统购、公社化是 1958～1961 年中国内地大饥荒出现的有力诱因。

1962～1966 年，经济经历了一个恢复期，这得益于"大跃进"之后进行的第一次经济调整，这是全面建设社会主义以来我国经济工作的一次重要转变（王志连等，2000）。这期间，经济得到了较好的恢复和发展，GDP、资本存量、劳动力都得到了较快的发展。因此，1963～1966 年的 GDP、TFP 增长率都有一个大的反弹，GDP 平均增长率达到了 14.05％、TFP 增长率达到 8.2％。TFP 的平均贡献率更是高到 53.52％，在 1965 年甚至达到了整个估算期（1952～2007 年）的最大值 80.37％。

进入"文化大革命"时期（1967～1976 年），经济增长率和 TFP 增长都急剧下降。"文化大革命"时期 GDP 增长率大约为 5.46％，TFP 为－1.57％。"文化大革命"时期物质资本和人力资本都受到了巨大的破坏，资本的投资效率在整个新中国成立后降到了最低点（蔡昉等，2003），打乱了正在趋于正常的现代化建设步伐（王志连等，2000）。Kung（1994）认为，对于以农业为主的中国社会来说，平均主义缺乏对劳动者有效的刺激是中国 20 世纪六七十年代农村生产率不高的重要原因。

林毅夫等（1994）对改革开放前的中国经济增长进行了系统的总结。他们认为改革开放之前的发展违背了资源比较优势原则，过度推崇重工业优先战略，造成产业结构严重畸形；同时，物质资本和劳动力资源配置不合理且缺乏竞争，农业劳动力转移的速度过低，对国有企业和农民缺乏有效的激励机制。这些方面共同构成了改革开放前生产效率低下的主要原因。

"文化大革命"结束，经历两年过渡期之后，中国逐步打开了改革开放之窗，启动了中国奇迹之旅。本书发现，改革开放初期一直到 1988 年之前，GDP 增长率平均达到了 10.25％，TFP 总体上增长不大[①]，这一点区别于其他学者的研究。本书发现技术效率（实际产出向潜在产出的逼近）在这一时期发挥了主要的作用，平均提高了 1.62％，但技术进步（生产前沿面的移动）的贡献为负值。这与郑京海和胡鞍钢（2005）的发现有着显著区别。他们的结果显示，技术进步是这一时期生产率提高的主导因素。本书认为这与中国经济增长的现实可能存在冲突。根据黎德福和陈宗胜（2006）、陈宗胜和黎德福（2007）的分析，这一时期生产率主要是由于二元结构转换带来的效率提升：一方面是因为启动了农村家庭联产承包责任制，大大提高了农业劳动生产率；另一方面是因为乡镇企业的发展使得劳动力从农业部门向非农部门转移，中国进入了 Lewis（1954）提出的二元经济下劳动力转移时期。Sachs 和 Woo（1994）也认为结构

---

① 本书基于分段估计的 OLS 结果显示生产率增长为负值，但全周期估计结果显示出明显的正增长。其他作者的研究通常是基于全周期模型——新古典模型。

转换是这一时期经济发展的主要原因。由于 1988 年经济工作一度出现过急过热现象,政府启动了新中国成立后的第三次治理整顿。数据显示,1989 年、1990 年的经济增长出现了大幅的下降,GDP 增长率下降到 4% 左右,TFP 增长率下降到 -2%~-3%,同时技术进步率和技术效率都显著下降。

经历改革开放第一阶段之后,中国迎来了姓资还是姓社的大讨论。邓小平同志 1992 年南方谈话为这场争论画上了句号,同时也启动了深化改革开放的第二波浪潮。这一时期(1992~2007 年)迎来了持续快速的经济增长,平均的 GDP 增长率达到了 10.4%,TFP 增长率达到了 2.59%,其中技术进步率达到了 2.81%,技术效率出现了略微的负增长,TFP 对产出的贡献份额达到了 24.8%。这一结果完全有别于颜鹏飞和王兵(2004)的发现,他们认为技术效率是主导因素;与郑京海和胡鞍钢(2005)的发现较为一致。本书关注到这样一个事实,邓小平南方谈话之后,中国的改革开放进入了一个新的阶段。梁琦和施晓苏(2004)指出,邓小平同志的南方谈话极大地促进了我国外商直接投资的发展。到 2004 年中国已经成为世界主要的市场与出口国之一,通过对外贸易、对外直接投资(foreign direct investment,FDI)、技术转移,中国的生产能力有了很大提高(黎德福等,2006)。由此看来,本书发现技术进步主导了中国 TFP 的增长,比较符合中国经济增长的现实情况。

林毅夫(2006a)认为,中国改革开放以来的奇迹是从违反比较优势的发展战略向遵循比较优势的发展战略转型取得的成果。一系列的研究认为后发优势推动了中国的经济发展。林毅夫(2003)认为,发展中国家经济增长拥有后发优势,可以利用与发达国家存在的技术差距,通过技术模仿和引进来获得技术创新,实现快速的技术变迁。本书对分地区的生产率差异分析表明,全国生产率的提高是东部地区技术进步提高的结果,中西部地区的技术进步率明显低于东部地区。结合中国的改革开放主要体现为东部地区的迅速发展这一事实,本书认为中国正是通过技术模仿和引进推动了技术进步,从而推动了整个中国的经济发展。

张克中(2003)从资本后发优势的角度提供了解释中国经济增长的另一个视角,他的观点是对 Lucas(1988,1993)观点的延续。由于存在着资本报酬递减的劣势,因此发达国家丰富的资本基于逐利的本性向落后经济体中流动,从而为发展中国家带来了后发优势。这种后发优势具体表现为发展中国家迎来了更多的投资机会、技术溢出及深化发展中国家资本市场等。这已经为 de Long 和 Summers(1991)的分析所证实。de Long 和 Summers(1991)发现设备投资和长期经济增长之间存在着显著相关。林毅夫和张鹏飞(2005b)指出,欠发达国家可以采取向发达国家购买专利或技术等直接的技术引进方式,也可以通过从发达国家进口高技术的商品和设备等间接方式引进技术,实现技术变迁。

Brezis 等 （1993） 指出，内生增长理论表明技术变化倾向于增加领先国家的优势，但一定情况下这种领先角色会发生转换。他们提出了从技术角度可能出现的蛙跳式转移。由于落后国家经济总量小，当新技术出现时，他们可以使用较低的工资水平进入市场。一旦新技术比旧技术生产能力更高，落后国家就实现了蛙跳式增长，从而出现技术领先角色的互换。从这个角度来看，中国存在着技术"跃迁"而不是变迁的可能性。但显然，这种情况在中国并没有普遍出现。

Hu 和 Khan （1997） 认为，对外开放的重要贡献在于为中国大规模地引进西方国家的先进技术、促进技术进步和提高生产率提供了可能性。同时，中国在改革开放时期迎来了教育事业的大发展，劳动力的素质明显提高，为资本从富国向中国流动奠定了内在条件，满足了 Lucas （1988） 关于人力资本是资本互补要素的条件。随着人力资本存量的不断提高，贸易对经济增长的促进作用也不断显现 （Romer，1990），同时缩小承接国外技术扩散的能力差距，有利于发达国家技术的转移 （Nelson et al.，1966；Benhabib et al.，2002）。因此，人力资本既是解释 TFP 变动的关键所在 （Nicholas，1991），也是经济增长的关键因素 （Caballe et al.，1993）。

总体来看，尽管经过第一阶段 （1978～1991 年） 的农村经济体制改革和工农业之间的结构转换及第二阶段的体制转轨，经济取得了快速发展，但中国经济总体上仍然处于要素积累驱动经济发展的阶段之中。其根本原因在于中国还处于一个发展的初级阶段，资本存量水平还很低，技术水平和管理水平都远远落后于像美国这样的发达经济体。因此，TFP 的贡献会相对较低与中国所处的发展阶段密切相关 （林毅夫等，2006c；郑玉歆，1999，2007）。

世界经济论坛提出了经济发展阶段的划分标准，当人均 GDP 位于 2 000～3 000美元之间时，经济处于由要素驱动向效率驱动过渡的阶段，处于 3 000～9 000美元时是效率驱动阶段，处于 9 000～17 000 美元时是效率驱动向创新驱动过渡阶段，处于 17 000 美元以上时是创新驱动阶段 （陈伟等，2005）。2008 年中国人均 GDP 大致是 3 000 美元，参照这一标准，中国还处于一个接近或刚进入效率驱动的阶段。因此，对中国当前经济增长源泉做出一个仍然是要素积累为主的判断，本书认为这是合理的。当然，如果考虑到中国巨大的区域差距，各个地区所处的阶段可能存在着质的差别。

2005 年以来，GDP 增长率维持了 10％以上的高速增长，但 TFP 增长率却近乎停滞。TFP 增长减慢的趋势明显地开始于 1998 年，随后逐年降低，目前来看并没有回升的趋势。实证分析表明，当前的技术进步水平仍然较高，但技术效率的提升却相对停滞。这意味着生产前沿面虽然有了较大的向上推移，投入产出的效果却恶化了，投入增长超出了产出增长的速度。对于中国这样一个资源有限而人口众多的大国而言，这种粗放的发展方式是难以持续的。技术进步应当在区域之间尽快地"摊开","抹平"地区间的技术水平差异，使东部地区的技术进步与中西部地区的发展得以平衡。这样看来，技术进步并非越快越好，政府应当选择一个最优的技术进步率（林毅夫等，2005a）。对区域和各省的数据分析显示，当前技术进步速度持续提高，生产前沿面不断向上移动，这使得最佳的经济规模不断提升。然而，由于旧的生产技术向新的生产技术过渡存在着转换成本，技术效率的改进跟不上技术进步的速度，最终导致资源投入由实际产出向潜在产出水平靠近的困难越来越大。数据显示，这一点在东部地区尤其明显。因此，东部地区在大力推动技术创新的同时，需要回答"技术进步越快越好吗"这个问题，而中西部地区则需要同时在技术进步和技术效率上下足功夫。

当前，国家正在大力推进创新型国家建设。如何实现科技对经济的支撑和引领作用，需要在技术的开发与应用上下更多的功夫，促进科技成果的应用转化，将科学技术切实地转换为第一生产力。需要注意的是，并不是要将最先进的科学技术转换为生产力，应当选择适宜技术。关于这一点，林毅夫和他的同事们已经做了充分的研究（林毅夫等，2005a，2005b，2006a，2006b，2006d），本书只是从宏观角度提供了佐证。

一　历史与现状研究的主要结论

Domar（1952）指出，经济增长由一个社会的实质所决定，一个完整的增长理论应当包括物质环境，政策结构，激励，教育方法，法制框架，对科学、变化和积累的态度等。通过总结历史研究文献后，Stern（1991）认为增长理论强调了三大决定因素：资本积累，人力资本（包括学习），以及研究、发展和创新。布朗大学经济学教授韦尔（2007）在《经济增长》一书中，将经济增长的源泉划分为要素积累、生产率和基础要素（包括政府、文化等）三大部分。可见，经济增长是一个复杂的过程，对增长的解释绝不是一件容易的事情。到目前为止，本书仅仅探讨了要素积累（资本、劳动、人力资本）和生产率两大部分。下面基于研究成果，对中国经济增长的历史与现状做一个概要的总结。

（一）生产率变动和贡献

全要素生产率的变动是本书关注的重点内容[①]，主要结论有以下六点。

（1）TFP 增长与 GDP 增长呈高度相关关系。分段联合估计的结果表明，TFP 每增长 1 个百分点，GDP 将增长 0.94 个百分点，二者的相关系数达到了

[①]　鉴于中国经济增长适宜于分段估计，在结论中将主要以分段估计的结果作为报告的基础。

0.955 3。DEA 估计结果表明，Malmquist 生产率指数与 GDP 增长率的相关系
数达到了 0.630 6，且在 0.001 的统计水平上显著。

　　（2）TFP 是增长的重要源泉但不是最重要的，资本才是增长最重要的源泉。
生产率贡献在改革开放之前与之后有着明显的差异：改革开放之前，OLS 结果
表明要素积累是重要的增长源泉，TFP 的贡献为－28.9％，但个别年份（如
1964 年）TFP 的贡献甚至达到了 80％以上。改革开放之后，人力资本开始发挥
外部效应，普通劳动对产出的贡献减弱，TFP 对产出的贡献只有 4.06％。虽然
TFP 的平均贡献率不高，但个别年份 TFP 贡献率非常高，如 1991 年、1992 年
TFP 贡献率达到了 60.96％、63.27％。另外，如果将人力资本的贡献归结到
TFP 的贡献之中，TFP 的贡献份额将上升到 19％。DEA 分析结果表明，TFP
对经济增长的平均贡献份额为 13.3％，个别年份，如 1992 年、1993 年的贡献份
额高达 50％以上。

　　（3）TFP 增长变动具有明显的阶段性特征。分段联合估计结果表明，TFP
在历年波动较大，而且这种波动主要体现在改革开放之前。

　　如表 7-1 所示，1953～2007 年 TFP 的算术平均增长率为－0.35％，整个区
间的最大值为 13.66％，最小值为－35.74％，标准差为 7.62。这种波动主要是
由于 1953～1977 年的 TFP 波动，这一期间 TFP 平均增长率为－1.26％，整个
区间的最大值为 13.66％，最小值为－35.74％，标准差为 10.71。可见，最大值
与最小值均集中在这一时期。相反，1978～2007 年平均的 TFP 增长率为
0.41％，最大值为 8.98％，最小值为－4.83％，标准差下降为 3.44。

表 7-1　TFP 增长率的简单描述（1953～2007 年）：基于分段联合 OLS 回归

	所有年份 （1953～2007 年）	改革开放之前 （1953～1977 年）	改革开放之后 （1978～2007 年）
算术平均值/%	－0.35	－1.26	0.41
最大值/%	13.66	13.66	8.98
最小值/%	－35.74	－35.74	－4.83
标准差	7.62	10.71	3.44

　　（4）技术进步是驱动改革开放后 TFP 增长的主要源泉。Malmquist 指数分
析表明，1978～2007 年中国 TFP 平均增长率为 1.4％，其中技术进步率为
1.1％，技术效率变化为 0.4％。技术效率对生产率的贡献大约为技术进步的
1/4。这里，技术进步指生产前沿面的移动。相关分析表明，1979～2007 年生产
率变化指数、技术进步指数的相关系数达到了 0.867 1，而技术效率指数与生产
率变化负相关。从阶段性变化来看，在改革开放的第一阶段（1978～1991 年），
技术效率提升是 TFP 增长的主因，1991 年以后技术进步是 TFP 增长的主要源

泉并主导了生产率的变化。

（5）东部地区的技术进步是驱动全国生产率增长的源泉，东部地区生产率增长以技术进步为主，中西部地区的生产率增长以技术效率提升为主。分析表明，1978～2007 年 TFP 增长率从高到低依次是东部地区 3.0%、中部地区 0.7%、西部地区 0.6%。东部地区高于全国平均水平 1.6 个百分点，中西部地区则落后 0.7、0.8 个百分点。东部地区生产率的增长主要源于技术进步（2.8%），技术效率只增长了 0.2%；中部地区生产率的增长主要源于技术效率增长（0.6%），技术效率变化贡献了生产率增长的 75% 左右；西部地区生产率增长中，技术效率和技术进步分别贡献了 60.0% 和 40.0%，技术效率的贡献大于技术进步的贡献。

（6）当前 TFP 增长趋于停滞。一些学者从 TFP 是否保持稳定增长的角度来考察中国经济增长的持续性。本书发现，TFP 增长率自 2005 年以来逐年降低（OLS 估计显示为 1997 年以来持续下降），但目前还处于相对稳定的低增长或略微负的增长阶段，这种现象在 OLS 估计和 DEA 分析中都是一致的。可见，TFP 濒临了停滞的边缘或已经迈入了停滞期。停滞的根源在于自 1995 年以来技术效率的持续恶化而不是技术进步停滞。这是区别于既有文献的重要发现。

（二）物质资本的贡献

物质资本是驱动中国经济增长的最重要源泉。1952～2007 年中国 GDP 增长率为 8.05%，资本存量增长率为 10.47%。在全周期估计中，资本产出弹性达到了 0.693 5，在分段估计中资本产出弹性分别为 0.365 3（改革开放前）、0.826 0（改革开放后）。全周期估计结果表明，整个期间平均的资本贡献份额甚至达到了 90.20%，这是一个较高的估计。在分段估计中，资本的产出贡献在改革开放前后均维持在 75% 左右。

劳均物质资本的占有量为理解资本在产出中的重要贡献提供了一个视角。如图 7-2 所示，1952 年劳均资本存量为 0.024 万元，1978 年上升到 0.235 万元，几乎是 1952 年的 10 倍，1991 年达到 0.374 万元，2007 年达到 1.553 万元，这意味着劳均资本存量较 1952 年增加了 60 余倍，较 1978 年增加到了 6.6 倍。可见资本深化的现象相当明显，这意味着整个时期的经济增长主要靠投资驱动，资本积累理所当然成为经济增长的最重要源泉。

物质资本的贡献可能蕴含了体现型的技术进步。对改革开放后经济增长的分析表明，引入人力资本的内部效应和外部效应后，物质资本的产出弹性和人力资本的产出弹性分别达到了 0.826 0、0.610 3，但有效劳动的产出弹性只有 0.174 0。因此，物质资本对人力资本的互补性要求较高，普通劳动不能很好地与物质资本配套。这一结果在一定程度上为物质资本贡献中蕴含了体现型技术

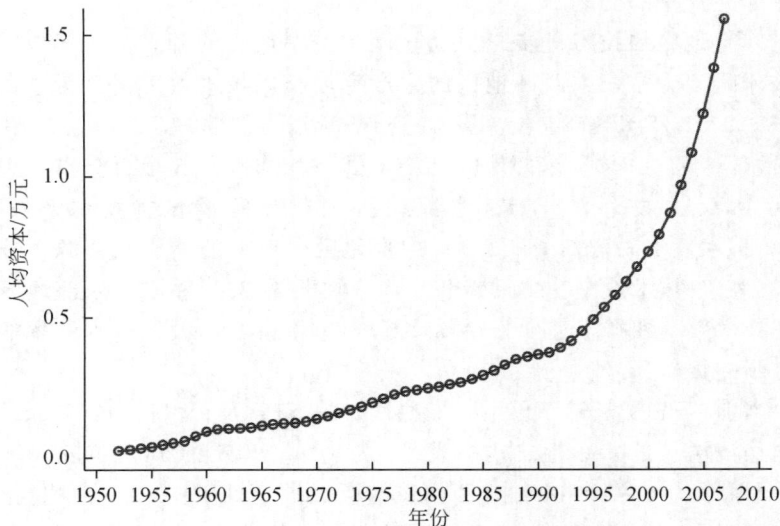

图 7-2　1952～2007 年劳均资本存量变动趋势

进步提供了证据。因为人力资本区别于普通劳动力之处在于它是一种能力资本，资本与其互补意味着对技能的要求较高。

（三）人力资本的贡献

Nelson 和 Phelps（1966）认为人力资本进入生产函数要慎重，但 Lucas（1988）的两资本模型将人力资本作为生产要素和提升整个生产函数的因子引入了生产函数。本书接受 Lucas（1988）的观点，并区分了人力资本的这两种效应。这一点与当前的大多数研究有所区别。在全周期 OLS 估计中，人力资本主要作为改变技术进步属性的变量与普通劳动力融合进入了生产函数。在分段联合 OLS 估计中，人力资本同时具有了内部和外部效应，一方面作为生产要素，另一方面作为生产率的分担者提升了所有要素的边际产出。数据显示，1952～2007 年人力资本增长率为 2.14%，在全周期估计下对产出的贡献份额为 8.14%。其中，1952～1977 年增长率为 2.38%，对产出的贡献份额为 12.30%；1978～2007 年增长率为 1.74%，对产出的贡献份额为 5.64%。在分段联合估计中，改革开放之前人力资本内部效应对产出的贡献份额为 25.47%，改革开放之后人力资本的内部效应对产出的贡献份额下降到 3.21%，人力资本的外部效应对产出的贡献达到了 11.25%，二者合计为 14.46%。

研究发现，由于引入人力资本的外部效应，使得 TFP 的平均值从新古典增长模型估计下的 0.022 9 上升到人力资本增长模型下的 0.078 9 左右，平均提升了 3.39 倍。这种外部效应随着时间的推移而不断扩大，到 2007 年时已经从

1978 年的 2.71 倍上升到 3.72 倍。因此，人力资本有效地提升了生产率，提升效应随着人力资本积累越来越大。

数据显示，人力资本作为外部效应引入生产函数后，物质资本的边际产品也提高了，比未引入人力资本前的边际产品提高了大约 19%。这也是资本的贡献份额在引入人力资本外部效应后提高的重要原因。王金营（2001）指出，如果没有一定水平的人力资本对应，物质资本将无法实现带动经济增长的目的。代谦（2004）将 FDI、人力资本引入经济增长分析，他认为 FDI 能否给南方国家带来技术进步和经济增长取决于南方国家的人力资本积累速度，只有辅以较快速度的人力资本积累，FDI 才能给南方国家带来技术进步和经济增长。改革开放以来，中国经济经历了人力资本积累与物质资本积累并行的过程，在一定程度上支持了 Lucas（1988）关于人力资本和物质资本具有互补性的观点。

（四）劳动的贡献

劳动和资本，是经济系统中最重要和最基本的投入。没有劳动的存在，产出只能是一句空话。尽管劳动具有不可或缺性，但劳动在产出中的贡献并不一定很高。在全周期估计中，普通劳动力的平均增长率大致为 2.41%，对产出的贡献份额大约为 9.18%；改革开放之前的增长率为 2.60%，对产出的贡献份额为 13.43%，改革开放之后的增长率为 2.19%，对产出的贡献份额为 7.11%。在分段联合估计中，普通劳动力的贡献大幅提高，在改革开放之前达到了 27.83%，改革开放之后只有 4.04%。结合图 7-2 可知，虽然劳均的资本量提高了，但劳动在经济增长中的份额并没有增加。因此，在中国这样一个正经历资本深化过程的转型经济体中，劳动的贡献日益削弱。

从国民收入分配角度来考虑这一问题，或许有所启示。根据新古典增长模型的假定，收益在劳动和资本间完全分配。从本书估计的劳动产出弹性、资本产出弹性及劳动和资本的增长率来看，劳动显然不占有任何的优势。然而，忽略劳动对经济增长的贡献将是一个严重的错误。根据估算，1952～2007 年中国劳动力从 20 729 万人上升到 76 990 万人，增长了 2.71 倍，劳动力人口占总人口的比重也从 36.10% 上升到 58.30%，劳动参与率明显提高。一元回归分析表明，总人口中劳动参与率每提高 1 个百分点，GDP 增长率会提高 1.37 个百分点。因此，劳动力对经济增长的作用不能简单地从产出贡献角度分析。

劳动参与率的提高一方面源于农村劳动力转移，另一个方面源于中国所经历的人口转变过程。在人口转变过程中，人口年龄结构的改变为经济发展提供了充足的劳动力，为中国经济增长带来了潜在的人口红利（蔡昉，2004）。王德文等（2004）的研究表明，1982～2000 年中国总抚养比下降了 20.1%，促进经济增长的 2.3%，这意味着人口转变对 GDP 增长的贡献达到了 26.8%。蔡昉

（2007）指出，随着人口转变新阶段的到来，中国经济迎来其发展的刘易斯转折点，劳动力无限供给的特征将逐渐消失，这意味着中国经济将面临新的挑战。

黎德福和陈宗胜（2006）指出，中国经济的增长模式在改革开放前与改革开放后根本不同，不仅产出增长的因素根本不同，效率提高的因素也根本不同。改革开放后产出增长主要依靠效率提高，改革开放前产出增长主要依靠要素投入，仅有的效率提高也主要来自人力资本积累。改革开放后效率提高的原因，1990 年之前主要是结构转换，1990 年之后主要是体制转轨。本书接受他们对产出增长的解释，但却不能接受他们对于效率的理解。他们将生产率简单地理解为效率，显然是将 OECD（2001）关于生产率概念的解释片面化了。

（五）关于历史与现状的总体结论

（1）中国经济增长具有明显的阶段性特征。传统的 Solow（1957）核算方法需要通过劳动增强型的人力资本的内部效应才能较好地拟合中国 1952～2007 年的经济增长数据，1978～2007 年的中国经济增长适于采用 Lucas（1988）提出的两资本模型。

（2）要素积累是中国经济增长的主要源泉，其中投资的持续快速增长是最重要的增长源泉。改革开放之后，人力资本与物质资本具有较强的互补性，共同成为经济增长的重要源泉之一。

（3）生产率对产出的作用主要体现在改革开放时期，尤其是邓小平同志南方谈话之后；中国经济存在着技术进步和技术效率同时提升的证据，但在改革开放前后主导生产率增长的源泉各有不同，总体上技术进步主导了生产率的变动，东部地区的技术进步是推动全国生产率增长的源泉。

（4）自 1992 年以来生产率增长率逐年下滑，目前已经进入生产率增长的停滞期，这主要是技术效率改进不足造成的，技术进步仍然保持了较高的增长水平。

尽管本书发现了生产率停滞的势头，但却不能由此认为中国经济增长不可持续。这是因为技术进步包括了体现型和非体现型技术进步，物质资本的贡献中蕴含了体现型技术进步，TFP 增长测量的是非体现型技术进步。前述指出，资本积累是中国经济增长的最重要源泉，尽管无法将体现型的技术进步从要素积累的贡献中有效地分离出来，但没有理由怀疑技术进步的存在性。同时，实证分析发现，改革开放以来技术进步并没有停滞，只是技术效率没有跟上生产前沿推进的速度。因此，技术效率才是当前需要重点考虑的因素，不能简单地将生产率停滞等同于技术进步停滞，并将此作为经济增长不可持续的证据。

第三节　中国经济增长的未来

2008 年，美国次贷危机引爆了全球性的经济大滑坡，作为一个外向型日益明显的发展中制造业大国，中国经济受到了前所未有的冲击。如果说本书中定量研究所涵盖的 1952～2007 年的增长问题，只能说明中国经济增长的历史与现状，那么 2008 年以来的经济走向在一定程度上给出了中国经济增长近期是否可持续的现实答卷。观察表明，从 2008 年到 2012 年这近五年时间的煎熬，虽然增长速度正在逐渐下滑，但并没有给出中国经济不可持续的证据，当然也没能展现出让世界和国人认为中国经济可以持续的强悍表征。

因此，"中国经济可以持续吗"又一次成为中国关注的焦点。这是一个奇怪的现象。当中国经济蓬勃发展时，人们对此怀有疑问，当中国经济遭遇低谷时，人们对此还是怀疑。这给经济学者找到了一个可以长期探讨的话题。当然，在经济学的世界里，资本、劳动以外的变量（如政策等）只是外生因素，经济增长最终决定于资本和劳动及相关的生产函数。但是，在中国的经济学世界里，政府已经和经济紧紧地结合在一起，"看得见的手"在很大程度上影响了"看不见的手"。如何预见中国经济增长的可持续性，必须考虑制度因素，因为投资、劳动力、生产关系和技术进步因素影响下的生产率都受到制度环境的促进或妨碍。

一　中国经济发展阶段分析

分析中国经济增长的未来，首先明确当前中国经济所处的阶段。如前所述，《全球竞争力报告》将全球各个国家所处的经济发展阶段划分为要素驱动、效率驱动和创新驱动三个阶段及两个过渡阶段。根据国家统计局的最新数据，2011年中国人均 GDP 达到 5 432 美元，已经跨过要素驱动增长的发展阶段，穿越了要素向效率驱动过渡的阶段，步入了效率驱动发展的阶段。在效率驱动阶段，高效的生产方法是这一阶段竞争力的主要来源。产品质量（不仅是价格）和生产工艺的效能决定了企业的生产效率。为此，经济体需要改善产品、劳动力和金融市场效率，通过实施高等教育和培训项目以提高劳动力素质，使之能够适应更先进的生产流程，还需要提高技术准备度，使经济体能够吸收全世界范围内的最新技术。由于在这一阶段竞争力是建立在效率基础上的，如果能够进入更大规模的市场，企业将会更好地利用规模经济优势（图 7-3）。

当然，由于中国经济发展存在着区域不平衡的特点，沿海地区、中部地区和西部地区有着很大的差异。有人将中国上海比喻成纽约，将西部地区比喻成

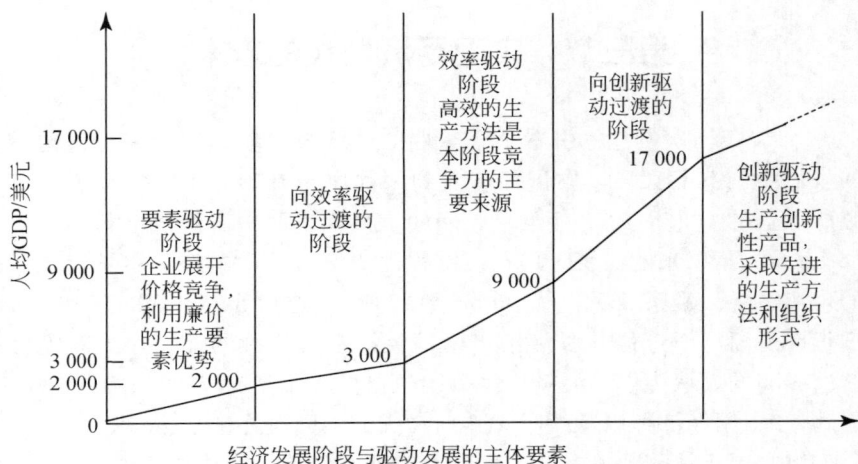

图 7-3　中国经济发展阶段分析示意图

资料来源：根据陈伟和唐家龙（2005）研究报告绘制

非洲，这当然有着夸张和不合理的成分，但一定程度上反映出了较大的区域差异。也因为如此，中国整体上在向效率驱动迈进（这正如本书所发现的那样，技术效率提升的滞后阻碍了中国经济生产率的提升），但局部上存在着省际的较大差异，造成中国经济出现了要素驱动、效率驱动和创新驱动三个阶段及两个过渡阶段并存的现象，东部沿海发达地区多数已经步入效率驱动向创新驱动过渡的阶段。例如，2011 年上海市、天津市的人均 GDP 均在 13 000 美元左右，正处于一个逐渐向创新驱动发展过渡的转型发展阶段。

　　关于发展阶段的判定与当前各个省份的发展现状基本相符，中国不同的省份处于不同的发展阶段中。在要素驱动阶段和效率驱动阶段取得成功的经验是依赖价格或质量优势获得持续竞争力，它们需要生产出与众不同的创新性产品，采取先进的生产方法和组织形式。一些省份正处于这两个阶段中。一些先进省份则面临着转型的挑战。这是因为，随着要素成本（特别是人力成本）的上升，在新的发展阶段，企业更需要通过产业集群的组织和出色的运营来提高其成熟度，需要通过独特的战略与对手展开竞争。因此，支持创新的制度和激励机制成为了经济竞争力的核心内容。

　　根据人均 GDP 水平讨论一国发展还有另一个经验视角，这就是所谓"拉美陷阱"问题，也被称为"中等收入陷阱"问题。拉丁美洲的不少国家，从 20 世纪 80 年代开始，经济发展速度很快，人均 GDP 达到一定水平后，失业率持续攀升，贫富悬殊，两极分化，各种社会矛盾凸现和激化，社会动荡不安，群众的抗争此起彼伏。这些国家的一些共同特征是：经济增长不稳定、金融体系脆弱、收入差距过大等（孔泾源，2011）。中国在邓小平同志让一部分人先富起来的政策号召下，极大地调动了全社会的积极性，实现了经济的快速发展。按照世界银行的统计数据，中国已经成为上中等收入经济体。从国际经验看，从中等收入经济体迈向高收入经济体，将面对许多全新的难题，应对得当，就能顺利跨入高收入经济体行列；应对不当，就有可能陷入中等收入陷阱。在这个阶段，腐败、既得利益集团阻碍改革和收入分配不公是典型现象（辜胜阻，2012）。

无论从世界经济论坛还是世界银行的视角来看，中国经济发展已经到了一个至关重要的转型期，机遇与挑战并存。能不能及如何在转折的关键点保证经济增长的可持续性，成为一项重大命题。

二　中国经济未来的增长源泉

《中华人民共和国国民经济和社会发展第十二个五年规划纲要》指出，"从国内看，工业化、信息化、城镇化、市场化、国际化深入发展"的同时，"我国发展中不平衡、不协调、不可持续问题依然突出"，"收入分配差距较大，科技创新能力不强，产业结构不合理，农业基础仍然薄弱，城乡区域发展不协调，就业总量压力和结构性矛盾并存，物价上涨压力加大，社会矛盾明显增多，制约科学发展的体制机制障碍依然较多"。一方面，这是中国现阶段经济增长面临的制约性因素，另一方面也正是中国经济未来持续增长的动力所在。

胡鞍钢等（2011）执笔的《2030 中国：迈向共同富裕》一书中指出，世界经历了三次连续稳定的全球经济增长周期——黄金增长期。第一次黄金增长期在 1870~1913 年，以电气革命和铁路革命为特征，这一时期美欧是大赢家；第二次在 1950~1973 年；第三次在 1990~2030 年，全球经济有望保持 3.0％左右增速，目前尚未结束。也就是说，中国还处于这个持续稳定增长黄金期中。今后十余年，中国经济增长的引擎是什么呢？胡鞍钢指出，支撑中国未来发展的正是"十二五"规划中提到的"工业化、城镇化、信息化、国际化"及"基础设施现代化"。他认为，这五大引擎将为中国经济增长提供源源不断的新动力。从国家层面看，"十二五"规划强调世界多极化、经济全球化、科技创新孕育新突破等世界性议题，强调国内工业化、信息化、城镇化、市场化、国际化深入发展，提出要坚持把经济结构战略性调整作为加快转变经济发展方式的主攻方向，坚持把科技进步和创新作为加快转变经济发展方式的重要支撑，将工业结构优化、战略性新兴产业取得突破作为重要的发展目标。

北京大学的周其仁 2009 年在成都统筹城乡土地管理制度改革研讨会上的发言《土地制度改革应还权赋能　成都经验的启示》中指出，城市化将成为中国经济的下一个增长极，并介绍了成都经验。成都市通过合理地利用国家土地增减挂钩的政策，实现了"城市土地扩大，农村建设用地减少"的挂钩之举，通过城市、农村级差土地收益分配模式的改变，在土地资源、资金投入之间找到了一条推进城市、新农村建设发展的路子，具有很好的借鉴作用。

这些观点，仍然可以归结到投资驱动、消费驱动，但进一步地明确了投资的方向和消费的来源，这对中国经济未来的整体走向起到了把脉诊断的作用，具有较好的实践指导意义。结合增长源泉研究的一些文献，本书将中国未来经济增长的源泉归结于四大方面：一是城市化，包括了城镇化；二是工业化，包括了再工业化；三是创新驱动，包括了战略性新兴产业发展；四是制度创新，包括了经济体制的改革。这四大方面最终均可以归结于投资的增长（含基础设施现代化、生产性投资）、劳动力的专业化和优化配置（教育和人力资本）、生产率的提升（技术创新与制度创新带来的生产率指标 A 的内生化）。如果城市化、工业化、技术创新和制度创新能够带来新的要素投入和资本积累，能够更有效地实现技术进步和效率的提升、促进生产率的提高，那么未来中国经济必然是可持续的。

（一）城市化

城市化与城镇化有一定的区别，这不是本书探讨的重点。关于城市化的一个共识是，城市化与一个国家的经济发展相伴生。通常情况下，城市化水平越高，经济发展所处阶段越发达。随着城市化发展，产业空间聚集程度和人口空间聚集程度越来越高，从而带来集聚的规模效应和经济效益，促进区域经济发展（傅莹，2011）。城镇化一方面会带来劳动力就业结构的转变和促进劳动力的专业化，另一方面会带动形成新的资本，实现资本的循环再生，增加积累，形成新的投资需求和就业需求，从而促进产业结构调整和经济增长。Lewis（1954）的劳动力无限供给模型就是对二元经济下城镇化过程的一个典型描述。国内的城镇化区别于 Lewis 判断的关键之处在于，中国城镇化是一个土地改革和土地利益再分配的过程，而工业化的进程并未跟上城镇化的步伐。

根据国家统计局数据，改革开放初期中国的城市化水平大致为 20%，到 2010 年，城市化水平为 50%左右。也就是说，改革开放 30 年左右，每年城市化水平提升 1 个百分点。反观同期 GDP 的增长，改革开放 30 年左右，年均 GDP 增长率平均在 10 个百分点以上。可见，城市化每提升 1 个百分点对 GDP 增长的影响是非常巨大的。

随着中国城乡一体化统筹发展和新农村建设的稳妥推进，大量的农村实行"三改一化"（农改非、村改居、集体经济改股份制经济，促进城乡一体化），农村城镇化步伐将进一步加快。国家"十二五"规划中提出，要"优化城市化布局和形态，加强城镇化管理，不断提升城镇化的质量和水平"。主要的发展导向包括以下三个方面（国务院，2011）。

一是构建城市化战略格局，按照统筹规划、合理布局、完善功能、以大带小的原则，遵循城市发展客观规律，以大城市为依托，以中小城市为重点，逐步形成辐射作用大的城市群，促进大中小城市和小城镇协调发展。构建以陆桥通道、沿长江通道为两条横轴，以沿海、京哈京广、包昆通道为三条纵轴，以轴线上若干城市群为依托、其他城市化地区和城市为重要组成部分的城市化战略格局，促进经济增长和市场空间由东向西、由南向北拓展。

二是稳步推进农业转移人口转为城镇居民，把符合落户条件的农业转移人口逐步转为城镇居民作为推进城镇化的重要任务。充分尊重农民在进城或留乡问题上的自主选择权，切实保护农民承包地、宅基地等合法权益。坚持因地制宜、分步推进，把有稳定劳动关系并在城镇居住一定年限的农民工及其家属逐步转为城镇居民。特大城市要合理控制人口规模，大中城市要加强和改进人口管理，继续发挥吸纳外来人口的重要作用，中小城市和小城镇要根据实际放宽落户条件。鼓励各地探索相关政策和办法，合理确定农业转移人口转为城镇居民的规模。

三是增强城镇综合承载能力。合理确定城市开发边界，规范新城新区建设，提高建成区人口密度，调整优化建设用地结构，防止特大城市面积过度扩张。统筹地上地下市政公用设施建设，全面提升交通、通信、供电、供热、供气、供排水、污水垃圾处理等基础设施水平，增强消防等防灾能力。扩大城市绿化面积和公共活动空间，加快面向大众的城镇公共文化、体育设施建设。推进"城中村"和城乡结合部改造。加强建筑市场监管，规范建筑市场秩序。深化城市建设投融资体制改革，发行市政项目建设债券。加强城市综合管理。推动数字城市建设，提高信息化和精细化管理服务水平。注重文化传承与保护，改善城市人文环境。

中国城镇化率快速提升是政府强力推动的结果，属于一种典型的粗放型模式，并带来了拆迁、失地、失业等现象。毫无疑问的是，这种城镇化的成本极其低廉，城镇化过程中并没有伴随着显著的劳动力成本提升、土地成本提升、公共服务质量提升和基础设施建设大幅优化和均等化。

尽管如此，中国的城市化进程还将继续稳步推进。近年来，李克强在国内外多个重要场合指出，城镇化是内需最大的潜力所在，是经济结构调整的重要依托。未来城镇化发展涉及土地资源及能源供应、工业化与城镇化互动，以及户籍制度改革等带着经济社会全局的焦点、难点问题。在这个过程中，将产生巨大的改革需求、投资需求及满足农村人员转变为城镇居民人口的消费需求和发展需求。同时，农村劳动力将进一步与工业、服务业紧密联系，促进全社会劳动力向专业化和职业化转变。

（二）工业化

工业化是发达国家走过的一个历程，对于欠发达国家而言，是实现经济增长和社会经济转型的重要途径。工业化通常表现为农业部门收入在国民收入中的比重和农业人口在总人口中的比重逐渐下降，而以工业为中心的非农业部门所占比重逐渐上升。与此同时，社会、人口、经济结构会随着工业化的进程而发生改变，人类文明因工业化而大大进步。这也是英国在 2012 年奥运会上自豪地宣传"有的国家的革命只改变了自己的命运，英国的工业革命改变了整个世界"的重要原因。

工业化不是一个单向的过程。在 2008 年金融危机之后，美国国内重新审视了自身的工业化战略，认为虚拟经济的过度膨胀损害了美国经济增长的持续性和稳定性，提出了再工业化的发展举措。一个突出表现是，美国近年来的经济增长主要靠生产资料来拉动，同时，曾经向劳动力成本低的国家转移的就业岗位现在正重归美国[①]。欧美的这种再工业化给中国现代化进程带来了新的压力，贸易保护主义有再次抬头的迹象。

区别于美国的再工业化，对于中国来说，工业化还是一个迈向现代化的不可或缺的进程。中国传统的工业化建设，主要是依照苏联模式，优先发展重工业，同时注意发展农业和轻工业。传统的模式已经不适应当前经济社会发展和国际经济竞争的需要，中国国民经济和社会发展"十二五"规划提出，"坚持走中国特色新型工业化道路，适应市场需求变化，根据科技进步新趋势，发挥我国产业在全球经济中的比较优势，发展结构优化、技术先进、清洁安全、附加值高、吸纳就业能力强的现代产业体系"。这延续了中国共产党的十七大报告对我国产业体系现代化提出的重要要求。

新型工业化道路首先在中国共产党的十六大报告中提出，指的是坚持以信息化带动工业化，以工业化促进信息化，就是科技含量高、经济效益好、资源消耗低、环境污染少、人力资源优势得到充分发挥的工业化。有预计称，新型工业化加速，将使中国成为世界最大的工业产品生产国；新型城市化的加速，将使中国成为世界最大的城市人口国家；信息化和知识化的加速，将使中国成为世界最大的信息社会和知识社会；基础设施现代化加速，将使中国成为世界最大的现代化基础设施投资国和领先国；国际化加速，将使中国成为世界最大的出口国，将来还会成为世界最大的进口国、世界最大的贸易服务国。

当前提出要建设新型工业化，主要是在促进工业化和信息化融合的前提条

---

① 新华网转载法国《回声报》8 月 6 日文章．卡尔·德梅耶尔，2012-08-11，美国进入再工业化阶段，http：//news. xinhuanet. com/world/2012—08/11/c_123564214. htm.

件下解决两大问题：一是传统产业升级改造问题；二是抢占战略性新兴产业的机遇问题。如何解决这两大问题？这需要中国既抓住轻重工业转换的契机，走好重工业化的步伐；还要面向城镇化发展的不同需求，搞好城镇公共基础设施和劳动密集型产业、文化服务业的大发展；更要紧紧抓住当前战略性新兴产业发展的机遇，培育新的增长点，抢占未来经济先机。

然而，中国当前的工业发展，面临着一系列的问题。首先，中国已经成为制造业大国，但产品附加值不高。温家宝在 2012 年全国科技创新大会上提到，"中国是制造业大国，已经具备很强的制造能力，但仍然不是制造业强国，总体上还处于国际分工和产业链的中低端"。其次，资源环境压力增大，但产出效率效益不高。从环保部 2011 年上半年全国主要污染物减排情况看，四大主要污染物约束性指标中，化学需氧量、二氧化硫排放量继续下降，但新增指标氨氮排放量仅下降 0.73%，氮氧化物排放量反而上升 6.17%，与国家"十二五"规划的 2011 年减排 1.5% 的目标相差较大。环保部提出的绿色 GDP 核算遭受到不少省份的抵制。最后，企业核心竞争力严重不足。在知识经济形态下，传统的粗放投入模式乃至"百年老店"模式已经不可能实现持续的繁荣，必须融入到全球经济中，不断创新才能赢得先机，取得优势地位。美国柯达的衰落和近年来诺基亚市场占有率的不断下降就是一些明显的例证。

翟书斌（2005）指出，中国新型工业化的实现路径主要是实现结构跨越式升级，促进产业转型、结构调整，通过信息化与产业融合，促进城市和农村地区实现新型工业化。对中国而言，还有 50% 的农业人口。广大的农村地区的经济发展水平、基础设施建设、基本公共服务都不能令人满意。工业化进程推进将改变农村，改变城市，改变中国的整体面貌。对于相对发达的东部沿海地区而言，则存在着工业化改造与升级及抢占战略性新兴产业制高点的问题。工业化是现代文明的必经之路，随着工业化的不断推进，中国的现代文明也将随之进步。

（三）技术创新

在新古典增长模型中，经济增长是由技术进步外生地确定的。随着内生增长理论的兴起，创新在经济增长中的作用日益摆到更加重要的位置。当代主流经济学家认为，创新活动具有显著的外部性，这种外部性的表现主要通过以下几种渠道实现（唐家龙等，2007）：首先是"站在巨人肩膀上"的溢出效应，它可以通过知识泄漏、不完善的专利保护和技能型人力资本向其他公司流动，从而降低竞争性公司的成本；其次是盈余分配效应，意味着创新者即使不产生溢出效应，也可能由于自身不能完全占有创新产生的效益而对竞争性公司和下游的使用者产生盈余分配的事实；最后是"创造性毁灭"效应，意味着新的思想使得旧的生产工艺和产品变得陈旧，从而为市场所淘汰。

中国整体上是世界经济进程的追随者，开放使得中国逐渐融入了世界经济发展、科技发展的大潮流中。改革开放以来，中国用上千亿美元引进了大批先进技术和装备，在产业技术上缩短了同国际先进水平的差距。同时，大量外资企业的进入，也带来了先进技术和设备及管理经验。目前，中国整体上步入了效率驱动发展的阶段，东部沿海地区已经进入了由效率驱动向创新驱动的过渡阶段。在这个过程中，中国充分地分享了"站在巨人肩膀上"的溢出效应和盈余分配效应，同时也面临了新的问题。

一方面，中国不甘心只做一个"制造大国"，希望加上"中国设计"、"中国创造"，做"制造强国"，占领国际垂直分工和水平分工的中高端，使经济和产业格局发生根本性变化。从根本上来说，这需要从提升企业主体的创新能力入手。另一方面，中国面临的现实是，企业研发创新投入的规模和强度远低于发达国家平均水平。例如，温家宝在 2012 年全国科技创新大会上指出，我国大中型企业研发投入仅占当年主营业务收入的 0.93%，远远低于主要发达国家 2.5%～4.0% 的比例；大中型企业建立研发中心的仅占 27.6%，平均只有 89 人，而同年世界 500 强企业中，已经有 470 多家在中国建立了研发中心，研发人员少则百人，多则几千人。

胡锦涛在 2012 年全国科技创新大会上指出，"科技兴则民族兴，科技强则国力强"。面对当前世界范围内激烈的综合国力竞争，科技的作用日益突出。主要发达国家纷纷调整战略导向，将科技创新上升为国家发展战略，加大创新投入，希望保持科技前沿领先地位，抢占未来发展制高点。国务院做出了《关于加快培育和发展战略性新兴产业的决定》，致力于将战略性新兴产业加快培育成为先导产业和支柱产业，现阶段重点部署了节能环保、新一代信息技术、生物、高端装备制造、新能源、新材料、新能源汽车等产业。各个省份将发展战略性新兴产业作为新一轮经济发展的主要抓手，掀起了一场新的省际增长竞赛。

新的"大推进"理论认为，由于生产集合的"非凸性"问题或者"门槛效应"的存在，即当初始条件低于某一临界值时，经济增长会陷入一个低水平的均衡之中（阿吉翁等，2004）。尽管对于中国经济是否将停滞于中等收入陷阱并无定论，但从科技创新的角度，可以反过来认为，创新使得原本的一些临界值变得不再敏感，从而可能会出现经济增长的新的均衡点。因此，中国一方面可以通过学习来分享国际技术外溢和盈余分配效应，另一方面也可以因为门槛值的降低而实现继续增长。

战略性新兴产业的发展或新的兴业形态的兴起，可能因为重大关键技术的攻克而取得突破性进展。这可以从历次工业革命的兴起看到一些苗头。近年来，大数据、云计算、移动互联、智能终端等信息技术与产品不断涌现，生物医药、新能源、新材料、绿色经济等不断取得新的进展，新的产业模式和业态将随之涌现，带动世界经济也包括中国经济发展。

（四）制度创新

制度是社会游戏的规则，是人类创造的、用以限制人们相互交流行为的框架。制度创新源于两个可能：一是制度不够使唤了，呼唤全新的规则；二是制度阻止或不利于发展了，呼唤规则革新乃至废止。由此，字面上看，制度创新就是改变社会游戏的规则，改变人们的行为，甚至是改变人们的交流和行为框架。在产业制度分析中，经常提到的一个术语是"路径依赖"，指今天的选择受历史因素的影响。产业制度创新就是要摆脱路径依赖，不受历史因素的束缚。

诺斯（1995）重申了制度变迁中的三大观点，认为：①路径依赖仍然起着作用，了解过去才能面对未来；②追求高效现代化的经济发展，一个国家面临着从人格化交换向非人格化交换转变的困境；③国家的政体起着根本性的至关重要的作用，决定着经济结构和经济发展。从长期看，法制、保证合同执行的制度规则才是真正保证长期经济发展的至关重要的因素。因此，制度创新也好，产业制度创新也好，必须清楚地认识到产业发展的过去和当前的制约因素，建立起正式或非正式规则，在一个相对稳定的政体支持下实现产业变迁和升级，实现经济社会的健康发展。

改革开放以来的中国经济发展，就是一个制度创新摆脱路径依赖的历程。邓小平同志的改革思路，总体上来说属于传统的大推进理论范畴，帮助中国实现了一个较快速度的增长。杨瑞龙（1998）认为，我国在改革开放之初选择的是供给主导型制度变迁方式，主要是通过行政命令、法律规范及利益刺激开展自上而下的制度创新。因此，总体上农村和城市的改革都是一个放权的过程。在农村，实行家庭联产承包责任制，在城市扩大了企业自主经营权，促进了国有企业搞活和对外开放，调动了经济主体的积极性，到目前已经初步建立了以市场为主体、多种所有制并存的经济形态，初步形成了统一开放、竞争有序的现代市场体系，市场机制对资源配置的基础性作用显著增强。

然而，基于边际收益递减和成本递增的原理，传统的渐进式增量改革已经陷入了一个困境，中国发展的后发劣势日益凸显。杨小凯（2003）认为，渐进改革有赎买特权阶层减少改革阻力的好处，但是也有将国家机会主义制度化及造成不公、增加社会下层人民反对改革的阻力的坏处。林毅夫（2003）将这种观点归结为后发劣势，尽管杨小凯否认这一价值判断。一个不可争议的事实是，中国经历了近30年的经济增长，进一步的改革面临着谁来赎买下一次制度创新的机会，官员和学者纷纷惊呼改革进入了"深水区"。有人呼吁中国出现下一个有魅力的领导人，推动中国的改革走向深化。

　　无论是经济体制还是政治体制，都面临着腐败、既得利益集团阻碍改革和分配不公等三大不利事实，推动改革创新已经成为一个必需的选项。面对要素市场发展改革滞后和市场配置机制扭曲，面对城镇化过程中土地制度改革的迫切需求，面对战略性新兴产业领域标准体系和市场准入制度的建设，面对科研体制与产学研转化机制不畅，面对官员的政绩评价及激励机制，改革创新同样是一个必需的选项。

　　2012年颁布的《关于深化科技体制改革加快国家创新体系建设的意见》提出要将科技体制改革作为经济体制改革的重要内容。这是一个触及体制改革的开端，这个开端是否深入有效还有待观察。但至少，这是一个良好的迹象，制度创新、深化改革成为了一个共识。在这个共识下，如果制度创新能够持续并有效，那么，中国经济会有新的持续增长预期，继续在经济增长的黄金期中创造新的奇迹。

第四节　实现以人为本的发展

　　墨西哥有一则寓言是这样的：一群人匆匆地赶路。突然，一个人停下来，旁边的人们很奇怪，他为什么不走了？停下的人一笑，说："走得太快，灵魂落在了后面，我要等等它。"中国经济飞速发展的背后，存在着房价飞涨、生不起病、食品不安全、环境严重污染、收入差距过大、贪污腐败泛滥等多种现象。有人形象地将其比喻为"两条腿走路，经济发展这条腿快，社会发展这条腿慢"。这与墨西哥的寓言有异曲同工之境。

　　在经济快速发展和社会快速转型的过程中，二者出现了步调不一致的现象。中等收入陷阱既是一场发展的灾难，也是一场普罗大众的灾难，迟迟不能享受到经济增长的福祉。经济增长如何才能实现以人为本的发展，回到增长可持续性的源泉问题上，就是要让每个人的内心建立起市场秩序和社会秩序，让具有专业知识、规则感和职业道德的人力资本载体承担起驱动中国经济持续增长的责任；就是要通过建设百年树人的人力资本培育体系，确立打造百年基业的科学投资和长效投资模式，构建产业与人力资本相匹配的现代产业体系。

　　笔者以为，只要让企业家能够创造效益和就业，让科学家和工程师能够各展所长，让高技术工人和中低端人力资源适得其所，推动实现中国人的职业化和现代化，消除特权和阻碍市场经济发展的不利因素，广泛建立并增强商业诚信和个人诚信，不断深化民主建设，中国经济增长即便迎来短暂的波动，未来也必将振兴。

第八章 关于研究方法的一些讨论

第一节 引　言

关于经济增长持续性和增长源泉的研究文献汗牛充栋，但人们依然热衷于从要素积累和生产率贡献的角度来回答经济增长的源泉问题。本书承袭了从供给角度——增长源泉分析来探讨中国经济增长可持续性的框架，但对于有关的研究结论仍然持谨慎的态度。这是因为增长核算或生产率分析在理论上、数据上、方法上都存在着一系列的争议之处。

第二节　方法论的探讨

一 关于理论

西方经济学理论能够直接应用于中国情境？这方面一直存在着争论，一些学者甚至提出要创立中国特色的经济学体系。争论的焦点之一在于，中国处于一个由计划经济向市场经济转型的阶段，而西方经济理论萌芽发展于市场经济主导的环境之中。西方经济学在中国能够很好地生根发芽吗？李京文和郑玉歆（1992）对此有一个较好的响应。他们指出，经济学家在分析任何问题时，实际上都是在某一个理论框架下进行的。理论上并不存在纯粹的市场经济，但这不妨碍一些简化的理论模型能够用来描述经济的主要趋势。同时，中国经济正在逐步地走向市场化，可以在一定程度上运用这些理论模型加以描述，并且大体合乎事实。胡鞍钢（2008）也指出，一般的经济学理论，包括经济增长理论，都是基于西方经济发展过程、基于西方国家几百年的实践而形成的。中国发展的历史记录、经验不同于西方国家。因此，现有西方经济学理论就不能完整地解释中国发展，但这并不妨碍我们从现有西方经济学中不断学习。

争论的另一个焦点在于，宏观经济学中使用了总量生产函数。许多研究对此进行了探讨。例如，郑玉歆（1996）专门探讨了资本加总与总量生产函数问题，尹碧波和柳欣（2008）指出微观生产函数并不能可行地上升为新古典总量生产函数。的确，宏观经济中的总量生产函数难以从微观的生产要素投入和产出进行简单地加总得到。但本书认为，对总量生产函数所有的估计其实是一种基于经验的估计，其目的在于用简化的模型来描述经济趋势。因此，采用总量生产函数也许缺乏了微观的基础，但并不妨碍去探寻一些符合增长事实的研究结果。

总体上看，大多数学者很自然地接受了西方经济学在中国的适用性问题，关注的焦点更多地在于生产函数的形式——理论模型的选择。从纯数理角度看，生产函数的区别是不同增长理论之间最本质的区别。例如，从新古典增长模型向新增长理论的转变，事实上是否定边际收益递减的古典假设，在模型上是通过引入内生的技术进步来解决长期增长问题。然而，国内学者在研究中极少对模型的适用性或不同模型结果之间的可比性进行探究，尤其忽视了增长理论、生产函数与经济发展阶段间的关系问题。

第一章已经指出，新古典生产函数通常以三种方式引入技术进步：希克斯中性技术进步、哈罗德中性技术进步和索洛中性技术进步。希克斯中性技术进步意味着完全外生的技术进步，是 Solow（1957）的选择。哈罗德中性技术进步意味着劳动增强型技术进步，即技术进步会带来劳动的节约。在实证研究中通常选择希克斯中性技术进步或哈罗德中性技术进步的生产函数。但现实世界的技术进步通常都不是希克斯中性或哈罗德中性的。因此，假设有偏的技术进步更符合现实。Bessen（2009）指出，当技术不是希克斯中性时使用 Solow 余值法不能代表真实的技术进步水平。因此，利用 Solow 模型研究得到的结果进行推论时需要谨慎。

陈宗胜和黎德福（2007）指出，技术进步类型设定不当可能导致对生产率的严重低估。他们认为 Klenow 和 Rodrigues-Clare（1997）发展的核算方法是对中国经济增长因素进行分解的正确方法。但是，本书认为任何单一的技术进步类型选择都可能导致对中国经济的错误解释，需要更全面地理解增长的过程和生产要素的作用。因此，本书引入了包含人力资本在内的 Lucas（1988）两资本模型。如果纯粹从技术进步的角度来看，Lucas（1988）两资本模型属于希克斯中性技术进步和哈罗德中性技术进步的混合模型。一方面，人力资本作为生产要素影响到普通劳动的效率，它与普通劳动合称有效劳动。事实上这是哈罗德中性技术进步，即人力资本增强了普通劳动的效能。另一方面，人力资本作为一个乘数因子对整个生产函数发挥外部效应。如果将索洛余值单纯地理解为效率或技术进步，这本身是对全要素生产率内涵的错误解读。

本书发现，1952～2007 年中国经济增长更适于采用劳动增强型新古典增长模型来拟合，Lucas（1988）的两资本模型则适于分析 1978～2007 年中国经济增长。第六章采用两资本模型的数据结构，利用 DEA 方法发现，改革开放以来中国经济出现了生产前沿面不断向前推移和产出向生产前沿逼近的情况。本书认为这一结果更加符合改革开放以来既有效率提升也有技术进步的现实。颜鹏

飞和王兵 (2004)、Zheng 和 Hu (2004) 等人的研究由于理论模型选择的不同，没能发现技术进步和技术效率同时提升的证据。

因此，对中国改革开放以来的研究，如果忽略了人力资本的外部效应将带来模型设定上的错误，也不能对中国经济增长做出符合事实的解释。同时，区别于 Nelson 和 Phelps (1966)、Benhabib 和 Spiegel (1994) 的观点，本书认为人力资本可以进入生产函数，但需要清晰地界定人力资本所具有的要素功能和效率功能。

二 关于数据

de La Fuente 和 Domenech (2000) 指出，数据质量会影响到人力资本书的结论。Cohen 和 Soto (2001) 探讨了人力资本书中数据选择与研究结果之间的关系。Ciccone 和 Jarocinski (2007) 利用世界银行数据与 Penn World Table 数据对同一时间段的数据进行了分析，发现同一方法下研究结果之间出现较大差异。由此可见数据质量对开展研究的重要性。对于中国经济增长研究而言，这里集中讨论两个方面的问题：一是数据的可靠性问题；二是数据的核算和（或）调整方法问题。

中国经济数据的可靠性一直是讨论的重点内容。数据的可靠性涉及两个层面：一是数据的整体可靠性；二是数据的局部可靠性。从整体可靠性来看，学者集中于探讨全国综合数据及各省数据的可靠性问题。孟连和王小鲁 (2000) 直接对中国经济增长统计数据的可信度进行了质疑。他们观察到各地区与全国 GDP 增长统计数据的不一致。这一点在本书中也有发现，如全国综合 GDP 数据、资本存量数据与各省加总的数据之间存在着明显的差异，1990～2007 年各省加总的 GDP 增长率要比全国增长率高出 1.9 个百分点；全国综合资本存量增长率一直低于各省的资本存量增长率，1979～2007 年平均低出 3.5 个百分点。此外，他们观察到价格指数与经济增长速度的相互关系与中国经济的一些时段的经济特征不相符。经过分析后，Young (2000) 将 1978～1998 年人均 GDP 官方数据从 7.8% 下调到 6.1%。许宪春 (2000，2002) 对中国的 GDP 数据的可靠性进行了研究和调整。通过对居民住房服务、财政补贴、企业内部的福利性服务、农村工业等内容进行调整，许宪春 (2000) 认为中国 GDP 总量数据较好地反映了中国经济的实际发展规模，世界银行及麦迪森对中国数据的向下大幅调整可能夸大了中国数据的不真实性。

从数据的局部可靠性来看，中国的劳动力数据在 1990 年前后的跳跃性发展一直是研究中关注的一个焦点。如第四章所述，自 1953 年以来，全国从业人员总数增长很不规律，期间有自然灾害和"文化大革命"的影响、计划生育与人口高峰期带来的冲击，导致个别年份出现了从业人数的负增长或大的变动。但最为明显的是 1990 年从业人员猛增的现象。数据显示，1990 年从业人员达到了64 749 万人，比 1989 年的 55 329 万人增长了 9 420 万人。根据中国统计年鉴的说明，这主要是统计口径变化造成的。一系列的研究注意到了这一问题，如宋国青（1999）、王小鲁和樊纲（2000）、王金营（2001）等的研究。还有一些研究则忽略了这个问题。另外，人力资本数据的可靠性也值得考虑。如华萍（2005）利用各学历层次受教育人口的比重来探讨 TFP 变动与受教育层次之间的关系。本书发现，其研究年份的数据在逻辑上并不一致，利用这些数据得到的平均受教育年限呈现出一年高一年低的情况，显然与事实不符。另外一些研究利用 1987 年的人口调查数据作为核算人力资本的基础，这同样存在问题。

本书不打算探讨数据的瞒报、漏报、多报等现象，认为宏观数据整体还是可以使用的。当然，如果这些现象很严重的话，会影响到分析的可靠性。在个别之处，本书对数据进行了一些调整，如对劳动力、人力资本数据的估计，更多地结合现实情况予以了调整。

关于数据的另一个讨论重点是数据处理方法。在假定数据整体可靠的情况下，需要明确将 GDP、资本存量等换算成不变价的方法。例如，一些研究中直接利用消费价格指数对 GDP 和资本投资进行缩减，不能很好地反映 GDP、资本存量的总量及其变动情况。资本存量的估计一直是学者关注的焦点。由于资本存量不存在官方统计，需要根据永续盘存法或其他方法加以核算。本书认为数据核算是研究问题的起始点，因此在研究中较为详细地阐述了 GDP 的平减方法、资本存量和人力资本的测量方法。

在对 GDP、资本进行缩减中的一个重要问题是选择研究基年。文献中通常选择 1952 年或 1978 年为研究基年，但个别研究将 1990 年作为研究的基期，如颜鹏飞和王兵（2004）、张军和施少华（2003）的研究。不同基期选择对于研究结果可能会造成重要影响。例如，颜鹏飞和王兵（2004）发现技术效率是中国经济增长的源泉，而郑京海和胡鞍钢（2005）的发现与之正好相反，本书的发现则区别于他们的发现。这种差异除了理论设定上的差别，研究基年的影响可能是重要的原因。基年选择的影响还有待通过实证分析加以进一步讨论，目前还没有看到相关文献对此的探讨。

三 关于方法

Coelli 等（2005）指出，研究生产率的方法有参数方法和非参数方法两类。国内研究目前主要以参数估计方法为主，但非参数估计方法也开始在文献中占据重要位置①。前面的分析中已经指出一些重要的研究文献，他们分别采用了增长核算法，如 Hu 和 Khan（1997）、沈坤荣（1997）、Wang 和 Yao（2003）；计量方法，如 Chow（1993）、王金营（2001）、张军和施少华（2003）、李静等（2006）；DEA 方法，如 Zheng 和 Hu（2004）即郑京海和胡鞍钢（2005）、颜鹏飞和王兵（2004）、岳书敬和刘朝明（2006）、郑京海等（2008）。

增长核算法的困难在于如何设定各个要素的产出弹性。一般采用主观办法进行赋值，如 Wang 和 Yao（2003）对资本、劳动和人力资本的产出弹性均赋值为 0.5。这种方法的不利之处在于，即使引入了对赋值结果的稳健性分析，也存在着如何让人确信赋值合理性的问题。尤其当研究中引入了资本和劳动之外的因素如人力资本时，这个困难更加凸显：人力资本的产出弹性怎么办？尽管可以选择不同的弹性值对估计结果的稳健性进行检验，但依然不能回避这种质疑。因此，本书不倾向于这种方法，只在做辅助研究时引入了增长核算作为比较。

计量分析方法摆脱了增长核算方法的主观性，但在技术处理上存在问题。时间序列数据的特点使得虚假回归成为研究的一个雷区。在一些研究中往往没有报告 DW 值，成为遭受诟病的一个由头。例如，沈利生（2004）对《世界经济》杂志上 2003 年发表的文章《贸易开放度与经济增长：理论及中国的经验研究》一文提出了质疑。为了这一问题，有的研究中引入了误差修正模型来解决时间序列非平稳问题，如谭永生（2007）、郑京海等（2008）的研究。本书引入了一阶自回归技术 AR（1），避免了时间序列估计中经常出现的残差序列自相关问题。

增长核算和计量分析存在着一些局限性。郑京海和胡鞍钢（2005）认为主要有三大局限：一是增长核算法中需要引入很强的行为与制度假设，如利润最大化假设和完备竞争市场假设。对于中国这样一个仍然处在转型期的发展中国家，这些假设恐怕很难满足。二是增长核算法和总量时序生产函数估算法没有区分技术进步和技术效率。三是通常的时间序列的样本数据量很小，很难选择较复杂的函数形式进行生产函数估算并对生产率进行拆分，或考虑加入更多的变量进行分析也会很困难。因此，郑京海和胡鞍钢（2005）选择了 Malmquist 生产率指数来分析中国省际的生产率变化。

生产率研究有多种方法可供选择。那么，不同方法下结果有什么差异呢？本书利用计量方法、增长核算方法和确定性生产前沿模型进行了分析。综合比较的结果表明，不同的方法选择可能使结果出现较大的差异，但这种差异主要体现为估计结果在水平上的差异，在 TFP 增长变动的模式及要素积累对产出的

---

① 生产率研究中的随机前沿分析方法在本书中没有讨论。郑京海和胡鞍钢（2005）指出，随机前沿还存在研究结论与现实是否相符的问题。因此，他们使用了 DEA 方法——确定性生产前沿模型。

贡献方面，却得到了基本一致的判断：TFP 对产出的贡献在改革开放之前（1952～1977 年）基本是负的贡献，改革开放之后 TFP 的贡献有着较为重要的影响，TFP 的增长有停滞不前的趋势；但纵观整个时期，物质资本始终是最重要的增长驱动源泉。因此，比较不同方法下的研究结果，最好主要比较 TFP 增长变动的模式，而不能着力于专注生产率水平和生产率贡献份额大小。

然而，一些利用 Klenow 和 Rodrigues-Clare（1997）、Hall 和 Jones（1999）及其派生模型的研究发现，生产率的贡献已经成为中国经济增长中最重要的因素，或者发现生产率已经成为地区间收入差距的决定因素，如李静等（2006）、陈宗胜和黎德福（2007）、陆云航和张德荣（2007）等的研究。

所以，基于不同理论、不同数据、不同方法得到的结论并不能够完全相洽。这既给实证研究与规范研究带来了困难，也为思想交锋和观点交流提供了广阔的空间，也许这就是经济学的魅力所在。

第三节　未来研究的方向

第一，要进一步加强经济增长理论研究。林毅夫（2007）认为，现有理论尚难解释中国奇迹。其主要原因就在于中国当前面临着经济转型和发展共同推进的事实，现有经济学理论对于我国的双轨制改革和经济增长率难以给出合理的解释。胡鞍钢（2008）对林毅夫关于"现有理论尚难解释中国奇迹"的观点予以了解释。本书认为，胡鞍钢（2008）提到的政治学和经济学结合的两个视角和两个维度才是最需要考虑的。Abramovitz（1993）指出，标准的增长核算认为几种增长源泉相互独立地发挥作用这种观点是不正确的。这对于当前的理论和实证研究而言都是一种巨大的挑战。这意味着增长核算的理论和许多分析都存在着问题，增长研究还迫切地需要一个生产率理论（Prescott，1997）。

因此，采用一个什么样的理论框架来分析中国的经济增长问题至关重要。本书认为，经济增长源泉的研究需要确定一个合乎逻辑和事实的理论框架，明确哪些因素可以进入生产函数，哪些因素不可以进入生产函数，以及各种因素以什么形式进入生产函数。生产函数的选择一方面是理论导向的结果，另一方面是导致实证分析结果差异的重要原因。陈宗胜和黎德福（2007）指出，新古典增长模型下，不同的中性技术进步假定会造成生产率估计出现很大的偏差。Bessen（2009）也发现，当技术进步不是希克斯中性时，采用新古典增长模型会导致余值估计有偏。通常的研究往往忽略了技术进步的有偏性。

本书利用 Solow（1956，1957）的新古典增长模型及 Lucas（1988）的两资本模型得到了大致相近的结果，并且与 DEA 分析的结果可以相互印证。与其他遵循 Solow 传统的研究结果相比，也基本一致。但国内一些沿袭 Klenow 和

Rodrigues-Clare（1997）、Hall 和 Jones（1999）方法的研究发现，生产率贡献已经成为经济增长的重要源泉，甚至超过资本对经济增长的贡献。这与当前大多数研究的结论不一致。因此，对于不同理论框架下生产率的解释需要谨慎。

第二，要进一步挖掘经济增长的深层次原因。本书重点探讨经济增长的源泉问题，尽管这方面的探讨还存在着新的发现空间，但目前更多的研究已经进入了对技术进步内生化的下一阶段，即进入到解释技术进步源泉的阶段。一些研究开始探讨研发投入与技术进步的关系，如 Jones（1995）、Jones 和 Williams（1997，2000）关于 R&D 与经济增长关系的研究，陈广汉和蓝宝江（2007）、符宁（2007）等对 R&D、竞争能力和技术吸收能力进行的研究。还有一大批学者从宏观和微观角度对引进外资和引进技术进行了探讨，如代谦（2004）、陈柳和刘志彪（2006）、Hale 和 Long（2006，2007）、张宇（2007，2008）等的研究。李稻葵和梅松（2007）指出，由于在中国的现实条件下存在着政府不相信企业、企业不相信政府的双重道德风险，中国经济更加偏好 FDI。中国的改革开放已经持续了 30 多年，进一步探讨 FDI 对中国经济增长的影响殊为必要。

与此同时，中国经济增长经历了巨大的产业结构变换和体制转轨，探讨中国的经济增长问题自然不能回避这些因素。例如，中国农业生产率在改革开放初期的大幅提高显然得益于引入市场体制和教育改善（林毅夫，2000），非国有经济迅速发展得益于将资源从国有部门向更富有效率的部门中优化配置（刘迎秋等，2008）。Rebelo（1991）认为，一国增长率的差异在于影响物质资本和人力资本形成的公共政策上的差异。本书囿于时间和精力的限制，仅仅集中于宏观经济的总量变动，忽略了这些重要的影响因素和环境条件，无法深入地揭示经济增长的深层次内涵，不能说不是一个遗憾。

第三，要进一步加强对经济增长阶段性特征的研究。经济发展具有极强的阶段性。无论是单纯以世界经济论坛的人均 GDP 方法，还是以发展中国家和发达国家这样笼统的概念划分经济阶段，都意味着不同国家可能处于不同的经济增长阶段，同一国家不同时期也可能处于不同的经济增长阶段。增长分析必须注意到这些特点。例如，Cornwall J 和 Cornwall W（1994）指出，不同发展阶段对应于不同的产业主导形态，应当根据发展阶段，针对不同部门设定不同的生产函数。他们认为产业结构转型中有三个发展阶段：第一个阶段，农业经济部门主导，人均收入和生产率增长都很低。第二个阶段，制造业部门成为经济中的主导，生产率增长在初期快速增长，但最终下降。这两个阶段都是一种典型的 logistic 增长路径。第三个阶段，服务部门在经济中的地位和份额上升，人均产出水平高，生产率不断下降，制造业的重要性降低①。在研究中国经济时，必须注意到不同发展阶段的特征。本书虽然引入了新古典增长模型和人力资本增长模型，但未必真正把握了增长的阶段性特征，更不用说加强分产业和分部门的深入研究了。

第四，要进一步加大宏观经济研究的数据开发和共享。目前，国内研究相对闭塞，研究资料和成果缺少公开和分享的体制机制安排。在研究过程中发现，生产率研究也好，其他研究也好，缺乏一个共通的数据基础。即使是同一学者，在不同时期也采用不同来源的数据和不同的数据核算方法。这里面的原因是多种多样的，宏观数据存在着明显的加总困难是一个重要原因，如资本存量加总问题（郑玉歆等，1992a；郑玉歆，1996），甚至有研究认为总量数据中存在着失当之处（Rawski，2002；任若恩，2002；张新等，2002），但目前还没有研究者致力于提供一个公共数据服务平台。对于生产率研究中的关键数据——物质资本和劳动力（包括人力资本）及GDP数据，还没有一个绝对权威、充分有效的数据集，或者多个可供比较和借用的数据集。因此，如何建立宏观经济研究的数据集是中国经济增长理论研究取得突破的一个重要基础。

本书的研究成果基于自身较为详细的数据核算得来，但缺乏与其他研究进行比较的共同基础。更进一步地看，资本的概念、人力资本的概念远不止存量、受教育年限这么简单或单一。产出和资本的缩减指标核算还没有建立一个统一的标准。这些方面的工作还特别需要加强。这既是对本书后续工作的警示，也是对学界尽快在这方面有一些举措的一个期许。

总体来看，经济增长理论经历了古典、新古典到新增长理论乃至"杂交"的新增长理论这个漫长的历程，但Smith（1776）关于人造资本和自然资源是国家财富源泉的论断依然成立。对于经济的持续健康平稳发展而言，一个包括了要素积累、生产率和基础要素（包括制度、文化、环境）的，更具丰富内涵的增长模型会更加有益于经济的发展，而不仅仅是增长。也许这会进一步扩大经济学的帝国主义倾向，但如果这种扩大有助于理解经济增长的事实且有益于经济发展，相信很少有人会拒绝它。

---

① 需要注意，他们关于服务生产率不断下降的假定现在看来并不真实，随着现代服务业和科技服务业的兴起，服务业部门的生产率事实上在提高。

参 考 文 献

阿吉翁，霍依特．2004．内生增长理论．陶然，汪柏林，倪彬华译．北京：北京大学出版社

埃克伦德，赫伯特．2001．经济理论和方法史·4 版．杨玉生，张凤林译．北京：中国人民大学出版社

巴克豪斯．1992．现代经济分析史．晏智杰译．成都：四川人民出版社

白重恩，谢长泰，钱颖一．2007．中国的资本回报率．比较，(28)：1～22

蔡昉．2004．人口转变、人口红利与经济增长可持续性——兼论充分就业如何促进经济增长．人口研究，(2)：2～9

蔡昉．2007．中国经济面临的转折及其对发展和改革的挑战．中国社会科学，(3)：4～12

蔡昉，都阳．2000．中国地区经济增长的趋同与差异——对西部开发战略的启示．经济研究，(10)：30～37

蔡昉，都阳．2003．"文化大革命"对物质资本和人力资本的破坏．经济学，2 (4)：795～806

陈广汉，蓝宝江．2007．研发支出、竞争程度与我国区域创新能力研究——基于 1998－2004 年国内专利申请数量与 R&D 数据的实证分析．经济学家，(3)：101～106

陈柳，刘志彪．2006．本土创新能力、FDI 技术外溢与经济增长．南开经济研究，(3)：90～101

陈伟，唐家龙．2005．最新的全球竞争力指标体系简介——兼论提升我国国家竞争力的着眼点．天津市科技政策与战略研究中心、天津市科学技术委员会办公室主办，科技战略研究报告

陈钊，陆铭．2008．中国如何在平衡区域发展时实现经济持续增长．学习与探索，(3)：129～136

陈钊，陆铭，金煜．2004．中国人力资本和教育发展的区域差异：对于面板数据的估算．世界经济，(12)：25～31

陈宗胜，黎德福．2007．中国经济在改革发展中呈现效率提高驱动型特征．中国经济学年会会议论文

代谦．2004．FDI、人力资本积累与经济增长．2004 年中国经济学年会征文（第二稿）：1～24

邓翔．2001．中国经济增长率和生产率的重估与比较．管理世界，(4)：16～23

多恩布什，费希尔，斯塔兹．2000．宏观经济学．北京：中国人民大学出版社

樊瑛，张鹏．2004．中国人力资本对经济增长的作用的计量．北京师范大学学报（自然科学版），40 (6)：788～790

符宁．2007．人力资本、研发强度与进口贸易技术溢出——基于我国吸收能力的实证研究．世界经济研究，(11)：37～61，85

傅莹 . 2011. 中国城市化与经济增长 . 华中科技大学博士论文

高东明 . 2006. 熊彼特主义增长理论的新进展 . 经济学动态，（4）：68~72

龚六堂，谢丹阳 . 2004. 我国省份之间的要素流动和边际生产率的差异分析 . 经济研究，（1）：45~53

龚启圣 . 1998. 近年来之 1958—61 年中国大饥荒起因研究的综述 . 二十一世纪，（48）：14~21

辜胜阻 . 2012. 跨越中等收入陷阱，关键在于制度安排和环境营造 . 当代财经，（2）：8~9

国家统计局 . 2005a. 新中国五十年统计资料汇编 . 北京：中国统计出版社

国家统计局 . 2005b. 新中国五十五年统计资料汇编 . 北京：中国统计出版社

国家统计局 . 2005~2008. 中国统计年鉴 2005~2008. 北京：中国统计出版社

国家统计局国民经济核算司 . 1997. 中国国内生产总值核算历史资料 1952—1995. 辽宁：东北财经大学出版社

国家统计局国民经济核算司 . 2004. 中国国内生产总值核算历史资料 1996—2002. 北京：中国统计出版社

国家统计局国民经济核算司 . 2006. 中国国内生产总值核算历史资料 1952—2004. 北京：中国统计出版社

国务院 . 2010-10-10. 关于加快培育和发展战略性新兴产业的决定（国发〔2010〕32 号）

国务院 . 2006. 国家中长期科学和技术发展规划纲要（2006—2020 年）

国务院 . 2011. 中华人民共和国国民经济和社会发展第十二个五年规划纲要

何枫，陈荣，何林 . 2003. 我国资本存量的估算及其相关分析 . 经济学家，（5）：29~35

贺菊煌 . 1992. 我国资产的估算 . 数量经济与技术经济研究，（8）：24~27

胡鞍钢 . 2002. 从人口大国到人力资本大国：1980~2000 年 . 中国人口科学，（5）：1~10

胡鞍钢 . 2008. 现有理论为何难以解释中国奇迹 . 人民论坛，（4）：12~13

胡鞍钢，鄢一龙，魏星 . 2011.2030 中国：迈向共同富裕 . 北京：中国人民大学出版社

胡鞍钢，郑京海，高宇宁，等 . 2008. 考虑环境因素的省级技术效率排名（1999—2005）. 经济学，（3）：933~960

华萍 . 2005. 不同教育水平对全要素生产率增长的影响——来自中国省份的实证研究 . 经济学，5（1）：147~166

黄勇峰，任若恩 . 2002a. 中美两国制造业全要素生产率比较研究 . 经济学，2（1）：161~180

黄勇峰，任若恩，刘晓生 . 2002b. 中国制造业资本存量永续盘存法估计 . 经济学，1（2）：377~396

黄宗远，宫汝凯 . 2008. 中国物质资本存量估算方法的比较与重估 . 学术论坛，（9）：97~104

蒋金荷 . 2005. 我国高技术产业同构性与集聚的实证分析 . 数量经济技术经济研究，（12）：91~97

肯尼迪 . 1989. 大国的兴衰 . 蒋葆英，等译 . 北京：中国经济出版社

孔泾源 . 2011. "中等收入陷阱"的国际背景、成因举证与中国对策 . 改革，（10）：5~13

雷钦礼 . 2002. 中国经济增长的均衡路径分析 . 统计研究，（6）：10~14

黎德福，陈宗胜 . 2006. 改革以来中国经济是否存在快速的效率改进？经济学，（1）：1~24

李稻葵，梅松 . 2007. 中国经济为何偏好 FDI. 国际经济评论，（1）：15~16

李建民 . 1999a. 人力资本与经济持续增长 . 南开经济研究，（4）：1~6

李建民.1999b. 人力资本通论. 上海：上海三联书店

李建民.2000. 人力资本投资与西部地区大开发. 人口与计划生育，（4）：11～14

李京文，龚飞鸿，明安书.2007a. 生产率与中国经济增长//李京文，钟学义. 中国生产率分析前沿.2 版. 北京：社会科学文献出版社

李京文，郑玉歆.1992. 改革与中国生产率的国际研讨. 数量经济技术经济研究，（10）：72～75

李京文，钟学义.2007b. 中国生产率分析前沿. 北京：社会科学文献出版社

李静，孟令杰，吴福象.2006. 中国地区发展差异的再检验：要素积累抑或 TFP. 世界经济，（1）：12～22

李明智，王娅莉.2005. 我国高技术产业全要素生产率及其影响因素的定量分析. 科技管理研究，（6）：34～38

李明智，王娅莉.2006. 我国工业经济增长中研究与发展活动的作用——基于全要素生产率的定量分析. 科技进步与对策，（12）：16～19

李善同，吴延瑞，侯永志，等.2002-8-1. 生产率增长与中国经济增长的可持续性. 国研网国研视点

李治国，唐国兴.2003. 资本形成路径与资本存量调整模型——基于中国转型时期的分析. 经济研究，（2）：34～42

林毅夫.2000. 再论制度、技术与中国农业发展. 北京：北京大学出版社

林毅夫.2002. 自生能力、经济转型与新古典经济学的反思. 经济研究，（12）：15～24

林毅夫.2003. 后发优势与后发劣势——与杨小凯教授商榷. 经济学，（2）：889～1004

林毅夫.2006a. 李约瑟之谜、韦伯疑问和中国的奇迹：自宋以来的长期经济发展. 北京大学中国经济研究中心讨论稿系列 No. C2006019：1～29

林毅夫.2006b.2030 年中国 GDP 居世界第一. 品牌，（8）：83

林毅夫.2007. 现有理论尚难解释中国奇迹. 人民论坛（13）：24～26

林毅夫，蔡昉，李周.1994. 中国的奇迹：发展战略与经济改革. 上海：三联书店

林毅夫，蔡昉，李周.1998. 中国经济转型时期的地区差距分析. 经济研究，（6）：3～10

林毅夫，蔡昉，沈明高.1989. 我国经济改革与发展战略抉择. 经济研究，（3）：28～35

林毅夫，刘培林.2001. 自生能力和国企改革. 经济研究，（9）：60～70

林毅夫，刘培林.2003a. 何以加速增长 唯解自生难题. 北京大学中国经济研究中心工作论文 No. C2003019

林毅夫，刘培林.2003b. 经济发展战略对劳均资本积累和技术进步的影响——基于中国经验的实证研究. 中国社会科学，（4）：18～33

林毅夫，潘士远.2005a. 技术进步越快越好吗. 中国工业经济，（10）：5～11

林毅夫，张鹏飞.2005b. 后发优势、技术引进和落后国家的经济增长. 经济学，5（1）：53～74

林毅夫，潘士远.2006a. 发展战略、知识吸收能力与经济收敛. 数量经济技术经济研究，（2）：3～13

林毅夫，潘士远，刘明兴.2006b. 技术选择、制度与经济发展. 经济学，（3）：695～714

林毅夫，任若恩.2006c. 关于东亚经济增长模式争论的再探讨. 北京大学中国经济研究中心

讨论稿系列 No.C2006014：1～13

林毅夫，张鹏飞 . 2006d. 适宜技术、技术选择和发展中国家的经济增长 . 经济学，5（4）：985～1006

刘瑞明 . 2007. 晋升激励、产业同构与地方保护：一个基于政治控制权收益的解释 . 南方经济，(6)：61～72

刘迎秋，刘霞辉 . 2008. 中国非国有经济改革与发展三十年：成就、经验与展望 . 社会科学战线，(11)：1～16

陆云航，张德荣 . 2007. 我国省际收入差异的成因：要素积累还是生产率 . 当代财经，(4)：22～28

罗尔 . 1981. 经济思想史 . 陆元诚译 . 北京：商务印书馆

曼昆 . 2000. 宏观经济学 . 梁小民译 . 北京：中国人民大学出版

孟连，王小鲁 . 2000. 对中国经济增长统计数据可信度的估计 . 经济研究，(10)：3～13

诺斯 . 1995. 制度变迁纲要 . 改革，(3)：52～56

帕金斯 . 2005. 从历史和国际的视角看中国的经济增长 . 经济学，4（4）：891～912

潘士远，林毅夫 . 2006. 发展战略、知识吸收能力与经济收敛 . 数量经济技术经济研究，(2)：3～13

彭国华 . 2005. 中国地区收入差距、全要素生产率及其收敛分析 . 经济研究，(9)：19～29

彭国华 . 2007. 我国地区全要素生产率与人力资本构成 . 中国工业经济，(2)：52～59

乔根森 . 2001. 生产率——第 1 卷：战后美国经济增长 . 北京：中国发展出版社

任若恩 . 2002. 中国 GDP 统计水分有多大——评两个估计中国 GDP 数据研究的若干方法问题 . 经济学，2（1）：37～52

单豪杰 . 2008. 中国资本存量 K 的再估算：1952－2006 年 . 数量经济与技术经济，(10)：17～31

沈坤荣 . 1997. 中国综合要素生产率的计量分析与评价 . 数量经济技术经济，(11)：53～56，62

沈坤荣 . 2003. 新增长理论与中国经济增长 . 江苏：南京大学出版社

沈坤荣，田源 . 2002. 人力资本与外商直接投资的区位选择 . 管理世界，(11)：26～31

沈利生 . 2004. 关于生产函数的估计——对《贸易开放度与经济增长：理论及中国的经验研究》一文的质疑 . 世界经济，(1)：62

沈利生，朱运法 . 1999. 人力资本与经济增长分析 . 北京：社会科学文献出版社

宋国青 . 1999. 未来 10 年中国经济增长的预测 . 管理世界，(1)：17～19

宋海岩，刘淄楠，蒋萍 . 2003. 改革时期中国总投资决定因素的分析 . 世界经济文汇，(1)：44～56

孙超，谭伟 . 2004. 经济增长的源泉：技术进步和人力资本 . 数量经济技术经济研究，(2)：60～66

孙琳琳，任若恩 . 2005. 资本投入测量综述 . 经济学，4（4）：823～842

孙琳琳，任若恩 . 2008. 我国行业层次资本服务量的测算（1981－2000 年）. 山西财经大学学报，30（4）：96～101

孙旭 . 2008. 基于受教育年限和年龄的人力资本存量估算 . 统计教育，(6)：19～23

索洛，丹尼森，乔根森，等．2003．经济增长因素分析．史清琪等选译．北京：商务印书馆

谭永生．2007．人力资本与经济增长：基于中国数据的实证研究．北京：中国财政经济出版社

唐家龙，盛刚，夏正淮，等．2007．天津市外资研发活动的调查及分析研究．科技战略研究报告，天津市科学技术委员会、天津市科技战略与政策研究中心主办，内部刊物

田国强．2008．中国改革开放 30 年的回顾与展望：中国改革开放 30 年的回顾与展望——效率、公平与和谐发展的关键是合理界定政府与市场的边界．http：//bbs．pinggu．org/thread-342926-1-1．html［2008-8-1］

涂正革．2007．全要素生产率与区域工业的和谐快速发展——基于对 1995－2004 年 28 个省市大中型工业的非参数生产前沿分析．财经研究，（12）：92～104

涂正革，肖耿．2006．中国工业增长模式的转变：大中型企业劳动生产率的非参数生产前沿动态分析．2006 留美经济学会上海年会论文：1～22

万广华，陆铭，陈钊．2005．全球化与地区间收入差距：来自中国的证据．中国社会科学，（3）：17～26

王兵，颜鹏飞．2006．中国的生产率与效率：1952～2000．数量经济技术经济研究，（8）：22～30

王德劲．2008．基于成本方法的中国人力资本估算．统计与信息论坛，23（1）：22～28

王德劲，刘金石，向蓉美．2006．中国人力资本存量估算：基于收入方法．统计与信息论坛，21（5）：68～74

王德文，蔡昉，张学辉．2004．人口转变的储蓄效应和增长效应——论中国增长可持续性的人口因素．人口研究，（5）：2～11

王金田，王学真，高峰．2007．全国及分省份农业资本存量 K 的估算．农业技术经济，（4）：64～70

王金营．2001．人力资本与经济增长——理论与实证．北京：中国财政经济出版社

王玲．2004．中国工业行业资本存量的测度．世界经济统计研究，（1）：16～25

王小鲁．2000．中国经济增长的可持续性与制度变革．经济研究，（7）：3～15

王小鲁，樊纲．2000．中国经济增长的可持续性——跨世纪的回顾与展望．北京：经济科学出版社

王益煊，吴优．2003．中国国有经济固定资本存量初步测算．统计研究，（5）：40～45

王宇，焦建玲．2005．人力资本与经济增长之间关系研究．管理科学，18（1）：31～39

王志连，郭学旺．2000．我国经济的三次重大调整．经济社会体制比较，（3）：23～27

韦尔．2007．经济增长．金志农，古和今译．北京：中国人民大学出版社

魏立萍．2005．异质型人力资本与经济增长理论及实证研究．北京：中国财政经济出版社

魏权龄．1988．评价相对有效性的 DEA 方法．北京：中国人民大学出版社

魏权龄．2004．数据包络分析．北京：科学出版社

吴兵，王铮．2004．中国各省区人力资本测算研究．科研管理，（4）：60～65

吴方卫．1999．我国农业资本存量的估计．农业技术经济，（6）：34～38

吴育华，李从东．1995．DEA 方法与生产函数法的比较．系统工程，13（3）：15～19

谢千里，罗斯基，郑玉歆．1995．改革以来中国工业生产率变动趋势的估计及其可靠性分析．经济研究，（12）：10～12

徐家杰.2007.中国全要素生产率估计：1978—2006 年.亚太经济，(6)：65～68

徐现祥，舒元.2004.中国省区经济增长分布的演进.经济学，3 (3)：619～638

徐现祥，周吉梅，舒元.2007.中国省区三次产业资本存量估计.统计研究，24 (5)：6～13

许宪春.2000.中国国内生产总值核算中存在的若干问题研究.经济研究，(2)：10～16

许宪春.2002.中国国内生产总值核算.经济学，2 (1)：23～36

许治.2007.新熊彼特增长理论评介.经济学动态，(11)：81～84

薛俊波，王铮.2007.中国 17 部门资本存量的核算研究.统计研究，24 (7)：49～54

颜鹏飞，王兵.2004.技术效率、技术进步与生产率增长：基于 DEA 的实证分析.经济研究，(12)：55～65

杨国涛.2006.中国人力资本存量的估算：1952—2004.乡镇经济，(12)：54～57

杨瑞龙.1998.我国制度变迁方式转换的三阶段论——兼论地方政府的制度创新行为.经济研究，(1)：3～10

杨向阳，徐翔.2006.中国服务业全要素生产率增长的实证分析.经济学家，(3)：68～76

杨小凯.2003.经济改革与宪政转轨：回应.经济学，(2)：1005～1008

易纲，樊纲，李岩.2002.关于中国经济增长与全要素生产率的理论思考.经济学动态，(10)：81～84

尹碧波，柳欣.2008.新古典生产函数总量悖论.江苏社会科学，(1)：33～37

岳书敬，刘朝明.2006.人力资本与区域全要素生产率分析.经济研究，(4)：90～96

曾江.2009."一五"回眸.金属加工（冷加工），(2)：22～23

翟书斌.2005.中国新型工业化路径选择与制度创新.华中科技大学博士论文

张帆.2000.中国的物质资本和人力资本估算.经济研究，(8)：65～71

张焕明.2004.扩展的 Solow 模型的应用——我国经济增长的地区性差异与趋同.经济学，3 (3)：605～618

张军.2002.增长、资本形成与技术选择：解释中国经济增长下降的长期因素.经济学，1 (2)：301～338

张军.2005.资本形成、投资效率与中国的经济增长——实证研究.北京：清华大学出版社

张军，施少华.2003.中国经济全要素生产率变动 1952—1998.世界经济文汇，(2)：17～24

张军，章元.2003.对中国资本存量 K 的再估计.经济研究，(7)：35～43，90

张军，吴桂英，张吉鹏.2004.中国省际物质资本存量估算：1952—2000.经济研究，(10)：35～44

张克中.2003.资本后发优势与经济增长.武汉大学博士论文

张琦.2007.我国人力资本存量的测算.统计观察，(3)：75～76

张晓峒.2000.计量经济分析（修订版）.北京：经济科学出版社

张晓峒.2004.计量经济学软件 EViews 使用指南.2 版.天津：南开大学出版社

张新，蒋殿春.2002.中国经济的增长——GDP 数据的可信度以及增长的微观基础.经济学，2 (1)：1～22

张宇.2007.FDI 与中国全要素生产率的变动——基于 DEA 与协整分析的实证检验.世界经济研究，(5)：14～19，81

张宇.2008.FDI 技术外溢的地区差异与吸收能力的门限特征——基于中国省际面板数据的门

限回归分析．数量经济技术经济研究，（1）：28～39

郑京海，胡鞍钢．2005．中国改革时期省际生产率增长变化的实证分析（1979－2001 年）．经济学，4（2）：263～296

郑京海，胡鞍钢，Bigsten A. 2008．中国的经济增长能否持续？——一个生产率视角．经济学，（3）：777～808

郑玉歆，许波．1992a．经济增长研究中的资本度量．数量经济技术经济研究，（7）：14，18～27

郑玉歆，许波．1992b．资本度量中的数量与价值量．数量经济技术经济研究，（11）：41～48

郑玉歆．1996．资本要素加总与总量生产函数存在问题的评介．数量经济技术经济研究，（9）：70～81

郑玉歆．1998．全要素生产率的测算及其增长的规律——由东亚增长模式的争论谈起．数量经济技术经济研究，（10）：28～34

郑玉歆．1999．全要素生产率的测度及经济增长方式的"阶段性"规律——由东亚经济增长方式的争论谈起．经济研究，（5）：55～60

郑玉歆．2007．全要素生产率的再认识——用 TFP 分析经济增长质量存在的若干局限．数量经济技术经济研究，（9）：3～11

中共中央，国务院．2012．关于深化科技体制改革加快国家创新体系建设的意见

周国富，陈玲．2006．市场化进程中的产业同构演化趋势分析．工业技术经济，（6）：51～54

庄子银．2004．高级宏观经济学．武汉：武汉大学出版社

左大培，杨大春．2007．经济增长理论模型的内生化历程．北京：中国经济出版社

Abramovitz M. 1993. The search for the sources of growth: areas of ignorance, old and new. The Journal of Economic History, 53（2）：217～243

Acemoglu D. 2007. Equilibrium bias of technology. Econometrica，75（5）：1371～1409

Aghion P，Howitt P. 1992. A model of growth through creative destruction. Econometrica，60（2）：323～351

Aghion P，Howitt P. 1999. Endogenous Crowth. Cambridge：The MIT Press

Ali E，Victor P. 2004. Data Envelopment Analysis and Performance Management. Coventry：Warwick Print

Aghion P，Howitt P. 2004. Growth with quality-improving innovations：an integrated framework//Aghion P，Durlauf S. Handbook of Economic Growth. Amsterdam：North Holland Press：1～44

Arrow K J. 1962. The economic implication of learning by doing. Review of Economic Study，29：155～173

Balk B M. 2007. Measuring productivity change without neoclassical assumptions：a conceptual analysis. CEPA Working Paper Series No. WP04/2007：1～61

Barro R J. 1989. Economic growth in a cross section of countries. NBER Working Paper Series No. 3120：1～47

Barro R J. 1990. Government spending in a simple model of endogenous growth. The Journal of Political Economy，98（5）：S103～S125

Barro R J. 1991. Economic growth in a cross section of countries. The Quarterly Journal of Economics, 106 (2): 407~443

Barro R J. 1996. Determinants of economic growth: a cross-country empirical study. NBER Working Paper 5698: 1~118

Barro R J, Lee J W. 1993. International comparisons of educational attainment. Journal of Monetary Economics, 32: 363~394

Barro R J, Lee J W. 2000. International data on educational attainment, updates and implications. CID Working Papers No. 42

Barro R J, Sala-i-Martin X. 1999. Economic Growth. Cambridge: The MIT Press

Becker G S. 1962. Investment in human capital: a theoretical analysis. The Journal of Political Economy, 70 (5): 9~49

Becker G S, Murphy K M, Tamura R. 1990. Human capital, fertility, and economic growth. The Journal of Political Economy, 98 (5): S12~S37

Benhabib J, Spiegel M M. 1994. The role of human capital in economic development evidence from aggregate cross-country data. Journal of Monetary Economics, 34: 143~173

Benhabib J, Spiegel M M. 2002. Human capital and technology diffusion. FRBSF Working Paper: 2~51

Ben-Porath Y. 1967. The production of human capital and the life cycle of earnings. The Journal of Political Economy, 75 (4): 352~365

Bernanke B S, Gurkaynak R S. 2001. Is growth exogenous? taking Mankiw, Romer, and Weil seriously. NBER Working Paper 8365: 1~56

Bessen J E. 2009. Accounting for productivity growth when technical change is biased. Research on Innovation Working Paper No. 0802: 1~35

Biesebroeck J V. 2008. The sensitivity of productivity estimates: revisiting three important debates. Journal of Business and Economic Statistics, 26 (3): 238~321

Borjas G J. 1987. Self-selection and the earnings of immigrants. The American Economic Review, 77 (4): 531~553

Brezis E S, Krugman P R, Tsiddon D. 1993. Leapfrogging in international competition: theory of cycles in national technological leadership. The American Economic Review, 83 (5): 1211~1219

Caballe J, Santos M S. 1993. On endogenous growth with physical and human capital. The Journal of Political Economy, 101 (6): 1042~1067

Cameron G. 1998. A Short Note on Growth Theory. Oxford: Nuffield College: 1~27

Cass D. 1965. Optimum growth in an aggregative model of capital accumulation. The Review of Economic Studies, 32 (3): 233~240

Charnes A, Cooper W W, Rhodes E. 1978. Measuring the efficiency of decision making units. European Journal of Operation Research, (2): 429~444

Chen E K Y. 1997. The total factor productivity debate: determinants of economic growth in East Asia. Asian-Pacific Economic Literature, 11 (1): 18~38

Chow G. 1993. Capital formation and economic growth in China. The Quarterly Journal of Economics，108 (3)：809~842

Chow G，Lin A I. 2002. Accounting for economic growth in Taiwan and Mainland China：a comparative analysis. Journal of Comparative Economics，30：507~530

Ciccone A，Jarocinski M. 2007. Determinants of economic growth：will data tell? EPR Discussion Papers NO. 6544：1~35

Coelli T. 1996. A guide to DEAP version 2.1：a data envelopment analysis (computer) program. CEPA Working Paper 96/08

Coelli T J，Rao P D S，O'Donnell C J，et al. 2005. An Introduction to Efficiency and Productivity Analysis. 2nd ed. New York：Springer

Cohen D，Soto M. 2001. Growth and human capital：good data，good results. OECD Development Centre Technical Paper No. 179：1~41

Cornwall J，Cornwall W. 1994. Growth theory and economic structure. Economica，61 (242)：237~251

de La Fuente A，Domenech R. 2000. Human capital in growth regressions：how much difference does data quality make? OECD Economics Department Working Papers No. 262：1~69

de Long J B，Summers L H. 1991. Equipment investment and economic growth. Quarterly Journal of Economics，106 (2)：445~502

Debreu G. 1951. The coefficient of resource utilization. Econometrica，19 (3)：273~292

Domar E D. 1952. Economic growth：an econometric approach. The American Economic Review，42 (2)：479~495

Easterly W，Levine R. 2001. It's not factor accumulation：stylized facts and growth models. World Bank Economic Review，15 (2)：177~219

Eicher T S，Turnovsky S J. 1999. Non-scale models of economic growth. The Economic Journal，109 (457)：394~415

Fare R Grosskopf S，Norris M，et al. 1994. Productivity growth，technical progress and efficiency changes in industrialized countries. American Economic Review，84：66~83

Farrell J M. 1957. The measurement of productive efficiency. Journal of the Royal Statistical Society，120：253~281

Fine B. 2000. Endogenous growth theory：a critical assessment. Cambridge Journal of Economics，24：245~265

Fleisher B，Li H Z，Zhao M Q. 2007. Human capital，economic growth，and regional inequality in China. William Davidson Institute Working Paper Number 857：1~54

Fried H O，Lovell C A K，Schmidt S S. 2008. The Measurement of Productive Efficiency and Productivity Growth. New York：Oxford University Press

Goldsmith R W. 1951. A perpetual inventory ol national wealth. Studies in Income and Wealth，14：5~74

Greene W H. 2008. The econometric approach to efficiency analysis//Fried H O，Lovell C A K，

Schmidt S S. The Measurement of Productive Efficiency and Productivity Growth. New York：Oxford University Press

Grigorian D A，Manole V. 2002. Determinants of commercial bank performance in transition. The World Bank，Policy Research Working Paper 2850：1～40

Grossman G M，Helpman E. 1991. Quality ladders in the theory of economic growth. The Review of Economic Studies，58（1）：43～61

Grossman G M，Helpman E. 1994. Endogenous innovation in the theory of growth. Journal of Economic Perspectives，8（1）：23～44

Hale G，Long C X. 2006. Are there productivity spillovers from foreign direct investment in China? FRB of San Francisco Working Paper No. 2006-13：1～34

Hale G，Long C. 2007. Is there evidence of FDI spillover on Chinese firms' productivity and innovation?Yale University Economic Growth Center Discussion Paper No. 934：1～37

Hall R E，Jones C I. 1999. Why do some countries produce so much more output per worker than others? The Quarterly Journal of Economics，114（1）：83～116

Heston A，Summers R，Aten B. 2006. Penn World Table Version 6. 2. Center for International Comparisons of Production，Income and Prices at the University of Pennsylvania

Hu Z L，Khan M S. 1997. Why is China growing so fast? Staff Papers-The International Monetary Fund，44（1）：103～131

Jones C I. 1995. R&D-based models of economic growth. The Journal of Political Economy，103（4）：759～784

Jones C I. 2005. The shape of production functions and the direction of technical change. The Quarterly Journal of Economics，103（4）：517～549

Jones C I，Williams J C. 1997. Measuring the social return to R&D. Finance and Economics Discussion Series No. 1997-12：1～20

Jones C I，Williams J C. 2000. Too much of a good thing? The economics of investment in R&D. Journal of Economic Growth，5（1）：65～85

Jones L E，Manuelli R. 1999. Optimal taxation in models of endogenous growth：theory and policy implications. The Journal of Political Economy，98（5）：1008～1038

Kaldor N. 1957. A model of economic growth. The Economic Journal，67（268）：591～624

Klenow P J. 2001. Comment on it's not factor accumulation：stylized facts and growth models by William Easterly and Ross Levine. World Bank Economic Review，15（2）：221～224

Klenow P J，Rodrigues-Clare A. 1997. Economic growth：a review essay. Journal of Monetary Economics，40：597～617

Koopmans T C. 1951. Efficient allocation of resources. Journal of the Econometric Society，19（4）：455～465

Koopmans T C. 1965. On the concept of optimal economic growth. Cowles Foundation Paper 238：1～75

Krugman P. 1994. The myth of Asia's miracle. Foreign Affairs，73（6）：62～78

Kung J K. 1994. Egalitarianism，subsistence provision，and work incentives in China's agricultural collectives. World Development，22（2）：175~187

Lewis W A. 1954. Economic development with unlimited supplies of labour. Manchester School，22：139~191

Lucas R E. 1988. On the mechanics of economic development. Journal of Monetary Economics，22：3~42

Lucas R E. 1990. Why doesn't capital flow from rich to poor countries? The American Economic Review，80（2）：92~96

Lucas R E. 1993. Making a miracle. Econometrica，61（2）：251~272

Lynde C，Richmond J. 1999. Productivity and efficiency in the UK：a time series application of DEA. Economic Modelling，16（1）：105~122

Mankiw N G，Phelps E S，Romer P M. 1995. The growth of nations. Brookings Papers on Economic Activity，26：275~326

Mankiw N G，Romer D，Weil D N. 1992. A contribution to the empirics of economic growth. The Quarterly Journal of Economics，107（2）：407~437

Mark R. 2003. A survey of economic growth. The Economic Record，79（244）：112~135

Mincer J. 1958. Investment in human capital and personal income distribution. The Journal of Political Economy，66（4）：281~302

Mushkin S J. 1962. Health as an investment. The Journal of Political Economy，70（5）：129~157

Nelson R R，Phelps E S. 1966. Investment in humans，technological diffusion，and economic growth. The American Economic Review，56（1/2）：69~75

OECD. 2001. Measuring Productivity：Measurement of Aggregate and Industry-Level Productivity Growth. Paris：OECD Publications

Oster A，Antioc L. 1995. Measuring productivity in the Australian banking sector. Conference on Productivity and Growth，Reserve Bank of Australia：201~212

Prescott E C. 1997. Needed：a theory of total factor productivity. Federal Reserve Bank of Minneapolis，Research Department Staff Report 242：1~51

Qian Y Y，Xu C G. 1993. Why China's economic reforms differ：the M-form hierarchy and entry/expansion of the non-state sector. Economics of Transition，1（2）：135~170

Ramsey F P. 1928. A mathematical theory of saving. The Economic Journal，38（152）：543~559

Rebelo S. 1991. Long-run policy analysis and long-run growth. The Journal of Political Economy，99（3）：500~521

Romer P M. 1986. Increasing returns and long-run growth. The Journal of Political Economy，94（5）：1002~1037

Romer P M. 1990. Endogenous technological change. The Journal of Political Economy，98（5）：S71~S102

Romer P M. 1994. The origins of endogenous growth. The Journal of Economic Perspectives，8（1）：3~22

Rawski T G. 2002. 近年来中国 GDP 增长核算：目前的状态. 经济学（季刊），2（1）：53～62

Sachs J D, Woo W T. 1994. Structural factors in the economic reforms of China, Eastern Europe and the Former Soviet Union. Economic Policy, 18 (1): 101～145

Sargent T C, Rogriguez E R. 2001. Labour or total factor productivity: do we need to choose? International Productivity Monitor, 1: 41～44

Schultz T W. 1961. Investment in human capital. The American Economic Review, 51 (1): 1～17

Schultz T W. 1962. Reflections on investment in man. The Journal of Political Economy, 70 (5): 1～8

Sjaastad L A. 1962. The costs and returns of human migration. The Journal of Political Economy, 70 (5): 80～93

Smith A. 1776. An Inquiry into The Nature and Causes of The Wealth of Nations. A Penn State Electronic Classics Series Publication, The Pennsylvania State University

Solow R M. 1956. A contribution to the theory of economic growth. The Quarterly Journal of Economics, 70 (1): 65～94

Solow R M. 1957. Technical change and the aggregate production function. The Reviews of Economics and Statistics, 39 (3): 312～320

Solow R M. 1988. Growth theory and after. The American Economic Review, 78 (3): 307～317

Solow R M. 1994. Perspectives on growth theory. The Journal of Economic Perspectives, 8 (1): 45～54

Stern N. 1991. The determinants of growth. The Economic Journal, 101 (404): 122～133

Sueyoshi T, Goto M. 2001. Slack-adjusted DEA for time series analysis: performance measurement of Japanese electric power generation industry in 1984－1993. European Journal of Operational Research, 133: 232～259

Summers R, Heston A. 1991. The Penn world table (mark 5): an expanded set of international comparisons, 1950－1988. The Quarterly Journal of Economics, 106 (2): 327～368

Swan T W. 1956. Economic growth and capital accumulation. Economic Record, 32 (11): 334～361

Tang J L. 2005. What drives migration and who migrates : migration selectivity in the late 1990s in China. Thesis (M. Phil.), Hong Kong University of Science and Technology

Temple J. 1999. The new growth evidence. Journal of Economic Literature, 37 (1): 112～156

Todaro M P. 2000. Economic Development. 7th ed. MA: Addison Wesley Longman

Turnovsky S J. 2001. Old and new growth theories: a unifying structure. Draft of Paper to be presented at Conference on Old and New Growth Theory, University of Pisa: 1～50

Turnovsky S J. 2003. Old and new growth theories: a unifying structure//Salvadori N. Old and New Growth Theories: An Assessment. Edward Elgar: 1～43

Uzawa N H. 1965. Optimal technical change in an aggregative model of economic growth. International Economic Review, 6: 1～24

Wang S G, Hu A G. 1999. China: The Political Economy of Unbalanced Development. Beijing:

China Planning Publishing House

Wang Y, Yao Y D. 2003. Sources of China's economic growth 1952 — 1999: incorporating human capital accumulation. China Economic Review, 14: 32~52

Weisbrod B A. 1961. The valuation of human capital. The Journal of Political Economy, 69 (5): 425~436

Weisbrod B A. 1962. Education and investment in human capital. The Journal of Political Economy, 70 (5): 106~123

Wooldridge J M. 2002. Econometric Analysis of Cross Section and Panel Data. Cambridge: The MIT Press

World Bank. 1991. World Development Report 1991: The Challenge of Development. Washington D C: World Bank

World Bank. 1996. World Development Report 1996: From Plan to Market. New York: Oxford University Press

Young A. 1995. The tyranny of numbers: confronting the statistical realities of the East Asian growth experience. Quarterly Journal of Economics, (110): 641~680

Young A. 1998a. Growth without scale effects. The Journal of Political Economy, 106 (1): 41~63

Young A. 1998b. Alternative estimation of productivity growth in the NIC's: a comment on the findings of Chang-Tai Hsieh. NBER Working Paper No. 6657: 1~63

Young A. 2000. Gold into base metals: productivity growth in the people's republic of China during the reform period. NBER Working Paper 7856: 1~68

Zheng J H, Bigsten A, Hu A G. 2006. Can China's growth be sustained? a productivity perspective. Working Papers in Economics No. 236: 1~32

Zheng J H, Hu A G. 2004. An empirical analysis of provincial productivity in China (1979 — 2001). Working Paper in Economics (SwoPEc) No. 128: 1~32

附 录 一

附表 1-1　中国物质资本投资量估计（1952～2007 年）

年份	固定资本形成总额/亿元（现价）	总额发展速度指数（上年=100）	固定资产投资价格指数（上年=100）	固定资产投资隐含价格指数（上年=100）	固定资产投资价格指数（1952年=100）	当年投资量 I_t/亿元（1952年价）	折旧率 δ/%	资本存量 K_t/亿元（1952年价）
1952	80.7	100.0	—	100.0	100.0	80.7	3.0	499.3
1953	115.3	144.6	—	98.8	98.8	116.7	3.0	601.0
1954	140.9	123.0	—	99.4	98.2	143.5	3.0	726.5
1955	145.5	107.9	—	95.7	93.9	154.9	3.0	859.6
1956	219.6	151.4	—	99.7	93.7	234.5	3.0	1 068.3
1957	187.0	88.9	—	95.8	89.7	208.4	3.0	1 244.7
1958	333.0	177.4	—	100.4	90.1	369.8	3.0	1 577.1
1959	435.7	120.7	—	108.4	97.6	446.3	3.0	1 976.1
1960	473.0	108.9	—	99.7	97.3	486.1	3.0	2 402.9
1961	227.6	49.0	—	98.2	95.6	238.2	3.0	2 569.0
1962	175.1	71.7	—	107.3	102.5	170.8	3.0	2 662.7
1963	215.3	117.3	—	104.8	107.5	200.3	3.0	2 783.1
1964	290.3	137.7	—	97.9	105.2	275.8	3.0	2 975.4
1965	350.1	124.7	—	96.7	101.8	344.0	3.0	3 230.1
1966	406.8	118.5	—	98.1	99.8	407.6	3.0	3 540.8
1967	323.7	79.3	—	100.3	100.2	323.2	3.0	3 757.8
1968	300.2	96.0	—	96.6	96.7	310.3	3.0	3 955.4
1969	406.9	138.7	—	97.7	94.5	430.4	3.0	4 267.1
1970	545.9	134.2	—	100.0	94.5	577.6	3.0	4 716.6
1971	603.0	109.3	—	101.1	95.5	631.3	3.0	5 206.4
1972	622.1	101.9	—	101.2	96.7	643.3	3.0	5 693.4
1973	664.5	106.7	—	100.1	96.8	686.4	3.0	6 209.0
1974	748.1	112.4	—	100.2	97.0	771.5	3.0	6 794.2
1975	880.3	116.3	—	101.2	98.1	897.2	3.0	7 487.6
1976	865.1	97.6	—	100.4	98.1	875.7	3.0	8 138.6
1977	911.1	103.8	—	101.5	100.2	909.0	3.0	8 803.4
1978	1 073.9	117.2	—	100.6	100.8	1 065.3	5.0	9 428.5

续表

年份	固定资本形成总额/亿元（现价）	总额发展速度指数（上年＝100）	固定资产投资价格指数（上年＝100）	固定资产投资隐含价格指数（上年＝100）	固定资产投资价格指数（1952年＝100）	当年投资量 I_t/亿元（1952年价）	折旧率 δ/%	资本存量 K_t/亿元（1952年价）
1979	1 153.1	105.1	—	102.2	103.0	1 119.6	5.0	10 076.7
1980	1 322.4	111.3	—	103.0	106.1	1 246.1	5.0	10 819.0
1981	1 339.3	98.1	—	103.2	109.6	1 222.5	5.0	11 500.5
1982	1 503.2	109.7	—	102.3	112.1	1 341.0	5.0	12 266.6
1984	2 147.0	119.7	—	104.1	119.5	1 796.3	5.0	14 292.4
1985	2 672.0	116.1	—	107.2	128.1	2 085.4	5.0	15 663.3
1986	3 139.7	110.4	—	106.4	136.4	2 302.3	5.0	17 182.4
1987	3 798.7	115.0	—	105.2	143.5	2 647.7	5.0	18 971.0
1988	4 701.9	109.0	—	113.6	162.9	2 886.0	5.0	20 908.4
1989	4 419.4	86.6	—	108.5	176.8	2 499.3	5.0	22 362.3
1990	4 827.8	103.6	—	105.4	186.5	2 589.2	5.0	23 833.4
1991	6 070.3	115.9	109.5	109.5	204.2	2 973.2	9.6	24 518.5
1992	8 513.7	124.1	115.3	115.3	235.4	3 616.6	9.6	25 781.3
1993	13 309.2	125.0	126.6	126.6	298.0	4 465.8	9.6	27 772.1
1994	17 312.7	117.9	110.4	110.4	329.0	5 261.9	9.6	30 367.8
1995	20 885.0	113.8	105.9	105.9	348.4	5 994.0	9.6	33 446.5
1996	24 048.1	110.8	104.0	104.0	362.4	6 636.3	9.6	36 871.9
1997	25 965.0	106.2	101.7	101.7	368.5	7 045.5	9.6	40 377.7
1998	28 569.0	110.0	99.8	99.8	367.8	7 767.6	9.6	44 269.1
1999	30 527.3	107.3	99.6	99.6	366.3	8 333.4	9.6	48 352.7
2000	33 844.4	109.7	101.1	101.1	370.4	9 138.4	9.6	52 849.3
2001	37 754.5	111.1	100.4	100.4	371.8	10 153.6	9.6	57 929.3
2002	43 632.1	115.3	100.2	100.2	372.6	11 710.9	9.6	64 079.0
2003	53 490.7	119.9	102.2	102.2	380.8	14 047.9	9.6	71 975.2
2004	65 117.7	114.6	105.6	105.6	402.1	16 194.0	9.6	81 260.1
2005	77 304.8	—	101.6	101.6	408.5	18 922.6	9.6	92 381.7
2006	90 150.9	—	101.5	101.5	414.7	21 740.9	9.6	105 254.0
2007	105 221.3	—	103.9	103.9	430.8	24 422.8	9.6	119 572.4

注：指标选取来源请参见正文。其中，固定资产投资价格指数（上年＝100）1952～1990年数据以相应年份的固定资产形成总额发展速度估算得来，称为固定资产投资隐含价格指数，1991～2007年数据直接选用《中国统计年鉴2008》固定资产投资价格指数

附表 1-2　代表性年份各省物质资本投资量估计

省 （自治区、 直辖市）	1978 年				d1990 年			
	I_t（现价）	IPI （1978 年 =100）	I_t （1978 年 =100）	K_t （1978 年 =100）	I_t （现价）	IPI （1978 年 =100）	I_t （1978 年 =100）	K_t （1978 年 =100）
北京	24.8	100	24.8	118.3	228.0	106.9	213.2	1 081.5
天津	18.6	100	18.6	102.1	98.0	218.0	45.0	429.1
河北	51.4	100	51.4	284.6	204.0	185.5	110.0	883.6
山西	27.4	100	27.4	152.1	117.2	205.1	57.2	542.3
内蒙古	16.6	100	16.6	76.2	70.8	157.5	44.9	354.5
辽宁	33.6	100	33.6	178.7	262.4	187.3	140.1	985.0
吉林	18.2	100	18.2	91.6	94.0	198.4	47.4	390.6
黑龙江	26.9	100	26.9	155.9	169.3	226.2	74.9	696.9
上海	31.7	100	31.7	166.3	248.5	188.4	131.9	971.6
江苏	40.4	100	40.4	189.8	374.1	140.0	267.3	1 631.5
浙江	23.2	100	23.2	104.5	187.0	159.6	117.1	789.7
安徽	15.9	100	15.9	79.0	138.2	188.0	73.5	517.2
福建	13.3	100	13.3	67.4	108.0	312.1	34.6	309.4
江西	29.7	100	29.7	158.5	78.9	121.5	64.9	534.4
山东	62.3	100	62.3	340.4	412.6	223.2	184.9	1 424.6
河南	40.7	100	40.7	206.3	225.7	169.7	133.0	1 011.2
湖北	31.4	100	31.4	168.7	147.1	196.2	75.0	625.7
湖南	27.7	100	27.7	161.9	122.3	283.9	43.3	495.5
广东	37.9	100	37.9	185.2	336.6	184.8	182.1	1 110.6
广西	20.9	100	20.9	114.4	72.6	293.1	24.8	299.6
海南	2.2	100	2.2	10.5	52.2	258.3	20.2	89.7
重庆	5.9	100	5.9	27.5	69.3	191.2	36.3	248.2
四川	45.0	100	45.0	255.5	191.3	191.2	100.1	818.8
贵州	18.0	100	18.0	111.3	64.3	211.9	30.4	295.5
云南	20.6	100	20.6	120.2	89.3	231.1	38.6	320.0
西藏	1.9	100	1.9	8.4	7.6	202.7	3.8	30.7
陕西	23.2	100	23.2	129.8	120.8	186.1	64.9	541.3
甘肃	28.2	100	28.2	177.3	67.2	148.7	45.2	389.1
青海	8.9	100	8.9	51.5	20.4	143.4	14.3	125.3
宁夏	8.0	100	8.0	47.9	25.5	216.9	11.7	121.3
新疆	13.2	100	13.2	74.7	91.5	209.5	43.7	290.2

续表

省 （自治区、 直辖市）	1978 年				d1990 年			
	I_t（现价）	IPI （1978 年 =100）	I_t （1978 年 =100）	K_t （1978 年 =100）	I_t （现价）	IPI （1978 年 =100）	I_t （1978 年 =100）	K_t （1978 年 =100）
北京	1 377.0	243.7	565.0	3 022.5	4 082.6	272.7	1 497.0	7 341.4
天津	695.1	438.8	158.4	919.5	2 681.4	501.0	535.1	2 305.8
河北	1 963.7	389.4	504.3	2 559.1	6 211.9	455.7	1 363.1	6 165.9
山西	657.6	397.9	165.3	965.2	2 909.5	478.9	607.6	2 532.7
内蒙古	430.4	282.1	152.6	896.7	4 356.4	344.0	1 266.5	4 260.0
辽宁	1 293.9	434.2	298.0	1 908.6	6 031.3	516.8	1 167.2	4 774.8
吉林	627.8	441.8	142.1	805.0	4 003.2	515.1	777.2	2 531.4
黑龙江	922.4	444.1	207.7	1 289.3	2 877.8	519.8	553.7	2 599.1
上海	1 933.0	349.3	553.4	3 119.1	5 041.4	402.4	1 252.7	6 412.4
江苏	3 225.4	281.5	1 144.3	5 761.3	11 594.6	351.5	3 299.0	15 310.3
浙江	2 267.2	268.8	843.4	3 975.7	8 201.3	315.8	2 597.3	12 095.2
安徽	928.1	429.8	215.9	1 262.4	3 346.3	514.8	650.0	2 928.4
福建	1 216.9	601.3	202.4	1 043.6	4 344.6	680.0	638.7	2 652.6
江西	605.5	257.9	234.8	1 315.6	2 688.3	314.7	854.2	3 842.3
山东	3 159.0	472.7	668.2	3 382.0	11 784.6	583.4	2 019.9	9 239.7
河南	1 641.4	336.7	487.5	2 606.7	8 043.4	411.0	1 956.9	7 323.6
湖北	1 451.9	387.5	374.7	1 927.3	4 371.1	458.9	952.4	4 372.0
湖南	1 082.0	648.4	166.9	940.7	3 945.5	807.4	488.7	2 197.4
广东	3 093.8	336.3	920.0	4 640.5	9 921.0	382.6	2 593.4	12 019.2
广西	670.7	541.5	123.9	697.1	2 831.6	619.6	457.2	1 806.1
海南	196.4	538.3	36.5	249.5	495.5	626.6	79.1	435.7
重庆	633.4	397.6	159.3	757.6	2 587.9	479.1	540.1	2 386.2
四川	1 400.7	360.8	388.2	2 035.4	5 005.5	446.1	1 122.0	4 975.1
贵州	458.8	472.4	97.1	510.1	1 361.8	540.6	251.8	1 245.7
云南	701.4	558.0	125.7	777.3	2 616.6	689.9	379.3	1 719.4
西藏	38.3	403.2	9.5	58.3	271.7	410.8	66.1	250.9
陕西	796.2	473.1	168.3	935.2	3 152.3	588.1	536.0	2 321.3
甘肃	373.9	331.0	113.0	614.1	1 222.0	396.6	307.8	1 488.3
青海	157.0	302.6	51.9	254.5	480.4	357.8	134.3	672.7
宁夏	160.8	496.4	32.4	182.9	621.8	581.0	107.0	486.6
新疆	648.1	483.6	134.0	769.3	2 005.0	588.7	340.6	1 710.2

注：当年投资量 I_t、资本存量 K_t 的单位为亿元。IPI 是固定资产投资价格指数。对于 1978 年，固定资本形成总额 I_t（现价）等于当年投资量 I_t（不变价）。1978 年、1990 年选取的折旧率为 5%，2000 年、2007 年折旧率为 9.6%

附表 2-1　1952～2007 年中国平均受教育年限和从业人员数据

年份	平均受教育年限/年	人口数/万人	从业人员/万人	年份	平均受教育年限/年	人口数/万人	从业人员/万人
1952	2.680 6	57 482	20 729	1980	5.897 0	98 705	43 581
1953	2.589 7	58 796	21 364	1981	6.203 1	100 072	45 390
1954	2.546 1	60 266	21 832	1982	6.459 7	101 654	47 263
1955	2.528 9	61 465	22 328	1983	6.561 1	103 008	49 203
1956	2.519 4	62 828	23 018	1984	6.694 7	104 357	51 211
1957	2.543 4	64 653	23 771	1985	6.788 5	105 851	53 287
1958	2.369 9	65 994	26 600	1986	6.900 8	107 507	55 434
1959	2.538 2	67 207	26 173	1987	7.026 6	109 300	57 652
1960	2.699 0	66 207	25 880	1988	7.131 7	111 026	59 944
1961	2.983 9	65 859	25 590	1989	7.278 5	112 704	62 309
1962	3.143 2	67 295	25 910	1990	7.429 7	114 333	64 749
1963	3.309 3	69 172	26 640	1991	7.526 0	115 823	65 491
1964	3.357 8	70 499	27 736	1992	7.601 1	117 171	66 152
1965	3.259 2	72 538	28 670	1993	7.675 9	118 517	66 808
1966	3.307 1	74 542	29 805	1994	7.743 9	119 850	67 455
1967	3.556 7	76 368	30 814	1995	7.807 4	121 121	68 065
1968	3.698 8	78 534	31 915	1996	7.872 2	122 389	68 950
1969	3.816 5	80 671	33 225	1997	7.940 4	123 626	69 820
1970	3.828 6	82 992	34 432	1998	8.006 1	124 761	70 637
1971	3.858 0	85 229	35 620	1999	8.070 4	125 786	71 394
1972	3.932 8	87 177	35 854	2000	8.124 2	126 743	72 085
1973	4.116 4	89 211	36 652	2001	8.181 5	127 627	73 025
1974	4.317 1	90 859	37 369	2002	8.239 0	128 453	73 740
1975	4.466 9	92 420	38 168	2003	8.301 0	129 227	74 432
1976	4.566 2	93 717	38 834	2004	8.363 9	129 988	75 200
1977	4.823 6	94 974	39 377	2005	8.432 3	130 756	75 825
1978	5.116 4	96 259	40 152	2006	8.508 1	131 448	76 400
1979	5.497 0	97 542	41 836	2007	8.594 0	132 129	76 990

附表 2-2 　1952～2007 年中国复合人力资本数据　　　（单位：万人·年）

年份	复合人力资本	年份	复合人力资本	年份	复合人力资本
1952	55 566	1971	137 423	1990	481 065
1953	55 326	1972	141 007	1991	492 884
1954	55 587	1973	150 874	1992	502 827
1955	56 465	1974	161 327	1993	512 812
1956	57 991	1975	170 493	1994	522 368
1957	60 459	1976	177 323	1995	531 407
1958	63 039	1977	189 938	1996	542 786
1959	66 433	1978	205 435	1997	554 396
1960	69 850	1979	229 972	1998	565 529
1961	76 357	1980	256 997	1999	576 175
1962	81 440	1981	281 558	2000	585 633
1963	88 161	1982	305 306	2001	597 451
1964	93 131	1983	322 826	2002	607 542
1965	93 442	1984	342 838	2003	617 858
1966	98 568	1985	361 742	2004	628 963
1967	109 595	1986	382 541	2005	639 383
1968	118 047	1987	405 098	2006	650 017
1969	126 802	1988	427 500	2007	661 653
1970	131 826	1989	453 513		

注：人力资本复合数据根据平均受教育年限估算结果及从业人口数据相乘得到，即第五章和第六章中使用的有效劳动 $L_t h_t$ 概念

附表 2-3 　1978～2007 年代表性年份各省份平均受教育年限（单位：年）

省（自治区、直辖市）	1978 年	1980 年	1985 年	1990 年	1995 年	2000 年	2007 年
北京	7.129 4	7.424 0	8.160 5	8.897 0	9.462 2	9.987 3	11.085 3
天津	6.462 7	6.739 4	7.431 2	8.123 0	8.303 4	8.985 1	9.807 7
河北	5.160 3	5.346 3	5.811 2	6.276 2	6.784 4	7.739 7	8.702 0
山西	5.590 2	5.772 1	6.226 9	6.681 7	7.416 7	8.022 0	8.778 3
内蒙古	4.662 3	5.003 9	5.858 0	6.712 1	7.049 7	7.759 2	8.356 8
辽宁	6.206 7	6.399 5	6.881 5	7.363 5	7.767 2	8.409 6	8.987 0
吉林	5.747 5	5.958 7	6.486 9	7.015 0	7.631 8	8.239 7	9.089 0
黑龙江	5.582 9	5.835 2	6.465 9	7.096 7	7.627 8	8.250 1	8.697 4
上海	7.281 4	7.449 3	7.869 2	8.289 1	8.887 2	9.301 5	10.454 6

续表

省（自治区、直辖市）	1978 年	1980 年	1985 年	1990 年	1995 年	2000 年	2007 年
江苏	4.610 3	4.907 4	5.650 2	6.393 0	6.911 8	7.853 3	8.433 1
浙江	4.713 6	4.947 3	5.531 5	6.115 7	6.608 4	7.463 0	8.105 7
安徽	3.414 9	3.746 6	4.575 8	5.405 0	6.147 6	6.983 7	8.569 7
福建	4.044 7	4.379 5	5.216 5	6.053 5	6.247 3	7.490 2	7.746 8
江西	4.226 4	4.579 8	5.463 4	6.347 0	6.505 2	7.551 6	8.246 7
山东	4.223 5	4.552 1	5.373 7	6.195 2	6.383 7	7.583 1	8.225 5
河南	4.359 2	4.678 5	5.476 7	6.275 0	6.756 6	7.719 3	8.296 8
湖北	4.845 0	5.137 4	5.868 4	6.599 5	6.885 5	7.765 1	8.423 4
湖南	5.112 6	5.360 3	5.979 6	6.598 8	6.880 8	7.797 7	8.419 7
广东	5.207 0	5.458 9	6.088 7	6.718 6	7.279 9	8.074 6	8.680 2
广西	4.952 4	5.157 7	5.670 9	6.184 1	6.611 5	7.571 3	8.032 5
海南	4.689 4	5.026 2	5.868 2	6.710 2	7.068 7	7.675 7	9.052 9
重庆	4.337 9	4.694 4	5.585 6	6.476 9	6.876 2	7.275 6	8.194 6
四川	4.267 0	4.559 0	5.288 9	6.018 8	6.360 5	7.064 8	7.883 9
贵州	3.224 8	3.463 0	4.058 4	4.653 9	5.514 4	6.148 3	7.260 4
云南	2.973 1	3.279 8	4.046 4	4.813 0	5.484 0	6.334 4	6.785 1
西藏	1.469 1	1.630 1	2.032 4	2.434 7	2.837 0	3.429 6	4.617 7
陕西	4.927 6	5.146 4	5.693 4	6.240 4	6.718 0	7.712 0	8.400 4
甘肃	3.577 8	3.809 7	4.389 6	4.969 4	5.603 1	6.539 3	7.702 0
青海	3.923 0	4.030 8	4.300 5	4.570 1	4.843 9	6.115 7	7.178 7
宁夏	4.003 6	4.182 8	4.630 8	5.078 7	6.267 1	7.031 4	7.822 0
新疆	4.554 5	4.888 9	5.724 9	6.560 8	7.105 0	7.727 1	8.811 7

附表 2-4 1978～2007 年代表性年份各省份从业人员数据（单位：万人）

省（自治区、直辖市）	1978 年	1980 年	1985 年	1990 年	1995 年	2000 年	2007 年
北京	444	484	575	627	665	619	943
天津	367	395	456	470	515	487	614
河北	2 109	2 183	2 555	2 955	3 252	3 386	3 665
山西	965	1 003	1154	1 304	1 425	1 392	1 596
内蒙古	653	698	857	925	1 029	1 062	1 082
辽宁	1 254	1 442	1 769	1 897	2 028	2 052	2 181
吉林	645	715	930	1 169	1 271	1 164	1 266

续表

省（自治区、直辖市）	1978 年	1980 年	1985 年	1990 年	1995 年	2000 年	2007 年
黑龙江	1 007	1 081	1 290	1 436	1 543	1 601	1 828
上海	698	731	776	788	794	828	909
江苏	2 778	2 984	3 560	4 225	4 385	4 418	4 618
浙江	1 795	1 856	2 319	2 554	2 621	2 726	3 615
安徽	1 873	2 002	2 421	2 808	3 207	3 451	3 818
福建	924	964	1 152	1 348	1 567	1 660	2 015
江西	1 254	1 356	1 585	1 817	2 101	2 061	2 370
山东	2 970	3 180	3 763	4 436	5 207	5 442	6 081
河南	2 807	2 929	3 520	4 086	4 509	5 572	5 773
湖北	1 910	2 069	2 515	3 040	3 233	3 385	3 584
湖南	2 280	2 400	2 729	3 158	3 467	3 578	3 749
广东	2 276	2 368	2 731	3 118	3 551	3 989	5 403
广西	1 456	1 550	1 831	2 109	2 383	2 566	2 769
海南	222	232	268	305	335	335	415
重庆	1 370	1 386	1 432	1 569	1 709	1 690	1 621
四川	3 087	3 260	3 743	4 265	4 619	4 658	4 731
贵州	1 054	1 110	1 335	1 652	1 812	1 885	2 283
云南	1 313	1 404	1 672	1 923	2 149	2 295	2 601
西藏	93	101	106	108	115	124	158
陕西	1 078	1 158	1 375	1 576	1 748	1 813	2 041
甘肃	694	796	1 081	1 292	1 483	1 477	1 415
青海	145	158	196	241	262	284	312
宁夏	136	147	177	211	241	276	309
新疆	491	506	566	618	676	673	830

附表 2-5 1978～2007 年代表性年份各省份复合人力资本数据（单位：万人·年）

省（自治区、直辖市）	1978 年	1980 年	1985 年	1990 年	1995 年	2000 年	2007 年
北京	3 166	3 595	4 691	5 579	6 295	6 185	10 450
天津	2 370	2 661	3 389	3 818	4 279	4 375	6 021
河北	10 885	11 670	14 850	18 549	22 063	26 204	31 893
山西	5 396	5 788	7 186	8 713	10 565	11 170	14 008
内蒙古	3 044	3 495	5 018	6 206	7 257	8 237	9 038

续表

省（自治区、直辖市）	1978 年	1980 年	1985 年	1990 年	1995 年	2000 年	2007 年
辽宁	7 784	9 226	12 174	13 971	15 750	17 256	19 598
吉林	3 709	4 262	6 034	8 203	9 698	9 591	11 508
黑龙江	5 621	6 306	8 338	10 192	11 770	13 207	15 895
上海	5 085	5 444	6 103	6 530	7 058	7 705	9 504
江苏	12 806	14 645	20 113	27 011	30 310	34 697	38 945
浙江	8 461	9 184	12 825	15 622	17 324	20 345	29 305
安徽	6 397	7 501	11 076	15 175	19 715	24 099	32 719
福建	3 739	4 221	6 010	8 162	9 790	12 435	15 612
江西	5 301	6 212	8 658	11 529	13 664	15 563	19 541
山东	12 543	14 475	20 221	27 484	33 243	41 266	50 023
河南	12 236	13 703	19 278	25 639	30 465	43 012	47 897
湖北	9 256	10 628	14 762	20 065	22 258	26 284	30 189
湖南	11 657	12 865	16 316	20 842	23 858	27 897	31 565
广东	11 851	12 926	16 629	20 949	25 852	32 212	46 896
广西	7 210	7 994	10 381	13 039	15 755	19 428	22 242
海南	1 039	1 164	1 575	2 044	2 364	2 568	3 755
重庆	5 945	6 505	7 999	10 164	11 753	12 296	13 282
四川	13 172	14 861	19 796	25 671	29 380	32 911	37 300
贵州	3 398	3 843	5 419	7 687	9 993	11 589	16 576
云南	3 905	4 605	6 767	9 254	11 785	14 540	17 647
西藏	137	165	215	263	327	426	730
陕西	5 312	5 960	7 828	9 835	11 743	13 982	17 145
甘肃	2 483	3 033	4 747	6 423	8 311	9 655	10 896
青海	568	637	843	1 103	1 268	1 736	2 243
宁夏	543	613	821	1 072	1 508	1 937	2 421
新疆	2 237	2 475	3 239	4 053	4 803	5 196	7 317

注：人力资本复合数据根据平均受教育年限估算结果及从业人口数据相乘得到，复合人力资本数据即第五章和第六章中使用的有效劳动概念

附　录　三

附表 3-1　1952～2007 年全国实证研究基本数据

年份	GDP/亿元	GDP增长率/%	K_t/亿元	K_t增长率/%	L_t/万人	L_t增长率/%	h_t/年	h_t增长率/%	$L_t h_t$/(万人·年)	$L_t h_t$增长率/%
1952	692	—	499	—	20 729	—	2.680 6	—	55 566	—
1953	800	15.6	601	20.4	21 364	3.06	2.589 7	−3.39	55 326	−0.43
1954	834	4.2	727	20.9	21 832	2.19	2.546 1	−1.68	55 587	0.47
1955	890	6.8	860	18.3	22 328	2.27	2.528 9	−0.68	56 465	1.58
1956	1 024	15.0	1 068	24.3	23 018	3.09	2.519 4	−0.38	57 991	2.70
1957	1 076	5.1	1 245	16.5	23 771	3.27	2.543 4	0.95	60 459	4.26
1958	1 306	21.3	1 577	26.7	26 600	11.90	2.369 9	−6.82	63 039	4.27
1959	1 420	8.8	1 976	25.3	26 173	−1.61	2.538 2	7.10	66 433	5.38
1960	1 416	−0.3	2 403	21.6	25 880	−1.12	2.699 0	6.33	69 850	5.14
1961	1 030	−27.3	2 569	6.9	25 590	−1.12	2.983 9	10.55	76 357	9.32
1962	972	−5.6	2 663	3.6	25 910	1.25	3.143 2	5.34	81 440	6.66
1963	1 071	10.2	2 783	4.5	26 640	2.82	3.309 3	5.29	88 161	8.25
1964	1 267	18.3	2 975	6.9	27 736	4.11	3.357 8	1.46	93 131	5.64
1965	1 482	17.0	3 230	8.6	28 670	3.37	3.259 2	−2.93	93 442	0.33
1966	1 641	10.7	3 541	9.6	29 805	3.96	3.307 1	1.47	98 568	5.49
1967	1 548	−5.7	3 758	6.1	30 814	3.39	3.556 7	7.55	109 595	11.19
1968	1 484	−4.1	3 955	5.3	31 915	3.57	3.698 8	4.00	118 047	7.71
1969	1 735	16.9	4 267	7.9	33 225	4.10	3.816 5	3.18	126 802	7.42
1970	2 071	19.4	4 717	10.5	34 432	3.63	3.828 6	0.32	131 826	3.96
1971	2 216	7.0	5 206	10.4	35 620	3.45	3.858 0	0.77	137 423	4.25
1972	2 301	3.8	5 693	9.4	35 854	0.66	3.932 8	1.94	141 007	2.61
1973	2 482	7.9	6 209	9.1	36 652	2.23	4.116 4	4.67	150 874	7.00
1974	2 539	2.3	6 794	9.4	37 369	1.96	4.317 1	4.88	161 327	6.93
1975	2 760	8.7	7 488	10.2	38 168	2.14	4.466 9	3.47	170 493	5.68
1976	2 716	−1.6	8 139	8.7	38 834	1.74	4.566 2	2.22	177 323	4.01
1977	2 923	7.6	8 803	8.2	39 377	1.40	4.823 6	5.64	189 938	7.11
1978	3 265	11.7	9 429	7.1	40 152	1.97	5.116 4	6.07	205 435	8.16
1979	3 513	7.6	10 077	6.9	41 836	4.19	5.497 0	7.44	229 972	11.94

续表

年份	GDP/亿元	GDP增长率/%	K_t/亿元	K_t增长率/%	L_t/万人	L_t增长率/%	h_t/年	h_t增长率/%	L_th_t/(万人·年)	L_th_t增长率/%
1980	3 787	7.8	10 819	7.4	43 581	4.17	5.897 0	7.28	256 997	11.75
1981	3 984	5.2	11 501	6.3	45 390	4.15	6.203 1	5.19	281 558	9.56
1982	4 346	9.1	12 267	6.7	47 263	4.13	6.459 7	4.14	305 306	8.43
1983	4 820	10.9	13 154	7.2	49 203	4.10	6.561 1	1.57	322 826	5.74
1984	5 553	15.2	14 292	8.7	51 211	4.08	6.694 7	2.04	342 838	6.20
1985	6 302	13.5	15 663	9.6	53 287	4.05	6.788 5	1.40	361 742	5.51
1986	6 857	8.8	17 182	9.7	55 434	4.03	6.900 8	1.65	382 541	5.75
1987	7 652	11.6	18 971	10.4	57 652	4.00	7.026 6	1.82	405 098	5.90
1988	8 517	11.3	20 908	10.2	59 944	3.97	7.131 7	1.50	427 500	5.53
1989	8 866	4.1	22 362	7.0	62 309	3.95	7.278 5	2.06	453 513	6.08
1990	9 203	3.8	23 833	6.6	64 749	3.92	7.429 7	2.08	481 065	6.08
1991	10 050	9.2	24 519	2.9	65 491	1.15	7.526 0	1.30	492 884	2.46
1992	11 477	14.2	25 781	5.2	66 152	1.01	7.601 1	1.00	502 827	2.02
1993	13 083	14.0	27 772	7.7	66 808	0.99	7.675 9	0.98	512 812	1.99
1994	14 797	13.1	30 368	9.3	67 455	0.97	7.743 9	0.89	522 368	1.86
1995	16 410	10.9	33 446	10.1	68 065	0.90	7.807 4	0.82	531 407	1.73
1996	18 051	10.0	36 872	10.2	68 950	1.30	7.872 2	0.83	542 786	2.14
1997	19 730	9.3	40 378	9.5	69 820	1.26	7.940 4	0.87	554 396	2.14
1998	21 269	7.8	44 269	9.6	70 637	1.17	8.006 1	0.83	565 529	2.01
1999	22 885	7.6	48 353	9.2	71 394	1.07	8.070 4	0.80	576 175	1.88
2000	24 808	8.4	52 849	9.3	72 085	0.97	8.124 2	0.67	585 633	1.64
2001	26 867	8.3	57 929	9.6	73 025	1.30	8.181 5	0.70	597 451	2.02
2002	29 312	9.1	64 079	10.6	73 740	0.98	8.239 0	0.70	607 542	1.69
2003	32 243	10.0	71 975	12.3	74 432	0.94	8.301 0	0.75	617 858	1.70
2004	35 499	10.1	81 260	12.9	75 200	1.03	8.363 9	0.76	628 963	1.80
2005	39 191	10.4	92 382	13.7	75 825	0.83	8.432 1	0.82	639 383	1.66
2006	43 737	11.6	105 254	13.9	76 400	0.76	8.508 1	0.90	650 017	1.66
2007	48 942	11.9	119 572	13.6	76 990	0.77	8.594 0	1.01	661 653	1.79

注：GDP 和资本存量 K_t 均为 1952 年不变价。GDP 采用国内生产总值支出法数据缩减得到。资本存量 K_t、从业人员 L_t、平均受教育年限 h_t、复合人力资本 L_th_t（即有效劳动变量）分别来自第三章和第四章测量结果。增长率以上一年为 100% 计算

附表 3-2　1952～2007 年全国宏观经济变量描述性统计

变量	观测值	均值	标准误	最小值	最大值
Y_t（GDP）	56	9 762	12 189	692	48 942
Y_t 增长率	55	8.34%	7.48%	−27.30%	21.3%
K_t（资本存量）	56	22 344	28 030	499	119 572
K_t 增长率	55	10.59%	5.32%	2.87%	26.71%
L_t（劳动力）	56	47 371	19 137	20 729	76 990
L_t 增长率	55	2.43%	2.02%	−1.61%	11.90%
h_t（平均受教育年限）	56	5.523 7	2.196 3	2.369 9	8.594 0
h_t 增长率	55	2.18%	2.98%	−6.82%	10.55%
$L_t h_t$（有效劳动）	56	302 367	213 353	55 326	661 653
$L_t h_t$ 增长率	55	4.65%	3.03%	−0.43%	11.94%
$\ln Y_t$	56	8.433 2	1.260 9	6.539 9	10.798 4
$\ln K_t$	56	9.187 9	1.425 4	6.213 2	11.691 7
$\ln L_t$	56	10.678 9	0.429 4	9.939 3	11.251 4
$\ln L_t h_t$	56	12.298 8	0.867 4	10.921 0	13.402 5
$\ln h_t$	56	1.619 8	0.441 3	0.862 8	2.151 1

注：本表数据中的增长率为算术平均增长率。在行文中，有时为了方便也采用复利方式计算的增长率，细心的读者会发现书中有的描述存在着细微的差异

附 录 四

省（自治区、直辖市）	GDP/亿元	K_t/亿元	L_t/万人	h_t/年	$L_t h_t$/(万人·年)
北京	108.8	118.25	444.1	7.129 4	3 166.2
天津	82.7	102.09	366.7	6.462 7	2 369.9
河北	183.1	284.62	2 109.4	5.160 3	10 885.1
山西	88.0	152.10	965.2	5.590 2	5 395.6
内蒙古	58.0	76.21	652.8	4.662 3	3 043.6
辽宁	229.2	178.67	1 254.1	6.206 7	7 783.8
吉林	82.0	91.55	645.4	5.747 5	3 709.3
黑龙江	174.8	155.63	1 006.9	5.582 9	5 621.4
上海	272.8	166.34	698.3	7.281 4	5 084.7
江苏	249.2	189.81	2 777.7	4.610 3	12 806.0
浙江	123.7	104.46	1 795.0	4.713 6	8 460.7
安徽	114.0	79.02	1 873.4	3.414 9	6 397.4
福建	66.4	67.38	924.4	4.044 7	3 738.9
江西	87.0	158.45	1 254.3	4.226 4	5 301.2
山东	225.5	340.37	2 969.8	4.223 5	12 543.0
河南	162.9	206.29	2 807.0	4.359 2	12 236.4
湖北	151.2	168.72	1 910.4	4.845 0	9 255.8
湖南	147.0	161.89	2 280.1	5.112 6	11 657.2
广东	194.1	185.17	2 276.0	5.207 0	11 850.8
广西	75.9	114.36	1 455.8	4.952 4	7 209.8
海南	19.6	10.52	221.5	4.689 4	1 038.7
重庆	67.3	27.54	1 370.5	4.337 9	5 945.1
四川	184.6	255.49	3 087.0	4.267 0	13 172.3
贵州	46.6	111.29	1 053.7	3.224 8	3 397.9
云南	69.1	120.22	1 313.4	2.973 1	3 904.9
西藏	6.7	8.41	93.1	1.469 1	136.8
陕西	81.1	129.75	1 078.0	4.927 6	5 311.9
甘肃	64.7	177.28	694.0	3.577 8	2 483.0
青海	15.5	51.46	144.7	3.923 0	567.7
宁夏	13.0	47.92	135.1	4.003 6	543.1
新疆	39.1	74.69	491.3	4.554 5	2 237.4

注：GDP、资本存量 K_t 为 1978 年不变价。L_t 为从业人员，h_t 为人力资本变量（6 岁及以上人口的平均受教育年限），$L_t h_t$ 为有效劳动，是 L_t 和 h_t 的乘积

附表 4-2　1990 年各省基本数据

省（自治区、直辖市）	GDP/亿元	K_t/亿元	L_t/万人	h_t/年	$L_t h_t$/(万人·年)
北京	309.1	1 081.47	627.1	8.897 0	5 579.3
天津	201.5	429.12	470.1	8.123 0	3 818.4
河北	485.8	883.64	2 955.5	6.276 2	18 549.1
山西	227.3	542.34	1 304.0	6.681 7	8 712.9
内蒙古	177.7	354.46	924.6	6.712 1	6 206.0
辽宁	586.8	984.96	1 897.3	7.363 5	13 970.8
吉林	228.8	390.58	1 169.4	7.015 0	8 203.4
黑龙江	384.8	696.93	1 436.2	7.096 7	10 192.2
上海	646.1	971.60	787.7	8.289 1	6 529.5
江苏	874.9	1 631.48	4 225.0	6.393 0	27 010.6
浙江	466.6	789.74	2 554.5	6.115 7	15 622.3
安徽	331.4	517.22	2 807.6	5.405 0	15 175.0
福建	245.6	309.43	1 348.4	6.053 5	8 162.5
江西	244.7	534.36	1 816.5	6.347 0	11 529.2
山东	704.9	1 424.62	4 436.4	6.195 2	27 484.4
河南	512.2	1 011.20	4 086.0	6.275 0	25 639.5
湖北	446.0	625.69	3 040.4	6.599 5	20 065.0
湖南	358.9	495.45	3 158.4	6.598 8	20 841.8
广东	817.3	1 110.59	3 118.1	6.718 6	20 949.1
广西	173.2	299.63	2 108.5	6.184 1	13 039.3
海南	62.1	89.68	304.6	6.710 2	2 043.9
重庆	172.4	248.21	1 569.3	6.476 9	10 164.4
四川	472.8	818.76	4 265.2	6.018 8	25 671.2
贵州	134.3	295.52	1 651.8	4.653 9	7 687.0
云南	210.8	320.04	1 922.7	4.813 0	9254.0
西藏	16.3	30.68	107.9	2.434 7	262.7
陕西	242.6	541.25	1 576.0	6.240 4	9 834.9
甘肃	166.8	389.08	1 292.4	4.969 4	6 422.5
青海	33.0	125.31	241.3	4.570 1	1 102.5
宁夏	37.5	121.25	211.2	5.078 7	1 072.5
新疆	134.3	290.17	617.7	6.560 8	4 052.6

注：变量定义同前

附表 4-3　2000 年各省基本数据

省（自治区、直辖市）	GDP/亿元	K_t/亿元	L_t/万人	h_t/年	$L_t h_t$/（万人·年）
北京	880.2	3 022.54	619.3	9.987 3	6 185.1
天津	599.4	919.52	486.9	8.985 1	4 374.8
河北	1 621.5	2 559.12	3 385.7	7.739 7	26 204.2
山西	604.4	965.23	1 392.4	8.022 0	11 169.8
内蒙古	490.6	896.74	1 061.6	7.759 2	8 237.2
辽宁	1 441.4	1 908.57	2 052.0	8.409 6	17 256.5
吉林	588.6	805.02	1 164.0	8.239 7	9 591.2
黑龙江	852.8	1 289.34	1 600.8	8.250 1	13 206.7
上海	2 065.4	3 119.08	828.4	9.301 5	7 704.9
江苏	3 255.8	5 761.29	4 418.1	7.853 3	34 696.6
浙江	1 884.4	3 975.67	2 726.1	7.463 0	20 344.8
安徽	959.0	1 262.37	3 450.7	6.983 7	24 098.7
福建	981.9	1 043.50	1 660.2	7.490 0	12 435.1
江西	628.1	1 315.19	2 060.9	7.551 6	15 563.1
山东	2 521.8	3 382.04	5 441.8	7.583 1	41 265.5
河南	1 525.3	2 606.74	5 572.0	7.719 3	43 011.7
湖北	1 252.7	1 927.32	3 384.9	7.765 1	26 284.2
湖南	948.5	940.74	3 577.6	7.797 7	27 897.0
广东	3 351.2	4 640.51	3 989.3	8.074 6	32 212.3
广西	525.8	697.10	2 566.0	7.571 3	19 428.0
海南	199.9	249.50	334.6	7.675 7	2 568.3
重庆	482.7	757.56	1 690.0	7.275 6	12 295.8
四川	1 250.5	2 035.43	4 658.4	7.064 8	32 910.7
贵州	309.8	510.07	1 884.9	6.148 3	11 589.0
云南	527.2	777.32	2 295.4	6.334 4	14 539.9
西藏	49.0	58.34	124.2	3.429 6	425.9
陕西	639.1	935.21	1 813.0	7.712 2	13 982.3
甘肃	427.6	614.30	1 476.5	6.539 3	9 655.3
青海	72.1	254.46	283.9	6.115 7	1 736.3
宁夏	86.8	182.94	275.5	7.031 4	1 937.1
新疆	339.3	769.33	672.5	7.727 1	5 196.4

注：变量定义同前

附表 4-4 2007 年各省基本数据

省（自治区、直辖市）	GDP/亿元	K_t/亿元	L_t/万人	h_t/年	$L_t h_t$/(万人·年)
北京	1 966.3	7 341.38	942.7	11.085 3	10 450.1
天津	1 520.5	2 305.77	613.9	9.807 7	6 021.2
河北	3 533.7	6 165.93	3 665.0	8.702 0	31 892.7
山西	1 429.7	2 532.68	1 595.7	8.778 3	14 007.6
内蒙古	1 528.5	4 260.02	1 081.5	8.356 8	9 038.2
辽宁	3 186.5	4 774.75	2 180.7	8.987 0	19 598.0
吉林	1 303.6	2 531.42	1 266.1	9.089 0	11 507.6
黑龙江	1 773.2	2 599.08	1 827.6	8.697 4	15 895.4
上海	4 592.7	6 412.42	909.1	10.454 6	9 504.1
江苏	7 893.6	15 310.29	4 618.1	8.433 1	38 945.1
浙江	4 533.9	12 095.18	3 615.4	8.105 7	29 305.0
安徽	2 034.3	2 928.41	3 818.0	8.569 7	32 719.1
福建	2 162.2	2 652.62	2 015.3	7.746 8	15 612.4
江西	1 382.6	3 842.28	2 369.6	8.246 7	19 541.4
山东	6 129.4	9 239.65	6 081.4	8.225 5	50 022.6
河南	3 424.7	7 323.55	5 773.0	8.296 8	47 897.2
湖北	2 640.3	4 372.02	3 584.0	8.423 4	30 189.3
湖南	1 983.4	2 197.42	3 749.0	8.419 7	31 565.3
广东	8 191.1	12 019.15	5 402.7	8.680 2	46 895.9
广西	1 146.4	1 806.13	2 769.0	8.032 5	22 241.9
海南	415.5	435.74	414.8	9.052 9	3 755.2
重庆	1 049.1	2 386.22	1 620.9	8.194 6	13 282.3
四川	2 747.5	4 975.14	4 731.1	7.883 9	37 299.5
贵州	638.7	1 245.71	2 283.0	7.260 4	16 575.9
云南	1 018.0	1 719.38	2 600.8	6.785 1	17 646.7
西藏	113.4	250.85	158.2	4.617 7	730.3
陕西	1 429.9	2 321.28	2 041.0	8.400 4	17 145.2
甘肃	889.9	1 488.31	1 414.8	7.702 0	10 896.4
青海	160.8	672.74	312.4	7.178 7	2 242.9
宁夏	185.4	486.57	309.5	7.822 0	2 420.6
新疆	682.1	1 710.24	830.4	8.811 7	7 317.4

注：变量定义同前

致　谢

　　"中国有个天津，天津有个八里台，八里台有个南开。知世界者必知中国，知中国者必知南开。"这是当年入学录取通知书上的一句话，一晃十八年过去了，至今记忆犹新。尽管远香近臭的关系定理决定了对南开园复杂的记忆，但儿不嫌母丑的心态决定了南开人永不放弃的情怀。怀念南开，感谢南开，还有那一个个记忆和现实中鲜活的南开人。

　　本书的完成得到了许多人的帮助。

　　感谢师恩。在书的形成过程中得到了我的硕士和博士研究生导师——南开大学教授李建民老师的大力指导，并为本书亲笔撰写了一篇十分让人激动和惭愧的序。李老师对我的生活和学术上的帮助自不待言，我感觉学术上的每一丝进步的背后都离不开李老师的支持和鼓励，哪怕是一行字、一句话，也让我铭记思念。南开大学的原新教授、黄乾教授、陈卫民教授、朱镜德教授等对我的成长学习多有教益，河北大学的王金营更是对我多有照拂，提供了他本人博士论文研究电子资料，并提供了第三次和第五次全国人口普查微观数据，为研究的完成和本书的出版贡献了许多。还有我在南开学习的许多师兄弟姐妹，在此一并谢过，并致以敬意。

　　念怀港科。在香港科技大学学习是我人生中难忘的一段经历。香港科技大学拥有国际一流的师资、丰富的研究文献资源，让我接触到了华人世界第一流的学者和最前沿的研究。可以说，港科大是我了解学术研究的地方。在社会科学部，我遇见了学识丰富且睿智风趣的涂肇庆教授、乐为人师且年富力强的吴晓刚教授、潜心研究关注女性农民工的潘毅教授，还有我在港科大的导师——严厉与宽容并存的马忠东老师，是你们让我在学术生涯中找到了正确的方向。你们的思想、知识和研究方法传授令我难忘。最难忘的还有周国伟、孙秀林等好兄弟，虽然回内地后甚少联系，但是是你们让我在港科大获得了学术之外的最大乐趣。在这里，我还要再次感谢港科大网球场给我带来的欢乐。

　　致谢同仁。学术研究贵在坚持，难在坚持。我之所以能够坚持完成本书的研究和出版，得益于工作单位天津市科学学研究所宽松的学术氛围和领导同事的支持。李春成所长大气、开明、宽厚，对我的工作和学习给予了最大限度的支持，对科技战略与政策研究把握深刻，认识到位，思路清晰，让我在工作的困惑乃至迷茫中不至于迷失方向。他也让我相信，走学术正道，走人生正道，依然可以有出路，而且可以有作为。也感谢单位同事对我工作的大力支持和帮助。

铭谢资助。感谢科技部调研室和中国科学技术发展战略研究院有关领导和专家对我的帮助，将本书的出版纳入了国家软科学计划出版项目。同时感谢出版社编辑郭勇斌老师的专业支持和热情帮助。

感谢亲人。我的妻子、女儿，我的父母和亲友对我的求学和工作给予了支持。经济增长可以万万年，但人生通常不足百年，感谢亲人和朋友的付出。

感恩中国。改革开放为中国打开了一扇走向持续增长和繁荣的大门，也改变了无数人的命运。谨以此书献给那些为中国经济增长作出巨大贡献的人！希望城市化、工业化、技术创新、制度创新能够为中国消灭外来务工人员和城里人的概念，实现经济增长拥有持续不断的源泉，让中国跨越中等收入陷阱，实现以人为本的发展，成为真正意义的强国。

这是我的感谢，也寄托了我的愿望。

唐家龙

2012 年 8 月 20 日